The
Impact of
Personal
Data

パーソナルデータの衝撃

一生を丸裸にされる
「情報経済」が始まった

野村総合研究所
城田真琴

ダイヤモンド社

はじめに

コンビニエンスストアで買い物をする。「ポイントカードはお持ちですか？」と店員に尋ねられ、あなたはカードを店員に手渡す。

今やコンビニエンスストアだけでなく、スーパーマーケットやドラッグストア、レンタルビデオ店、ガソリンスタンド、ファミリーレストランなどあらゆる店で「ポイントカードはお持ちですか？」と尋ねられる。ポイントカードを店員に差し出したあなたは、買い物金額に応じたわずかなポイント（たとえば、１００円につき1ポイント）を手にする代わりに、その店で買った商品の品目と金額、すなわち「購買履歴」をポイントカードの運営企業に差し出している。購買履歴を受け取ったポイントプログラムの運営企業は、カードの申し込み時にあなたが記入した氏名、性別、生年月日、住所、職業、婚姻の有無等の情報と購買履歴を紐づけ、あなたの関心を引くため、ＤＭやメールをせっせと送る。

街中の店舗ではなく、インターネットを使って買い物をした場合は、あなたが使用しているPCやスマートフォンのOS、ウェブブラウザの種類・バージョンのほか、閲覧したウェブページの履歴も企業に渡る。

「パーソナルデータは新しい石油である。21世紀の価値ある資源であり、新たな資産である」欧米ではこうした考え方が今や共通認識となりつつある。日本でも、「ビッグデータ時代の到来」という掛け声とともに、企業がこうした購買履歴やウェブサイトの閲覧履歴などの「パーソナルデータ」を収集する動きが加速している。

自分が実際に買い物をした店だけが購買履歴を収集するのであれば、なんとも思わないかもしれない。悩ましいのは、買い物をした店だけでなく、共通ポイントプログラムの参加企業にも購買履歴が渡ってしまう可能性があることだ。つまり、あなたが買い物をしたのはAという店一つだけだとしても、あなたの属性情報（性別・年齢・居住地域）と購入品目と金額、店名は、ポイントプログラムに参加する全企業に知られてしまう。すなわち、参加企業が100社あるなら、100社に知られてしまう可能性があるのだ。

このプロセスに顧客であるあなたの意向が反映されることはない。「実際に買い物をしたAというお店以外に、自分の購買履歴が転々と渡るのは嫌だ」このように思ったとしても、ポイントカードに申し込みをした時点であなたに拒否権はない。

厳密には、カードの申し込みをしたということは、申し込み時に渡されたであろう小さな文字で書かれた「会員規約（利用規約）」の内容に同意したと見なされる。会員規約には、自分の個人情報がポイントプログラムの参加企業に提供されると書いてある。「あんな豆粒のような文字で書かれた会員規約なんていちいち読んでいられるか！」そう言いたくなる気持ちもわかるが、もはや後の祭りである。

よくよく考えてみると、おかしな話だ。「○月×日、コンビニエンスストア○○の××町店で○○を買った」というデータは本来、消費者自身のものではないのか。自分のものだとすれば、店側がデジタルデータとして記録している自分のデータに自由にアクセスできて然るべきではないのか。それが、電子ファイルとして自分のＰＣにダウンロードできるようになれば、購買履歴を〝電子家計簿〟として簡単に管理できるはずだ。さらにいえば、自分にまつわるデータの提供先は自分に選択権があってよいはずだ。買い物をしたA店に情報を提供するのはかまわないが、利用したことのないレンタルビデオB店には提供しない。まだ行ったことはないが、いつか行こうと気になっているレストランC店には提供してもよい――。

こうした消費者にまつわるデータ、すなわち「パーソナルデータ」を巡り、欧米では、消費者－企業間のパワーバランスの不均衡を是正しようとする動きがすでに始まっている。これは、これまでなんの疑問もなく、あるいは多少の疑問を持ったとしても、有無を言わせず企業に収集されてきたパーソナルデータを再び個人の手に取り戻そうとする新たなムーブメントである。
目指しているのは、パーソナルデータを収集している企業中心の世界から、データを生みだしている消費者中心の世界へのパラダイムシフトである。この世界では、消費者から生まれたデータの「コントロール権」は消費者にある。どの企業・団体に自分のデータを提供するのか、それを決めるのは消費者自身だ。

ここでいう「パーソナルデータ」とは、年齢や性別、職業、年収の他、趣味、関心事、所有している車、商品の購買履歴、電力やガスの使用履歴、あるいは自分の健康情報（血圧や心拍数に加え、人間ドックで測定するような詳細な情報）、さらには遺伝子情報といった究極の個人情報まで多岐に渡る。場合によっては、無償で提供するのではなく、金銭と引き換えに「パーソナルデータへのアクセス権」を提供することも想定されている。

ただし、消費者と企業の関係を根本的に変化させ、再構築を迫るこのパラダイムシフトはすぐには起こらない。今後数年に渡り、少しずつ大きなうねりとなって、社会に浸透していくはずだ。

すでに、米国、英国の両政府は「消費者エンパワーメント（権限拡大）政策」として、政府や企業が保持しているパーソナルデータを消費者の元に取り戻すという大胆な構想を提唱し、着手している。日本では、鉄道会社が個人の駅の乗降履歴を外販するという計画を発表したことに端を発し、個人情報の第三者提供の在り方を巡る議論が盛んになってきている。２０１５年には、個人情報保護法の改正案が通常国会に提出される見通しだ。欧米のように、消費者と企業の関係を根本的に見直すという議論には至っていないものの、国際協調の観点から、いずれ同様の議論が巻き起こることは想像に難くない。

本書では、パーソナルデータを巡り、消費者と企業の関係を根底から覆してしまう新たなパラダイムシフトの潮流を、さまざまな観点から解説し、考察を加えていく。

２０１５年冬

城田　真琴

パーソナルデータの衝撃　目次

第2章 21世紀の名簿屋「データブローカー」の実態

第3章 個人情報の値段はいくらか

第4章 どうすればパーソナルデータをコントロールできるか

第5章　集めたデータを消費者サービスに変える

第6章 常識を覆す究極の個人情報QS

終章 パーソナルデータが通貨になる世界

第1章

パーソナルデータは「新しい石油」

グーグルはあなたが考えていることを知っている

「われわれはあなたがどこにいるか知っている。どこにいたかも知っている。あなたが考えていることもおおよそ把握している（We know where you are. We know where you've been. We can more or less know what you're thinking about.）」

２０１０年10月、当時グーグルのＣＥＯであったエリック・シュミット氏は米国の経済誌『ジ・アトランティック』のインタビューを受けた際、このように語っている。

確かに、検索履歴を分析すれば、個人の興味や関心事、行きたいお店や欲しいものが、おおよそ把握できる。グーグルが開発した「アンドロイド[1]」搭載のスマートフォンを使っている場合、同社による位置情報の収集を許可すれば、自分の現在地が定期的にグーグルに送信される。この履歴を遡れば、過去30日間の足取りが明らかになる。最近では、「グーグルカレンダー」に予定を入力しておけば、出発時刻になると「そろそろ出発の時刻ですよ」とご丁寧に通知までしてくれる「グーグル・ナウ」というサービスまである。

われわれのことをよく知っているのはグーグルだけではない。日本でも月間アクティブユーザー数２３００万人（２０１４年10月時点）を突破したフェイスブックは、われわれの交友関係を把握するにとどまらず、自分自身も忘れかけていた昔の友人さえも的確に指摘してくる。交友関係に合わせて、プロフィールや毎日の投稿内容も分析すれば、グーグルと同等レベル、あるいはグーグル以上にわれわれの趣味や関心事を把握していても不思議ではない。

両社がわれわれのことを深く知ろうとするのは、思わずクリックしたくなるような興味を引く広告を配信するためだ。グーグル――約590億ドル、フェイスブック――約115億ドル、われわれのパーソナルデータを元手に両社が稼ぎ出す売上は途方もない金額だ[2]。

自分でも認識していない潜在意識や潜在的な欲求さえも把握しているのではないかと疑いたくもなるが、普段使っているこれらのインターネットサービスが、われわれの生活を便利なものにしてくれていることに疑問の余地はない。

一方、利便性と引き換えに、われわれは位置情報、関心事、交友関係、購買履歴などいわゆる「パーソナルデータ」と呼ばれる個人に関する情報をインターネット企業に差し出していることも心に留めておくべきだろう。

こうした個人に関する情報の収集は、ネット企業が積極的に行っているイメージが強い。しかし、スーパーマーケットや百貨店、家電量販店などの小売店が発行する会員カード（ポイン

（1）グーグルが開発したスマートフォンやタブレット端末などのモバイル端末用のOS。
（2）いずれも2014年度の年間広告売上。

トカード）でもＰＯＳ（Point Of Sales）データと共に、それを購入した人の属性データ（性別、年齢、職業、居住地域など）が記録されている。ポイントが貯まるだけなら気にすることはないが、購買履歴からターゲットを絞ったカタログや割引クーポンが送られてくるケースがある。

このクーポン券を巡り、米国ではちょっとした事件が起こった。

あなたの家族が知らないこともマーケッターは知っている

「今すぐ店長に会わせろ！」

ある日、怒りに満ちた男性がスーパーに怒鳴り込んできた。舞台となったのは、米国の大手スーパーマーケットチェーン「ターゲット」のミネアポリス店だ。彼の手には、ターゲットが彼の高校生の娘宛てに送付したクーポン券が握られていた。男性は次のように捲し立てた。

「うちの娘はまだ高校生だ。なのに、どうしてベビー服やベビーベッドのクーポン券を送る必要がある？　おまえたちは、うちの娘に妊娠をそそのかすつもりなのか」

最初は事態がのみ込めなかった店長も、男性が手にしていたクーポン券を見て合点がいった。そこには、ニッコリと微笑む赤ちゃんの写真と一緒にマタニティグッズやベビーベッドなど、一目で妊婦向けとわかる広告が満載だったのだ。店長は平謝りして、その場はなんとか収まった。

数日後、今度は立場が逆になった。先の男性から電話を受けた店長は、男性から謝罪を受けたのだ。

「娘と話をしたよ。この8月が出産予定日ということだった。私はまったく気づかなかった。あなたに謝らなければならない」

そう、ターゲットは生活を共にする実父よりも先に、一買い物客にすぎない女子高生の妊娠の兆候を把握していたのだ。

同社は「ベビー・レジストリ」と呼ばれる、出産予定の女性が作る「欲しいものリスト」をホームページ上で作成できるサービスを運営している。これは、妊娠している本人のリマインダー（忘れないように喚起するもの）となるだけでなく、両親や友人・知人がプレゼントを贈る際に、レジストリに登録された商品の中から選択して贈るというアメリカらしい非常に合理的なシステムだ。レジストリを作るには、ホームページの商品リストを見ながら、必要なものを適宜ピックアップして追加していく。本人以外も参照するという性質上、自ら進んでレジストリの内容を外部に公開する女性が多い。

同社はこのレジストリのデータを徹底的に分析し、出産日が近づいている女性の買い物にはある傾向があることに気がついた。「妊娠第2期に入ると、香りつきのローションを購入していた女性は、無香料のローションを購入するようになる」「妊娠20週目に入ると、マグネシウム、カルシウム、亜鉛などのサプリメントを買いだめするようになる」「出産日が近づくと、無香料の石鹸や大きいサイズのコットンパフ、消毒液やタオルを買い求めるようになる」といったものだ。

同社はこうした買い物傾向から、妊娠の有無だけでなく、出産予定日までも高精度で割り出す「妊娠予測スコア」なるものを生み出した。このスコアを使えば、「3月にココアバターローションと亜鉛、マグネシウムのサプリメント、明るいブルーのラグマットを購入した23歳の女性が妊娠している確率は87%、出産予定日は8月下旬」と、ここまで特定できてしまうというから驚きだ。

コラム

マーケッターに妊娠を悟られないようにする方法

あらゆる行動がデジタルデータとして記録される現在、マーケッターに自分の行動履歴を分析されないようにするのは、もはや至難の業といえる。先に説明した女子高生ではないが、「自分の妊娠をマーケッターに悟られずに無事出産を迎えられるのか」という難題に挑んだ女性を紹介しよう。この女性は米国のプリンストン大学社会学部で助教を務めるジャネット・バーテシ氏だ。

彼女がまず行ったのは、マーケッターにとって非常に強力な情報収集ツールとなっているフェイスブックなどのソーシャルメディアで、一切妊娠の話題に触れないことだった。彼女は自分自身で妊娠を匂わす発言をしないのはもちろんのこと、〝おめでた〟の報告を両親に電話で伝えた際にも、フェイスブックではこの件に関して一切触れないように頼んだ。彼女をとても可愛がってくれていた伯父から、お祝いのフェイスブックメッセージが届いた際には、すぐさまそのメッセージを削除し、伯父を友達リストから外した。以前、彼女はグーグルのチャットサービスの利用によって、婚約したことを家族や友人よりも先にグーグルに知られた苦い経験があったからだ。フェイスブックもグーグル同様、プライベートメッセージの内容についてデータマイニングを行って、広告を表示するに違いない――彼女はこう考えたのだ（もっとも、フェイスブックの広報担当はプライベートメッセージの情報をターゲティング広告に使用することを否定している）。

次に行ったのは、購買履歴の蓄積を防ぐため、マタニティグッズやベビー用品を購入する際にはクレジットカードや各店舗が発行する会員カードの利用を避け、現金で支払うことだった。オンラインで買い物をしなければならないときは、現金でアマゾンのギフト券を購入し、ギフト券で買い物をした。この際もアマゾンのアカウント作成のためだけに独自

図表 1-1　アマゾン・ロッカー

出所）http://www.businessinsider.com/amazon-locker-2012-8

にサーバーを立ち上げ、オリジナルの電子メールアドレスを作成するという念の入れようだった（これは電子メールに紐づけられたアカウントから、過去の購買履歴を追跡されることを避けるためである）。

さらに購入した商品の配送先は自宅ではなく、「アマゾン・ロッカー（図表1－1）」を指定した。アマゾン・ロッカーは24時間営業のコンビニや食料品店、ドラッグストアに設置された私書箱のようなロッカーで、暗証番号を入力することにより注文した品物を受け取れるサービスだ。こうすれば、アマゾンに自宅住所を知られることがない。

また、妊婦のコミュニティサイトを閲覧したり、赤ちゃん関連の情報を得るためにネットサーフィンを行う際は、「トーア（Tor）」というIPアドレスを偽装し、通信経路を匿名化してくれるウェブブラウザを使用した。夫とテキストメッセージでやりとりする際は「Ｂａｂｙ」という単語を使わず、暗号を使って会話するなど、細心の注意を払った。

約9カ月もの間、こうした生活を続けた結果、彼女は一度もオムツの広告を目にすることなく、赤ちゃん関連の広告メールを受け取ることもなかった。彼女の無謀とも思えた挑戦は見事に成功を収めたといえるだろう。

彼女は次のように振り返る。

「私と夫の一連の行為はまるで犯罪行為に手を染めているようだったわ。とても赤ちゃんを授かった夫婦の日常とは思えない。可愛らしいベビーカーを手に入れるために、夫が500ドル相当のアマゾンのギフト券を現金で買おうとしたとき、彼はスーパーの店員に呼び止められたの。限度金額を超えたプリペイドカードを購入するには、監督機関に報告する義務があると。『トーア（Tor）』ブラウザにしてもそう。あれは、ブラックマーケットで薬物や武器を取り引きするために使われたり、ビットコインを使って非合法な商品を取り引きするために使われたりすることを知っているわ。それを私は『ベビーセンター

（BabyCenter：妊婦や幼児のいる母親向け情報サイト）』にアクセスするために使ったの」

これほどまでの苦労を強いられながら、彼女をここまで駆り立てたモチベーションは、一体何だったのか。どうやら2つの大きな理由があったようだ。ひとつはインターネット企業が日常的に消費者の行動を追跡し、その個人データを元手に大金を稼いでいることを多くの人に知ってもらいたいということ。これは、自分の消費行動が追跡されることに反旗を翻し、インターネット企業に無償で個人情報を差し出すことが当たり前と思ってしまっている世の中の風潮に改めて疑問を投げ掛けるということであった。

もうひとつは妊娠の事実を〝他の理由〟で知られたくない人たちも世の中には存在するということを訴えたかったためだ。この〝他の理由〟は非常に重い。何らかの理由で流産してしまった女性を思い浮かべてほしい。ウェブにアクセスするたびに、ベビー服やおむつの広告を目にするとしたら、この女性はどのような気持ちになるだろうか。あるいは、郵便受けに、ベビー用品満載の通販カタログが毎日のように届くとしたら。

マーケッターは購買履歴の分析結果から、広告やカタログを機械的に送付しているだけかもしれない。しかし、深い考えなしに送られるこうした広告やカタログが、この女性にとっては、忘れてしまいたい悲しい事実を思い出させるリマインダーとなってしまうのだ。

携帯電話会社はあなたの日常生活を知っている

常にわれわれと行動を共にする携帯電話・スマートフォンには、自分の氏名や電話番号、友人・知人の連絡先以外にも、個人に関する情報、いわゆるパーソナルデータが満載だ。閲覧したウェブページ、使用しているモバイルアプリ、通信相手や位置情報（現在地）だけでなく、最近ではウェアラブル端末との連携により、歩数や走った距離、睡眠時間、血圧や心拍数、さらには食事内容までも管理できる。

一般消費者を対象としたビジネスを行うBtoC企業のマーケッターであれば、このようなパーソナルデータは消費者の日常生活を映し出す貴重なデータとして、是が非でも手に入れたいところだろう。実際、スマートフォンのモバイルアプリ経由でユーザーの個人情報を盗み出そうとする悪質な事件が後を絶たないのは、こうしたデータの価値を端的に示しているといってよい。

こうした状況の中で、通話・通信サービス以外の新たな収入源を模索する通信事業者がこのデータに目をつけても不思議はない。もちろん、通信事業者だからといって、ユーザーに無断でこれらのデータを利用できるわけではない。しかし、その気になりさえすれば、利用できる立場にあることも事実だ。実際、1億人以上の加入者を抱える米国最大の通信事業者AT&Tは2013年6月28日、プライバシーポリシーを変更し、加入者の位置情報、ウェブの閲覧履歴、モバイルアプリの利用履歴などを外部のマーケティング会社や広告会社に販売することを発表した。

日本の携帯電話事業者も通話品質や通信品質の改善のため、利用者の許諾を得て、加入者の位置情報やアプリの通信可否を記録したログデータを収集している。しかし、これはつながりにくい場所や曜日・時間帯を特定し、基地局のアンテナ角度の調整などの対策を実施するためであり、外販目的ではない。

AT&Tの場合は、プライバシーポリシーの変更によって、ネットワークの利用状況に加えて、ウェブの閲覧履歴やモバイルアプリの利用状況、さらに位置情報までも収集することを公に宣言した。そして、これらの情報を匿名化した上で、統計データとして外部のマーケティング会社等に販売することを発表したのである。目的は通話品質や通信品質の改善ではない。

AT&Tは契約者の反発を予め予期し、用意周到に準備を進めた。まず、プライバシーポリシーの改訂を知らせるニュースリリースおよびプライバシーポリシーのページで、収集する情報とその利用目的、第三者提供の有無などを丁寧に説明した。そして、外販の停止を簡単に要望できるオプトアウトページを発表当初から用意した。

このケースでは、その良し悪しは別にするとしても、消費者のパーソナルデータを収集することをきちんと発表し、オプトアウト（拒否）手段も適切に用意した。しかし、必ずしもそういった企業ばかりではない。

無断で視聴情報を収集したスマートテレビ

2013年11月、英国に住むある男性が、自宅に設置しているルーターのトラフィック（通信量やあて先）分析を行ったところ、ふと、おかしなことに気がついた。所有する韓国LG社製のスマートテレビ(3)が、チャンネルを変えるたびに端末IDとチャンネル名を外部のLGのサーバーに送信していたのだ。不審に思った彼は、テレビのシステム設定画面を確認した。すると、「視聴情報の収集」というオプションがデフォルト（初期設定）で〝オン〟になっていたことが判明した。そう、メーカーから出荷された状態では、消費者がどのチャンネルを視聴したかという情報がLGに筒抜けになる設定となっていたのだ。

さらに驚くことに、この男性が「視聴情報の収集」オプションを〝オフ〟（図表1-2）にした後も、視聴情報はLGに送信され続けていた。単にテレビのシステム設定を変更するだけで

(3) 従来のテレビに、パソコンやインターネットの機能を加えたもの。

図表 1-2　男性がブログで公開したLG社製スマートTVのシステム設定画面

オプション項目を“off”に設定すれば、
情報収集を止めさせることができるはずだが……

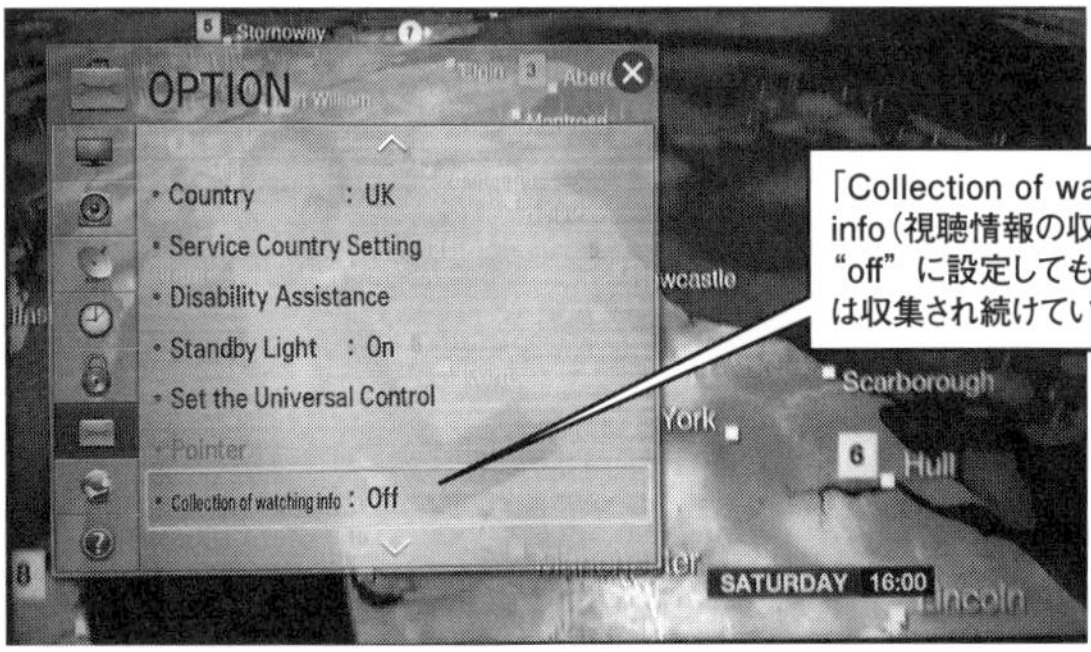

出所）http://doctorbeet.blogspot.jp/2013/11/lg-smart-tvs-logging-usb-filenames-and.html に筆者加筆

は、ＬＧによる情報収集を止めさせることはできないというわけだ。つまり、視聴情報の収集は、テレビの解像度や縦横サイズと同様に、ユーザーでは変更することができない製品の〝仕様〟ということになる。

　納得できない男性は、ＬＧに対してメールで問い合わせを行った。すると、次のような返事が返ってきたそうだ。

「メールをいただき、ありがとうございます。先のお客様へのメールに先立ち、われわれはお客様のこの問題をＬＧの英国本社に報告しました。残念ながら、われわれにできるアドバイスは、お客様が利用規約を承諾した限り、購入された販売店に申し出ていただくしかないということです。購入時にもっと注意深く規約を読んでいただいていたらと思います。理由は明白ですが、ＬＧとしては販売店の行為についてコメントできません。
ご不便をお掛けして、申し訳ありません。さらにご不明な点がありましたら、遠慮なくご連絡ください」

日本も例外ではない

このように、現代社会においては、オンライン／オフラインを問わず、われわれの行動・生活のほぼすべてがデジタルデータとして記録され、企業に収集されうるといってよい。そして、デジタルデータとして記録されたパーソナルデータをビジネスに活用しているのは、なにもグーグルやフェイスブックなどのインターネット企業に限った話でもなければ、海の向こうの企業に限った話でもない。

2013年6月末、日立製作所がJR東日本から交通系ICカード「Suica」の乗降履歴情報の提供を受け、分析した上で「駅利用状況分析リポート」として外販することを発表し、利用者やマスコミから大きな反発を買ったことは未だ記憶に新しい。

また、ポイントカードやネットサービスの会員IDに紐づける形で購買履歴を蓄積し、会員のライフスタイル分析を行うことは、米国企業だけでなく、日本企業でも今や当たり前のように行われている。

日本を代表するｅコマース企業である楽天では、楽天市場を中心に、楽天トラベル、楽天ブックス、楽天銀行、楽天カードなど９０００万人を超える楽天グループの顧客情報管理のため、２００７年より「楽天スーパーＤＢ」と呼ばれる巨大なデータベースを構築している。このデータベースは、会員の属性、購入履歴、ポイント付与履歴、クーポンの活用履歴などのプロファイルデータを一元的に集約したもので、これをもとに次の４つのデータを組み合わせた分析を行っている。

- **基本属性（デモグラフィック：性別、年齢、住居、職業、年収など）**
- **行動属性（ビヘイビア：購買履歴、サービス利用、頻度など）**
- **心理的属性（サイコグラフィック：行動特性、嗜好性、ブランド、趣味、ライフイベントなど）**
- **地理情報（ジオグラフィック：人口統計、エリア特性など）**

同社では、まず会員の属性や購買履歴を利用し、会員全員を「家事はお任せ」「グルメ大好き」「お手軽ビューティ」「おしゃれメンズ」「本・ＣＤ・ゲーム　家でじっくり派」などいくつかのグループに分類（クラスタリング）する。次に、検索履歴やクリックストリームデータ

図表1-3 CCCが行っているライフスタイル分析から得られる「傾向データの例」とその活用例

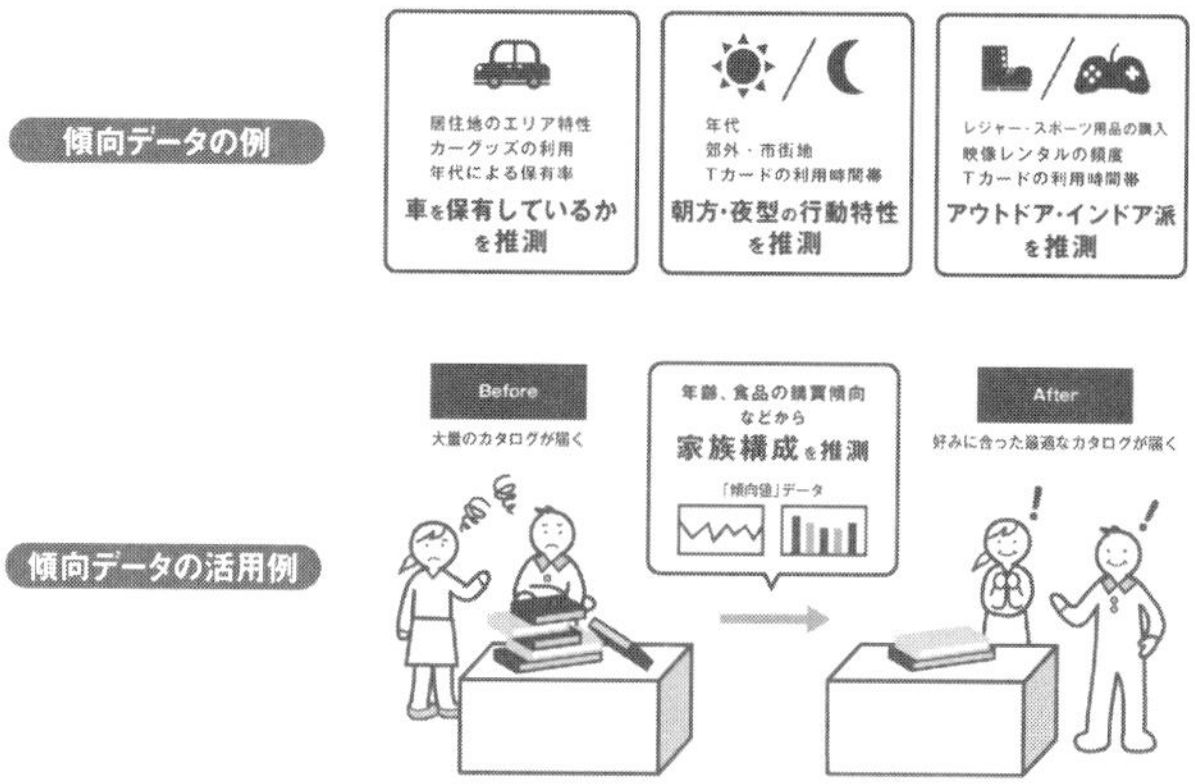

出所）http://www.ccc.co.jp/customer_management/report/report_004428.html

（サイトを渡り歩いた軌跡）も合わせて分析を行い、会員1人ひとりに表示するバナー広告を変えたり、楽天市場や楽天ブックスでお勧めする商品を変更したりしている。

たとえば、ここにＡという商品があるとする。この商品Ａを買ってもらうためには、まず商品の二次属性を定義する。男性向けのスキンケア用品であれば、「男性向け、美容に役立つ商品」といったようなものだ。そして、先ほど分類したどのグループ（クラスタ）にお勧めするかを決定する（このケースでは「おしゃれメンズ」）。男性向けのスキンケア用品の場合、おしゃれに無頓着なグループに対して、熱心に商品を勧めたところで、購入してくれる可能性は著しく低い。極端な話をすれば、自動車の運転免許を所持していない人に、いくら自動車の広告を表示しても、ほとんど効果がないのと同じことだ。

このように各種の属性に基づき会員をクラスタリングした上で、表示する広告やお薦めする商品をパーソナライズするといった手法は、楽天に限らず、ヤフーやTカードを運営するカルチュア・コンビニエンス・クラブ（以下、ＣＣＣ）などでも同様に行われている。

ＣＣＣの場合は、会員の性別・年齢・居住地域や購買傾向などを分析し、家族構成や自家用車の有無、朝型／夜型の行動特性やアウトドア派／インドア派などを「傾向データ」として導き出し、会員に送付するカタログや配信するメール内容を変えたりしている。

ＣＣＣがグーグルやフェイスブックと異なるのは、インターネットサービスの提供ではなく、ユーザーに「ポイント」を付与する代わりに、購買履歴などのパーソナルデータを収集している点だ。

「パーソナルデータは新たな資産である」

ここまで紹介した以外にも、パーソナルデータの収集を巡っては、世界各国でさまざまな論争が巻き起こっている。では、なぜネット企業だけでなく、スーパーマーケット、通信会社、家電メーカーなどさまざまな企業がパーソナルデータの収集に躍起となるのだろうか。

それは、「パーソナルデータは新しい石油であり、新たな資産として機能する」という共通認識が芽生え始めているからだ。

「パーソナルデータ：新たな資産の誕生（Personal Data : The Emergence of a New Asset Class)」というやや刺激的なタイトルのレポートが世界経済フォーラム（ＷＥＦ：World Economic Forum）から、２０１１年2月に発表されている。レポートの冒頭には次のようなくだりがある。

「パーソナルデータは新しい石油である。21世紀の価値ある資源である。今後、社会のあらゆる場面で新たな資産として登場するようになるだろう」

薄々は勘づいていたかもしれないが、今やパーソナルデータは資産なのだ。そのことにいち早く気づいたグーグルはせっせとパーソナルデータの収集に励み、売上につなげる見事な方法を思いつき、莫大な資産を築いた。フェイスブックも同様だ。考えてみれば、フェイスブックにしろ、ツイッターにしろ、ＳＮＳ（ソーシャルネットワーキングサービス）というビジネスはわれわれのプロフィールや写真、投稿などのパーソナルデータなしには成立しない。

遅ればせながら、最近になって、ようやくそれに気づいたのが携帯電話会社や鉄道会社である。通信事業や鉄道の運行事業という本業の遂行に付随して取得した、モバイルアプリの利用履歴や消費者の位置情報を新たな資産に換えようと画策している。実は、この「本業の遂行に付随して取得した」パーソナルデータの活用は、最近の流行でもある。

海外では携帯電話会社や鉄道会社だけでなく、個人情報の取り扱いには人一倍厳しいはずの銀行もパーソナルデータの販売に乗り出している。イギリスの三大銀行の一つ「バークレイズ」は、２０１３年10月に利用規約を変更、同行の顧客１３００万人の口座の取引情報をもとに、支出傾向などを分析したレポートを作成し、企業や政府機関などへの販売を開始している。

ただし、海外においても、パーソナルデータの収集・活用にはこれといったベストプラクティス（最善の方法）は未だ存在しない。グーグルやフェイスブックでさえも、プライバシー侵害でしばしば訴訟を起こされている。パーソナルデータは新しい石油となり、新たな資産を形成するという考えのもと、世界各国のさまざまな業種・業態の企業が手探り状態でその活用を模索しているのが現状だ。

パーソナルデータとは何か？

ここまで、とくに定義をせず、「パーソナルデータ」という言葉を用いてきたが、ここで改めて定義をしておこう。「パーソナルデータ」は、その生成プロセスから大きく3つに分類できる。

（1）**ボランティアデータ**：利用者自ら提供したデータ。たとえば、フェイスブックやツイッターなどで公開しているプロフィール情報。インターネットで商品やサービスの購入申込みの際に記入した個人情報、その際に必要となったクレジットカード番号など。

（2）**測定データ**：個人の行動に伴って記録されるデータ。スマートフォンのGPSで記録される位置情報、ウェブの閲覧履歴、電話の通話履歴などのログ情報。

（3）**推定データ**：ボランティアデータや測定データを分析することによって得られるデータ。CCCが会員の属性データや購買履歴などのライフスタイル分析からはじき出している「傾向データ」は、この推定データに該当する。

（1）のボランティアデータは、本人の自己申告であるため、本人が虚偽の情報を記入したり、公開しない限りは正確な情報であるはずだ。（2）の測定データは、コンピュータが記録するデータであるため、基本的に間違いはないと考えられる。（3）の推定データは人間による分析作業の結果であるため、必ずしも正しいとは限らない。このため、分析精度を向上させることが、データ分析を行う企業側の差別化要因となる。ビッグデータがブームとなると同時に、企業が優秀な〝データサイエンティスト〟の採用に凌ぎを削っているのは、こうした背景があるからである。

あなたは何に同意しているのか

コンピュータサイエンスの世界には、古くから「ガベージイン、ガベージアウト（garbage in garbage out）」という格言がある。これは「ゴミを入れればゴミしか出てこない」、つまり「コンピュータがどんなに高性能であったとしても、不完全なデータを入力すれば、不完全な答えしか得られない」という意味だ。

この格言はコンピュータの黎明期によく使われていたが、ビッグデータ時代に置き換えるなら、「どんなに優秀なデータサイエンティストを雇い入れても、質の悪いデータからは、質の悪い分析結果しか得られない」ということになるだろうか。このため、パーソナルデータをビジネスに有効活用しようと画策する企業は、できるだけ間違いの少ない高品質なデータの収集に躍起となっている。つまり、ボランティアデータや測定データである。

ただし、ここで問題となるのが、データの収集方法だ。企業が個人情報を不正に取得したり、収集した情報を無断で第三者に提供しているのであれば、強く非難されて当然である。しかし、われわれが（認識しているかどうかは別にして）それに同意しているケースもある。

たとえば、共通ポイントカードサービスの申し込み時に記入した個人情報（姓名、生年月日、性別、年齢、婚姻の有無、郵便番号、現住所、電話番号、メールアドレス、職業等）は、運営企業はもちろんのこと、パートナー企業（ポイントプログラムの参加企業）間で共有されるケースがほとんどだ。ポイントプログラムの場合は、こうした属性情報だけではなく、ポイント情報（ポイントの付与、利用、残高、利用店舗、会員証の利用履歴等のポイントに関する情報）も参加企業間で共有され、メールを使ったマーケティング等に利用される。

このような個人情報の取り扱いについては、会員規約に細かく記載されている。サービスの利用に際しては、会員規約への同意が前提条件となっているはずだ。すわなち、サービスを利用しているということは、企業が個人情報を収集したり利用したりすることに加えて、第三者に提供することにも同意していることになる。

ただし、会員規約や利用規約は、下手をすれば虫眼鏡を使わなければ読み取れないほどの小さな文字で書かれている場合がある。このため、サービスを早く使いたいがあまり、ろくに読まずに「同意する」ボタンを押したり、サインしたりしてしまうことが多い。しかし、消費者としては「自分は何に同意しているのか」を常に意識しておく必要がある。

利用規約をきちんと読まずに同意ボタンを押してしまう「同意ボタンの形骸化」は、盲目的にボタンをクリックしてしまうことから、しばしば「クリックトレーニング」と揶揄されるが、象徴的な出来事が2010年4月に起こった。英国のゲームソフト販売会社「ゲームステーション（GameStation）」が、オンラインサイトの利用規約に「不滅の魂条項（immortal soul clause)」という条項をこっそりと追加したのである。この条項には次のように書かれていた。

西暦2010年4月1日にウェブサイト経由で注文を確定すると、お客様の不滅の魂を永久に手にする権利を当社に与えることに同意することになります。

われわれがこの権利を行使する場合、お客様は gamesation.co.uk あるいは認められた代理人からの書面による通知を受け取ってから5営業日以内に、不滅の魂とそれに付随する一切の権利を明け渡さなければなりません。

（中略）

もしあなたが、（a）不滅の魂を持っていることを信じない場合、（b）すでにそれを他の団体に明け渡してしまっている場合、（c）そのようなライセンスをわれわれに提供することを望まない場合は、以下のリンクをクリックして本条項を無効にしてから、取引を進めてください。

わかりにくい言い回しであるが、簡単にいえば、「ウェブサイトからゲームソフトを購入すると、あなたの魂をゲームステーション社に提供することになりますよ。それを望まないなら、以下のリンクをクリックしてください」ということだ。後半部分がいわゆるオプトアウト手段を提供していることになる。普通に考えれば、「あなたの魂を明け渡してください」という条件は到底同意できないはずだが、実際はどうだったのか。

実はこの条項はエイプリルフールのジョーク。公開後24時間で撤回されたが、ゲームステーション社は「オプトアウトしたのはわずか12％、残りの88％の消費者約7500人は魂を明け渡すことに同意した」と明かしている。「利用規約をきちんと読み、オプトアウトした人には5ポンドのクーポンを配布する」としていたにもかかわらずだ。

いかにも欧米人が好みそうなジョークではあるが、われわれがいかに利用規約を読んでいないかを雄弁に物語る象徴的なエピソードだといえるだろう。

どこまでなら許容できるのか？

企業による個人情報の収集に対して、「プライバシー侵害だ！」と声を上げるのは簡単だ。確かに、先に説明したスマートテレビのように、消費者には何のメリットもなく、しかも「視聴情報の収集」オプションを〝オフ〟にしても、情報が収集され続けるというのは、問答無用で非難されて然るべきだろう。

携帯電話会社のように、当初、消費者が想定していた個人情報の利用目的と異なる使い方をする場合（通話・通信品質の改善目的のはずが、マーケティングに活用される）も、本来であれば、利用目的をきちんと説明した上で、改めて同意を取り直すのが筋だといえる。

この2つのケースでは、消費者はスマートテレビという商品に対価を支払い、携帯電話の利用料金を毎月支払っている。本来、必要以上の個人情報を企業に提供するいわれはない。

一方、グーグルやフェイスブックの場合はどうか。この2つは無料のサービスだ。無料で利用できているのは、彼らが企業に広告枠を販売し、収益を得ているからにほかならない。仮に広告を一切なくす代わりに、グーグルやフェイスブックが有料になったとしたらどうだろう？

煩わしい広告を目にしなくて済むようになるなら、それでもかまわないという人もいるだろう。しかし、これまでもディアスポラ（Diaspora）やオルトリー（Altly）など、プライバシーを重視し、「アンチ・フェイスブック」を標榜するSNSが現れては消えていったことを考えると、広告収入なしにサービスを維持するのは難しいと考えるのが自然だ。そうなると、広告はプライバシーを重視するユーザーからしてみれば、「必要悪」として許容するほかないのではなかろうか。ただ、その場合も表示される広告の内容は自分自身でコントロールできることが望ましい。

ポイントカードの場合は、入会するのも退会するのも個人の自由である。利用規約をよく読んだ上で購買履歴の収集に納得できなければ、入会しないようにするしかない。ただ、納得した上で入会したつもりでも、なんとなく割り切れない気持ちが残るのは、自分が買い物をした店だけでなく、デフォルトの設定ではパートナー企業（ポイントプログラムの参加企業）にも個人情報が提供されてしまう点だろう。

最近では、パートナー企業に対する個人情報の提供を停止することもできるようになってはいるが、自分で停止手続きを行う必要があり、手間がかかる。たとえば、CCCが運営するTカードの場合、個人情報の第三者提供を停止する場合には、Tカード番号だけでなく、なぜかヤフー（Yahoo! JAPAN）のIDも必要になる。ヤフーのIDを持っていない場合は、わざわざ新たに取得しなければならない。

入会当時とパートナー企業が永遠に変わらないのであれば、話は比較的簡単であるが、そうではない。パートナー企業は日々追加されていく。新たに追加される企業は自分でホームページを逐一チェックするしかない。自分の情報を提供されたくなければ、こまめにチェックし、その都度オプトアウト手続きを行うことが必要だ。しかし、万が一、反社会的企業が運営会社をも欺く形でパートナー企業に名を連ねてきたらどうだろうか。自分から個人情報の提供停止を申し出ない限り、こうした企業にも情報は流れていく。そして、いったん情報が流れ出してしまえば、それを止めることはほぼ不可能に近い。

このような実情をすべて知った上で、ポイントカードに申し込んでいる消費者は果たしてどの程度いるのだろうか。

本章のまとめ

◆グーグルやフェイスブックなどのネット企業だけでなく、スーパーマーケットや通信会社、銀行など、さまざまな業種の企業がパーソナルデータの収集・活用に躍起となっており、日本企業も例外ではない。

◆背景にあるのは、「パーソナルデータは新たな資産である」という考え方であり、欧米では共通認識になりつつある。

◆消費者に無断でパーソナルデータの収集を行う悪質な企業もあるが、われわれは無意識のうちにデータ収集に同意してしまっているケースもある。

◆パーソナルデータは、消費者が自ら提供した「ボランティアデータ」、個人の行動に伴って記録される「測定データ」、この2つのデータを分析することにより得られる「推定データ」に分類できる。

◆無料サービスやポイントカードを利用する場合には、「パーソナルデータを企業やその提携先に差し出す代わりに、無料でサービスを利用できたり、ポイントを得ている」という意識を強く持たなければならない。

第2章

21世紀の名簿屋「データブローカー」の実態

ベネッセ個人情報漏えい事件の衝撃

２０１４年7月に事件が明るみに出た通信教育大手「ベネッセホールディングス」の顧客情報漏えい事件で、容疑者は延べ2億件超の顧客情報を不正に持ち出したとされている。日本国内では過去最大の顧客情報漏えい事件となった本事件で流出したのは「こどもちゃれんじ」「進研ゼミ」など同社の顧客（会員）情報だけではない。同社が全国各地の動物園や遊園地などで実施していた、子供向けのスタンプラリーで収集した非会員の個人情報も含まれていた。このため、子供を持つ家庭を中心に大きなインパクトを与えた。

事件が発覚するきっかけとなったのは、日本語ワープロソフト「一太郎」などの開発で知られ、その後、教育事業に乗り出した「ジャストシステム」が、ベネッセから流出したと思われる顧客情報をダイレクトメール（ＤＭ）の送付に使用したことだ。

たとえば、マンション名の最後に「東京グランドマンションＡ」というように、ダミーの記号をつけて個人情報をベネッセに登録した同社の顧客がいるとする。このマンション名はベネッセにしか登録がないはずだが、なぜかジャストシステムからのＤＭには「東京グランドマンションＡ」と記載されていた。このことを不審に思った顧客からの問い合わせを受け、ベネッセが調査したところ、個人情報の流出が判明したというわけだ。

「名簿屋」とは何者か

この事件は、ベネッセの孫請け会社で顧客情報管理システムの保守を担当していた派遣社員のシステムエンジニアが、顧客情報が保管されていたデータベースへのアクセス権限を有することを利用し、不正に顧客リストを持ち出したことが発端であった。金に困っていた容疑者は顧客リストを東京都内の名簿業者3社に持ち込み、金銭を得たとされる。流出したリストは複数の名簿業者間で売買が繰り返され、ジャストシステムの手に渡った、というのが事件のおおまかな流れである。

この事件で一躍注目が集まることになったのが、名簿業者、いわゆる「名簿屋」の存在である。名簿屋とはその名の通り、何らかの分類で整理された氏名や住所、電話番号などが記載された名簿リストを販売する事業者である。「○○大学○○学科の卒業生リスト」「上場企業の役員リスト」などは比較的イメージしやすいだろう。だが、名簿屋が実際保有しているリストは、われわれが想像するよりも遥かにえげつないものだ。

ジャストシステムがベネッセの顧客リストを購入したとされる都内の名簿業者Aのホーム

ページを覗くと、そこには「小学校6年生のデータ（中学校入試のための塾や進学にあわせたアプローチに活用できます）」「18歳女性のデータ（成人式の振り袖購入などにあわせたアプローチに活用できます）」といった文字が今でも堂々と躍っている。ほかにも、「投資目的のマンション購入者リスト」「通信販売購入者リスト」なども目につく。

さらに、この名簿業者Aに顧客リストを販売したとされる別の名簿業者Bのウェブサイトを訪れると、そこでは「2000年度生（小1）＝32万4642人」「通販利用者 ダイエット＝43万7562人」「ゲームフリーク＝123万8613人」「ギャンブル愛好家＝35万6338人」といった名簿が販売されている（数字はいずれも本稿執筆時点）。

子供の名簿は宝の山

このように名簿屋ではさまざまな種類の名簿が販売されているが、とりわけ価値が高いとされるのが子供の名簿である。平成17年（2005年）に施行された個人情報保護法の影響により、学校では連絡網の配布さえ憚られるほど、子供の氏名や住所、生年月日などが記載された名簿の作成は自粛されるようになった。追い打ちをかけるように、翌平成18年（2006年）には住民基本台帳法が改正され、営利目的での住民基本台帳（氏名、生年月日、性別、住所の

4項目が記載）の閲覧ができなくなった。これにより、名簿屋にとって重要な情報入手ルートが断たれることになる。

この結果、平成18年以降に生まれた子供の情報を大規模に収集するのは、極めて難しくなった。事実、先ほどの名簿業者Bのサイトでも、出生年度別の名簿は2004年度分を最後に、2005年度以降に生まれた子供の名簿は販売されていない。合法的に個人情報を集めるには、ベネッセのように謝礼と引き換えにアンケートを地道に実施するか、真正面から子供向けの事業を展開するしかない。

それだけに、古くから子供向け通信教育事業を展開してきた業界最大手のベネッセが保有する顧客情報は、ジャストシステムに加えて、英会話事業を展開するECCも購入していたことからもわかるように、教育関連事業者からしてみれば垂涎の的であったといえよう。

ベネッセから持ち出された顧客情報には、顧客（子供とその保護者）の氏名、住所、郵便番号、電話番号（固定電話番号または携帯電話番号）、子供の生年月日、性別が含まれていた。名簿の価値をとくにアップさせたのは、子供の生年月日が含まれていたことだ。これから成長する子供の情報は、学習塾や英会話スクール、専門学校など教育関連事業者に加えて、学資保険や生命保険を販売する保険会社、先に説明した振袖のレンタル会社、スーツなどの販売をもくろむアパレル会社など、多岐にわたる業種で活用が見込める。しかも、中学校入学から就職に至るまで、相当長期間に渡り、入学・卒業・成人式・就職など的確なタイミングでダイレクトメールを打つことができる。

保護者の氏名が含まれていることも大きい。たとえば、実名で登録しているユーザーが多数を占めるフェイスブックで氏名を検索すれば、居住地域から本人を特定できる可能性が高まる。設定にもよるが、学歴や勤務先を公開していれば、おおよその収入までも推定できてしまう。こうして、「年収1000万円以上で受験生を抱える家庭」といった価値の高い名簿ができあがる。

知られざる名簿事業者の実態

2014年9月8日にNHKで放映されたテレビ番組「あさイチ」では、「次の狙いは主婦⁉ 個人情報漏えいから身を守る」という特集が組まれた。番組では元名簿業者を名乗る人物が登場し、次のような生々しいコメントが紹介された。

——持ち込まれる個人情報にはどのようなものがあるのか?

「病院の患者リスト（住所、氏名、生年月日、罹った病気名や手術の有無）、商工会リスト（代表者の氏名、住所、資本金、取引のある企業名）、銀行の契約者リスト（個人の預金や各種ローンの残高）など。世の中、個人情報を金に換えたい人間がいっぱいいるので、そういう人間から漏れてしまう」

――いくらで取り引きされるのか？

「平均すると20～30円（1人分）、いい情報だと100円を超える。携帯番号、メールアドレス、資産状況が書かれている名簿は高値で取引される。最も安いのは氏名・住所・電話番号・メールアドレスだけで10～30円、生年月日・家族構成・職業が加わると50円に上がる。さらに年収や子供の学校名があると100円になる。個人の趣味嗜好を知ることができる情報がついた場合、たとえばネットや通信販売、オークションの商品購入歴やマンション内覧会の参加歴などが加わると、1人200円にもなる」

――情報漏えいに気をつける場所は？

「街頭アンケート。たとえば、使用中の化粧品、エステに通う頻度などは美容関係の業者に人気が高く、他社の顧客を乗り換えさせるための情報源になる。カラオケボックスや漫画喫茶を利用するときに作る会員証からも漏れる可能性がある。ある店の個人情報管理担当者が会員証のデータを不正に持ち出し、名簿業者に売り込んだことがあった」

番組で紹介されたのはここまでだったが、名簿屋については、ホームページを開設し、個人情報保護法の遵守を謳いながら、堂々と名簿を販売している「表の名簿屋」とは別に、「裏の名簿屋」の存在も囁かれる。裏の名簿屋が扱うのは、出会い系サイトの会員リスト、裏ＤＶＤの購入者リスト、パチンコ・パチスロ・競馬必勝法などの情報商材の購入者リスト、健康食品の購入者リスト、多重債務者のリストといった人間の本質的な欲望や弱みに直結したサービスの利用者名簿である。こうしたサービスの常連は、麻薬中毒患者のように、似たようなサービスに何度でも金を払う傾向がある。このため、名簿は「カモリスト」と化し、高値で取引される。

さらに事態を複雑にするのは、名簿屋が「多重債務者名簿」に載っている大企業の会社員に、顧客名簿を会社から持ち出すように持ち掛けたりするケースもあることだ。結局のところ、「個人情報は金になる」ということが関係者すべてのモチベーションになっている。

コラム

個人情報と引き換えに身代金を要求される時代

ベネッセ事件は、個人情報が格納されたデータベースに対して正式なアクセス権限を有する内部の人間の犯行であったものの、一般的には外部から何らかの方法でデータベースがハッキングされて、不正に個人情報が盗み出されるケースが多い。

盗み出された情報は、ベネッセ事件がそうであったように、名簿屋あるいは後述するデータブローカーに売られ、すぐに現金化されるケースが多いものの、最近では必ずしもすぐに売買されないケースが出てきている。

２０１４年6月、米宅配ピザ大手のドミノ・ピザが、フランスとベルギーの顧客情報60万件を盗み取ったとするハッカー集団から、情報と引き換えに3万ユーロ（約４１０万円）の支払いを要求されるという事件が起こった。盗まれた情報には、顧客のフルネーム、住所、電話番号、電子メールアドレス、パスワード、配送に関する指示のほか、お気に入りのトッピング情報も含まれていた。

このハッカー集団は、「レックス・ムンディ（Rex Mundi）」と名乗り、盗んだ証拠として一部の顧客情報を暴露した上で、「ドミノ・ピザが要求に従わなければ、盗んだ情報をすべてインターネット上に掲載する」と脅した。

この事件がやっかいなのは、人質の場合と異なり、デジタルデータであるだけに簡単にいくらでも情報をコピーできてしまうことだ。金銭と引き換えにデータを返却するといっても、元データがコピーされていない保証はどこにもない。

ドミノ・ピザは「いかなる犯罪組織からの脅迫にも屈することはない」と、犯人の要求に応じるつもりはないことを表明し、警察に届け出た。

結局、約5カ月後の11月2日、ハッカー集団はフランスの約50万人分、ベルギーの

5万5000人分の顧客情報をインターネット上に公開した。公開されたのは、氏名、住所、電話番号、電子メールアドレスなどである。このハッカー集団は以前にも企業の顧客情報を盗み出し、金銭を要求、支払いに応じなかった企業に対し、顧客情報を公開した前科があるということだ。

個人情報が金になることが広く知られることとなった今、今後、同様の事件が起こることは想像に難くない。とくに信用の失墜を極度に恐れる日本の大企業は、ハッカーにとって、絶好のターゲットとなる可能性がある。

米国を中心に活動するデータブローカー

「あなたはデータブローカーを知らないかもしれないが、データブローカーはあなたを知っている。彼らはあなたの住む場所、あなたが購入するもの、あなたの収入、あなたの民族性、あなたの子供の年齢、あなたの健康状態、そしてあなたの興味や趣味を知っている。この産業は闇の中で活動している。しかし、そこで起きている事の大きさは、私にとって非常に驚くべき

図表 2-1 主なデータブローカー企業とその概要

No.	企業名	概　要
1	アクシオム（Acxiom）	マーケティングキャンペーンと詐欺検知のための消費者データと分析サービスを提供。米国の消費者のほぼすべてをカバーし、全世界で7億人もの消費者のデータ（約3000項目）を保有。
2	コアロジック（Corelogic）	民間企業、政府機関向けに消費者データ、金融データと共に不動産データを主に提供。7億9500万件以上の不動産取引データ、9300万件以上のローン申し込みデータ、米国の住居用物件の99%以上をカバーする物件固有データを保有し、トータルでは1億4700万レコードを超える。
3	データロジックス（Datalogix）	ほぼすべての米国世帯、1兆ドル以上の消費者取引を捕捉するマーケティングデータを企業に提供。2012年9月にはフェイスブックとの提携を発表し、サイト上で広告を見たフェイスブックの10億人のユーザーがどれだけ実店舗での買い物に至ったかを分析できるようになった。2014年12月に米オラクルが買収を発表。
4	イービューロー（eBureau）	マーケッター、金融サービス企業、eコマース企業等に「誰が利益性の高い顧客になりそうか」「どの取引が詐欺に繋がりそうか」といった予測スコアと分析サービスを提供。毎月新規に30億ものレコードが追加されるという何十億件もの消費者レコードから得られた情報をクライアントに提供。
5	IDアナリティクス（ID Analytics）	人物の身元確認や、ある取引が不正かどうかを見極めるために設計された分析サービスを主に提供。同社のネットワークは数千億ものデータポイントと11億ものユニークなIDで構成され、14億件もの消費者の取引をカバーする。
6	インテリアス（Intelius）	企業や消費者に身元調査情報と公的記録情報を提供。200億件以上のレコードを保有。
7	ピークユー（PeekYou）	60以上のソーシャルメディアサイト、ニュースソース、ホームページ、ブログのコンテンツを、特許を保有する独自技術で分析し、顧客に詳細な消費者プロファイルを提供。
8	ラプリーフ（Rapleaf）	米国の消費者の80%以上の電子メールアドレスと紐づけ可能な、少なくとも1種類のデータを保有。年齢、性別、婚姻の有無等30以上のデータで電子メールアドレスを補完。
9	レコーデッドフューチャー（Recorded Future）	消費者と企業に関するインターネット上の履歴データを収集し、将来の行動を予測。2014年5月には50万2591以上の異なるインターネットサイトから情報を入手。

出所）FTC 『Data Brokers　A Call for Transparency and Accountability』をベースに筆者作成

ものだ」

消費者のプライバシー保護を所管する米国連邦取引委員会（ＦＴＣ：Federal Trade Commission）の会長であるエディス・ラミレス氏が、このように驚きを隠さずに話す産業が「データブローカー」である。データブローカーは、消費者にかかわる情報をさまざまな情報源（一般に公開されている情報、あるいは非公開情報）から収集し、プロファイリングした上で、第三者に販売する企業のことだ。主なデータブローカー企業としては、アクシオム、コアロジック、データロジックスなどが挙げられる（図表2−1）。

データブローカーが保有するパーソナルデータは膨大かつ多岐に渡る。最大手の一つ、アクシオムは米国の消費者ほぼ全員を含む世界中の約7億人の情報を保有しているとされる。その網羅性の高さは、２００1年9月11日に発生したアメリカ同時多発テロ事件の後、米国のニュース専門放送局ＣＮＮが「アクシオムは自社のデータベース内で、19人のハイジャッカーのうち、11人の居場所を特定できた」と報じたほどだ。

データブローカーのイメージは日本の名簿屋に近い。しかし、活動範囲や収集している情報の質・量の面で、名簿屋とは比較にならないほどスケールが大きい。データブローカー産業の市場規模は２０００億ドルともいわれ、前述したアクシオムは８０００社以上の企業を顧客に抱え、２０１３年の売上は約11億ドルにも上る。社員数人の零細企業のイメージが強い日本の名簿屋とは大きく異なることがわかるだろう。ただし、米国でもデータブローカー産業は「シャドービジネス」「米国社会のダークサイド」と呼ばれるなど、アングラのイメージが強い。この点は日本の名簿屋と同様だ。

データブローカーはどのような情報を収集しているのか

データブローカーが収集している情報は多種多様だ。氏名、住所、電話番号といった基本的な属性情報に始まり、性別・年齢・人種・家族構成・学歴・職業・年収などのデモグラフィックデータ（人口統計学的な属性データ）も含まれる。しかし、これはあくまでも序の口だ。趣味は何か、乗っている車は何か、ネットで買い物することが多いか少ないか、結婚しているのか、タバコは吸うのか、右利きか左利きか、持ち家か賃貸か、ダイエットに関心はあるか、健康状態は良好か、どの程度金持ちか、ＳＮＳ（フェイスブック、ツイッター）のＩＤは何かなど、オンライン／オフライン問わず、ありとあらゆる情報を収集している。

しかし、収集している情報はこれだけではない。市場価値が高いとされるのは、（最近）結婚した、離婚した、家を買った、子供が生まれた、小学校に入学した、大学に入学したといったライフイベントのデータである。一部のデータブローカーは、サラリーマンの給与明細までも保有しているとされる。図表２‐２にデータブローカーが収集しているパーソナルデータの一例

図表 2-2　データブローカーが収集している主なパーソナルデータ

No.	項　目	
1	本人識別情報	・氏名（旧姓）　・住所　・住所の履歴　・電話番号　・電子メールアドレス　など
2	機微情報	・社会保障番号　・運転免許証番号　・誕生日　・家族の誕生日　など
3	デモグラフィックデータ（人口統計データ）	・年齢　・身長 / 体重　・性別　・人種 / 民族　・言語　・婚姻の有無　・子供の有無　・職業　・教育レベル　など
4	公的に記録されたデータ	・破産歴　・犯罪歴　・保有資格　など
5	ソーシャルメディア情報	・アカウント　・友人（数、属性）　・ネット上の影響力　・投稿内容　・ヘビーユーザーか否か　・アップロードしている写真　など
6	住居情報	・自宅の大きさ　・賃貸 / 持家　・部屋の間取り　・購入時の価格　・市場価格　・賃貸料金　・車庫の有無　・プールの有無　など
7	一般的な関心事情報	・洋服の好み　・ギャンブル　・定期購読している雑誌　・ペットの有無　・好きな音楽ジャンル　・趣味　・寄付　など
8	金融資産情報	・収入　・株 / 債券の有無　・ローンの有無　・信用情報　・生命保険　・保有しているクレジットカード（プラチナ、ゴールドなど）　など
9	マイカー情報	・所有の有無　・メーカーの好み　・ナンバー　・購入日　・市場価値　など
10	購買行動データ	・支払い方法　・購買履歴　・購入チャネル（インターネット、電話等）　・最終購入日　・購入金額の範囲（オンライン / オフライン）・購入頻度など
11	健康データ	・喫煙の有無（家族含む）　・アレルギーの有無　・ダイエット / 美容 / 有機食材 / コレステロール / 糖尿病等に対する関心　・薬品の通販に対する関心　など

出所）各種資料より筆者作成

をまとめた。

もちろん、ありとあらゆるデータを収集しているといっても、法律で収集を禁じられ、厳密な保護が義務付けられているデータは除かれる。たとえば、米国の連邦法で守秘義務が課せられている医療記録や医師との会話内容である。信用情報（個人の支払能力に関する情報）の販売についても厳格なルールが存在する。日本の場合、信用情報はクレジットカードやローンの申し込みなど限られた場面でだけ使用されるイメージが強いが、米国では、部屋の賃貸や保険の申し込み、さらには就職活動にまで影響するといわれており、勝手に第三者に提供することは許されていない。このため、企業が採用時に信用調査書を購入しようとする場合は、事前に本人の同意を得る必要がある。

逆にいえば、医療記録や信用調査書など一部のデータ以外は、消費者はどんなデータが売買されているのか、コントロールすることはもちろんのこと、閲覧することさえもできない。このため、誤ったデータを基にいわゆる「プロファイリング」が行われ、不当な差別を受けるといった問題も指摘されている（詳しくは後述）。

一般的に、データブローカーが所有しているデータは2つに分類できる。〝コアデータ〟と〝推定データ〟である。コアデータは、住所や電話番号、年齢、学歴、職業、趣味、商品の購買履歴など、直接データブローカーが収集したり、他社から購入して手に入れた「事実」を指し示すデータである。推定データは、車の好み（スポーツカー、RVカー、高級セダン）や食べ物の嗜好（和食、イタリアン、フレンチ）などを推定するため、コアデータを分析した結果、得られるデータである。つまり、コアデータは何の分析処理も行っていない生のデータといえる。

具体例を挙げて説明しよう。たとえば、Aさんが小学生の息子用にインターネットでサッカーシューズを一足注文したとする。Aさんの購買行動に関する一般的な情報は、買い物をした店とそのパートナー企業間で共有される。ここで共有されるコアデータには次のようなものがある。

- **Aさんはサッカーシューズに関心がある。**
- **Aさん世帯には子供がいる。**
- **Aさんはインターネットで買い物をする。**
- **Aさんはウェブで広告を見る。**

この購買から生じる推定データは、次のようなものである。

- **Aさんはインターネットで商品を買いそうだ。**
- **Aさんはサッカーのチケットを買う可能性が高い。**

・Aさんは小学生の子供向けの学習教材を買うかもしれない。

このように推定データからは、特定の行動をとる可能性を予測できる。

データブローカーはどこから情報を収集しているのか

コアデータと推定データのうち、コアデータはオフラインとオンラインの2つのルートから収集される。オフラインデータは国勢調査のデータ、不動産登記簿、抵当権が付いた不動産の記録、運転免許の登録や交通違反の記録、裁判所への提出書類、日本の住民基本台帳に相当するデータ、クレジットカード、スーパーやコンビニエンスストアなどの会員カード、あるいは他のデータブローカーなど、非常に広範なルートから取得している。

たとえば、会員カードから情報を収集しているデータロジックス社は、1400以上の小売店で消費者が使った1兆ドル以上の購買データを保有している（ただ、どの店からデータの提供を受けているかは明らかにしておらず、店側も個人情報を販売しているかどうかは、わからないようにしている）。

前述した給与明細情報は、雇用証明の要求に対する対応の一環として、データブローカーが雇用者から情報を取得している。また、いくつかの州では政党の登録情報や投票頻度を含む投票記録も商業目的で売買されているとされる。

一方、オンラインデータは、ウェブブラウザに埋め込まれる「クッキー（Cookie）[1]」と呼ばれる行動追跡用のファイルや、ツイッター、フェイスブック、リンクトインなどのSNSが主なデータソースだ。たとえば、あなたの関心事、居住地、出身地、過去・現在の勤務先、友人やフォロワー数などの情報はSNSから簡単に収集できる。さらには、ツイッターのヘビーユーザーかライトユーザーかといったことまで収集されている。いずれも、ソーシャルメディアを使ったことがあれば、なるほどと思うだろう。

日本の名簿屋と異なるのは、オンラインデータとオフラインデータの突き合わせも行っているという点だ。先に述べたデータロジックス社は2012年9月にフェイスブックとの提携を発表している。この提携により、フェイスブック上である商品の広告を見た消費者が実際にお店に出向き、その商品の購入に至ったかどうかまで追跡されることになったのである。ここまで来ると、日本の名簿屋よりは、ヤフーとCCCの提携がイメージ的には近いかもしれない。

コアデータが集まれば、そこから推定データが生まれる。たとえば、住所がわかれば、デモグラフィックデータ（年齢、性別、職業、収入、学歴、居住地域などの人口統計学的属性）からその人が金持ちだと推定できる（あるいはその逆も）。キャンプ用品サイトで頻繁に買い物をしていることがわかれば、その人はスポーツカーよりもSUV（Sport Utility Vehicle）に強い関心を示すだろうと推測する。赤ちゃん用品店で毎週買い物をしていれば、恐らく新生児がいる家庭だろうと推し量る。

ただし、データブローカーが保有するデータは100%正確というわけではない。一部の推定データには、同じ年齢層やデモグラフィックに属する近隣住民や他人の特性をベースに推測されたものも含まれているからである。たとえば、富裕層が比較的多く居住しているとされる地域に住んでいても、全員が金持ちとは限らないということだ。

データブローカーは何のためにパーソナルデータを収集しているのか

日本の名簿屋と同じく、多くの場合、企業のマーケティングを支援するためである。もっと直接的にいえば、効率よく商品を売るためである。一昔前のように、「買い物はいつも決まった店で顔なじみの店員から買う」ということであれば話は別だが、選択肢が多様化した現代においては、店側が客の好みを事前に把握し、適切な商品をお勧めすることはもはや不可能に近

(1) クッキーには、ブラウザをユニークに(一意に)識別できる識別子が含まれており、広告ネットワーク会社が提携している他のウェブサイトを訪れた際にも、その情報を記録できる。

い。客の顔が見えないオンラインショッピングであれば、なおさらである。なるべく手間をかけずに商品を売りたい企業にしてみれば、顧客の関心事や必要としている商品を把握し、タイムリーなオファーを提供するために、データブローカーが保有している情報は非常に価値があるというわけだ。

もっとも、デパートの外商部門では、今でも一部の超優良顧客向けに一対一のサービスを提供している。そこでは、顔馴染みの店員が「お客様にお勧めの商品を入荷しました！」と甲斐甲斐しくあなたの買い物をサポートしてくれるだろう。しかし、1秒間にいくつもの注文が入るオンラインショッピングや「欲しいものが購入できるのであれば、どの店で買っても同じ」と考える多くの層を対象と考えれば、1人ひとりの顧客に店員を張り付けて、一対一のサービスを行っていては、とてもじゃないが間に合わない。

そのため、広告主は自社の商品を購入してくれそうな消費者に確実に広告を表示するため、オンライン／オフラインの購買履歴やインターネット広告のクリック履歴を使用する。たとえば、あなたがインターネットでトレーニングシューズを購入したとしよう。おそらく次にブラウザを立ち上げたとき、あなたはスポーツウェアやジムの広告を目にするはずだ。それは、スポーツ用品店やスポーツジムがウェブサイトに広告費用を払っているからである。

このように、一般消費者相手にモノを売るB to C企業は、自分たちが売りたい商品に関心を持つ人のリストを効率よく手に入れたがっている。つまり、需要があるのだ。そこにデータブローカーがするりと入り込み、需要が満たされるというわけだ。たとえば、プラチナカード／ゴールドカード会員の獲得を目指すクレジットカード会社の場合、データブローカーに次のような依頼を出す。「（富裕層が多く住む）特定地域に居住し、年収2000万円以上の消費者リストが欲しい」

依頼を受けたデータブローカーは条件に見合った顧客リストをいとも簡単に提示する。生命保険会社であれば、「妊婦や新生児のいる家庭リスト」をデータブローカーから購入し、より高額な生命保険への転換や学資保険の加入を勧めるだろう。通販会社であれば、ベビー服や赤ちゃん向けのおもちゃが掲載されたカタログを送付するはずだ。

データブローカーは、「アレルギー患者」「アルコール依存症患者」「ギャンブル依存症患者」「ダイエット中の人物」「アダルトグッズの購入者」「ゲイ&レズビアン」「特定の病気や処方薬について、ネットで検索する傾向の強い人」など、あきれるほど多くの種類のリストを保有している。そして、これらのリストはあなたが健康的な生活を送っているかどうかを評価するためにも使われ始めている。ある健康保険会社は、「最近、XLサイズの服を買うようになった人」というリストをデータブローカーから購入した。表向きの理由は、「無料のダイエットプログラムを提供するにあたり、対象者を選別するため」ということであるが、将来的には保険の加入審査に使用される可能性も囁かれる。

個人情報の収集や共有をやめさせる方法はあるのか？

データブローカーによる個人情報の収集や共有をやめさせる方法はあるものの、それは簡単ではない。データブローカーの多くは、保有するデータベースに含まれている個人情報に対して、オプトアウト（削除要求）する機会を消費者に提供している。あるいは、少なくともメール広告はオプトアウトできるようにしている。たとえば、大手データブローカー企業の一つであるラプリーフは、電子メールアドレスに関連づけられた情報を同社のデータベースから削除する「永久オプトアウト（Permanent opt-out）」というサービスを提供している。

しかし、実際のところ、効果的にオプトアウトするためには、大小合わせて米国内に数十社は存在するといわれるデータブローカー企業のすべてを把握し、オプトアウト手段を見つけなければならない。そんな情報を持ち合わせている消費者は稀だろう。

一方、データブローカー産業が簡単に廃れない理由もある。それは、銀行、保険、医療、通信、自動車、小売のような社会的に信用のある大企業、さらには政府機関までもがデータブローカーの顧客となっており、情報を入手しているからだ。

たとえば、アクシオムの顧客にはフォーチュン１００（グローバル企業の総収入ランキングトップ100）企業のうち47企業、リテール銀行上位10行のうち7行、通信／メディア企業上位10社のうち8社、小売業上位10社のうち7社、自動車メーカー上位14社のうち11社、損保会社上位10社のうち9社など、そうそうたる企業が名を連ねる。つまり、米国の産業界も顧客情報入手のため、データブローカーにどっぷりと依存している現状があるのだ。

日本でもベネッセ事件で、ジャストシステムや英会話学校大手のＥＣＣを含む全国の塾や予備校、着物の販売店など数十社が、流出した名簿を購入していたことが明らかになっている。名前が出た企業はあくまで氷山の一角であると考えると、名の知れた大企業も名簿屋から顧客リストを購入していたとしても驚くことではない。いざ政府が名簿屋を規制しようとすると、猛反発する企業が出てくるかもしれない。

「スコア化される社会」の到来

データブローカーが消費者に関するありとあらゆるデータを収集した後、われわれを待ち受けるのは、「スコア化される社会」である。これは消費者に関するデータ（年齢、性別、世帯収入、住所、健康状態、購買履歴、クレジットの返済履歴等）が点数化され、その点数によって、日常のあらゆる場面で知らず知らずのうちに「ランク付け」が行われる世界である。

すでに米国社会に広く浸透している「クレジットスコア」に、近い将来、到来するであろう「スコア化される社会」の様子が透けて見える。クレジットスコアは、クレジットカード、消費者ローン、住宅ローン、携帯電話、公共料金、家賃、物品レンタルなど、個人の利用や返済に関する履歴（クレジットヒストリー）をベースに、独自の計算方式で消費者の信用評価点（信用偏差値）を割り出すものだ。

クレジットスコアは信用情報機関によって計算されるが、一般企業にも販売されるため、ローンやクレジットカードの申込みの際に利用されるだけでなく、学校の入学や就職などにも影響を及ぼすと言われる。つまり、クレジットスコアが低い場合は金利が高くなり、住宅ローンもなかなか組めない。就職の際も不利になる。少し前に大問題となった「サブプライム」は、このスコアの低い信用力の劣った人たち（サブプライム層）に無理矢理住宅ローンを貸し出した結果、発生したものだ。

クレジットスコア以外にも、データブローカーは収集したデータを基に独自の「スコア」を開発し、商品化して販売している。そのいくつかを紹介しよう。

（1）エクイファクス「自由裁量支出インデックス（Discretionary Spending Index）」

簡単にいうと、ある世帯がどれだけお金を使う余力があるかを数値化したものである。マーケッターに向けたスコアの一種で、各世帯を1～1000の1000段階にランク付けする。通販会社であれば、たくさんお金を使ってくれそうな世帯には、高価な商品を集めたカタログを送付する、逆に余力のない家庭には何も送らないといった使い方ができる。

（2）SMRリサーチ「寄付スコア（Donor Score）」

その名の通り、慈善活動に対して、多額の寄付をしてくれそうな世帯を予測するスコアである。高スコアほど、多額の寄付をしてくれる可能性が高いことを示す。チャリティ文化が定着している米国ならではのスコアといえよう。

（3）スコアロジックス「職業安定スコア（Job Security Score）」

個人のプロフィール、経歴と経済環境等から、失業する可能性と今後の収入を予測するスコア。収入の安定性によって、借主がローン等をきちんと返済できるかどうかを予測する。結果は0～1000でスコアリングされる。これも、解雇が頻繁に行われる米国ならではのスコアといえるだろう。

コラム

盛り上がるソーシャルメディア・スコアリング

フェイスブックやツイッターなどのSNSが消費者間で広く浸透するに従い、SNSを活用したスコアリングも盛んになっている。

利用が進んでいる分野の一つは「ソーシャルレンディング」と呼ばれる消費者金融の与信リスク管理である。アメリカの金融ベンチャーであるレンドアップ（Lendup）では、与信判断の材料として通常使用されるファイコ（FICO）社のスコアリングモデルに加えて、ローンの申込者が了承すれば、フェイスブックやツイッターのアカウントを聞き出し、ローン審査に役立てている。

たとえば、申込者に4000人の友人やフォロワーがいたとしても、ほとんど交流がないフォロワーが大多数を占める場合と、密に交流している友人が30人いるケースでは、後者の場合にローン審査が通るといった具合だ。

また、フィリピンに本社を置く消費者金融企業レンドー（Lenddo）では、借り手のフェイスブック上の友人がレンドーへのローン返済を滞りなく行っているかどうかをチェックしている。延滞実績のある友人と頻繁にコミュニケーションをとっていると、借り手のクレジットスコアは下がり、審査が通りづらくなるという具合だ。

もう一つは、ソーシャルメディア上での影響力を示す「クラウト（Klout）スコア」などのソーシャルスコアの活用である。たとえば、米大手航空会社のアメリカン航空は、クラウトスコアが〝55〟以上のユーザー限定で、ニューヨークやロンドン、東京など全世界でおよそ40あるアメリカン航空のＶＩＰ専用の空港ラウンジを無料で利用できるという優遇サービスを提供していた（現在は終了）。

また、社員の採用条件にクラウトスコアを導入した企業もある。ＣＲＭサービス大手のセールスフォース・ドットコムである。同社が２０１２年９月に募集した「コミュニティマネージャー」職の採用条件には、「クラウトスコア〝35〟以上」という項目があった（現在は終了）。

「スコア化される社会」で危惧されるのは、本人の知らないところでデータが収集され、（間違ったデータを基に）スコア化された結果、（不当な）差別を受けるようなケースである。本人の許諾の下に行われるソーシャルメディア・スコアリングでは、どういった情報を基に点数が付けられたのかがある程度はわかるため、厳密にはスコア化される社会には該当しない。ただし、ローンの申し込みや就職・転職活動時に、われわれのソーシャルメディア上での振る舞いがスコア化され、判断材料として使われる可能性があることは覚えておいて損はない。

スコア化される社会の到来は、知らないうちに差別される社会の到来か？

われわれが意識しているかどうかに関係なく、スコア化される社会は着々と進行している。賛否両論あるが、この点では米国企業がさまざまな試みを行っている。そのいくつかを紹介しよう。

パソコンのOSによってお勧めホテル・設備を変えるオンライン旅行サイト

オンライン旅行サイトを運営するオービッツ・ワールドワイド社は、2009年に旅行サイト大手のエクスペディアの幹部だったバーニー・ハーフォード氏を招き入れた。同氏はまず、オンライン・オークションサイト大手のイーベイやグーグルから統計の専門家を引き抜き、社内に分析チームを作って、データ分析に着手した。

ハーフォード氏率いる分析チームは、ある日、いくつかのホテルに限ってウィンドウズPCよりも、Ｍａｃから予約が多く入っていることを発見した。それらのホテルに共通していたのは、ロビーで客同士が交流できるような贅沢なスペースを備えているということだった。さらに分析を進めると、Ｍａｃユーザーは他のＰＣユーザーに比べ、1泊当たり平均して20～30ドルも料金の高いホテルを予約していることが判明した。同社のサイト経由で予約する顧客の平均宿泊料が約１００ドルであることを考えると、この差は非常に大きい。また、Ｍａｃユーザーは四つ星／五つ星ホテルを予約する傾向が他のＰＣユーザーの1・4倍、同一ホテルであれば、より高価な部屋を予約する傾向にあることもわかった。

この分析結果を受けて、同社が行ったのは検索結果の表示順を変更することだった。たとえば、ニューヨーク地区のホテルを検索したとする。Ｍａｃユーザーの検索結果の1ページ目に表示されるのは、いわゆる高級ホテル。他のＰＣユーザーの1ページ目に表示されるのは、中級ホテルという具合だ。また、お目当てのホテルをクリックした後に表示される部屋の選択画面でも、Ｍａｃユーザーに対しては宿泊料金の高い部屋（眺めの良い高層階フロア等）が上位に表示される。

このケースは、ユーザーのＰＣのＯＳに着目して検索結果の表示順を変化させるというものであるが、似たような試みは他にもある。たとえば、あるECサイトでは、「デスクトップPCやノートPCからアクセスしてくるユーザーよりも、タブレット（iPad）ユーザーのほうがたくさんお金を使ってくれる」「アップル社の端末（iPhoneなど）ユーザーは、アンドロイド端末やブラックベリー端末のユーザーよりも平均購入金額が高い」という傾向を利用しようとしている。

倹約家は自動車保険料が大幅割引に？

英国の大手スーパーマーケットチェーン、テスコ（TESCO）のグループ会社であるテスコ銀行が販売する「テスコ自動車保険」は、契約希望者に対して、テスコの会員カード（ポイントカード）の有無を尋ねる。保有していると答えた場合は、〝ポイント付与〟というインセンティブを与える代わりに会員番号を記入してもらう。テスコ銀行はこの会員番号を基にスーパーでの購買履歴を分析する。そして、購買傾向から、「自動車事故のリスクが低い」と判定した場合、最大で40%もの大幅な保険料のディスカウントを行う。具体的なリスクの判定基準は明らかにされていないものの、たとえば「アルコールを頻繁に購入している」等、購入商品によってリスクを判別していると見られている。

契約者の行動履歴を使用して、保険料金のディスカウントを行っている保険会社はテスコ銀行だけではない。英国の銀行・保険グループ、ロイズ・バンキング・グループ（Lloyds Banking Group）の保険会社スコティッシュ・ウィドウズ（Scottish Widows）もそうだ。同社は「クレジットカードの支払いを延滞したことがない」「預金残高を超えて金を引き出したことがない」など、「堅実なお金の使い方をする人は、自動車の運転時も危険を冒さず、注意深く運転する」という相関関係があることに気がついた。同社はこの関係を利用し、ある顧客層に対して、最大で20％もの自動車保険料のディスカウントを行っている。

こう聞くと、「金遣いが荒く、浪費癖のある人」は逆に保険料が著しく上がってしまうのではないかと疑いたくもなる。しかし、同社は「金融の取引履歴などのパーソナルデータはあくまで保険料のディスカウントのためだけに使用する。仮に浪費癖があったとしても、保険料が上がることはない」と説明し、この考えを否定している。

一見すると、保険料が安くなるだけのこの仕組みは、消費者には何もデメリットはないように思える。しかし、親会社が保有するパーソナルデータ（購買履歴、金融取引履歴）を本人に無断で活用する保険会社の行いに対しては、批判の声も上がっている。消費者からして見れば、「自分の購買履歴や金融取引履歴がそんな使われ方をするとは思ってもみなかった」というわけだ。

コラム

「価格差別」に揺れる米EC業界

オービッツ・ワールドワイドのように、ユーザーのPCのOSによって、検索結果の表示順を入れ替える程度であれば、話題には上るものの、さほど問題視はされていない。しかし、ユーザーのパーソナルデータによって価格まで変動させるECサイトが登場し、しばしば批判を受けている。

価格を決める上で参考とするデータはケースバイケースであるが、IPアドレスから割り出したユーザーの居住地やウェブの閲覧履歴を使用するケースが多い。たとえば、いわゆる高級住宅街といわれる地域、日本であれば東京の港区（麻布、白金台、高輪など）や世田谷区（成城、奥沢、深沢など）などからサイトにアクセスしていれば、懐に余裕があると判断し、商品の表示価格を上げてしまう。また、閲覧履歴から、価格比較サイトや競合店のサイトから来ていることがわかれば、「価格に敏感な消費者」と判断し、表示する価格を自動的に引き下げたり、配送料を無料にするというわけだ。

ECサイトではなく、実店舗であれば、地域によって同じ商品でも価格が異なることはよくある。たとえば、ガソリンスタンドの場合、競合の多い地域と競合のほとんどいない地域で価格が異なるのは当たり前だろう。

価格差別を行っている企業の言い分は、「人件費等、地域によって必要経費は異なる。このため、価格も変えている」というものだ。しかし、消費者側としては「ECサイトの商品価格はどこからアクセスしても同じであって当たり前」という思い込みが強く、反発を招いている。ECサイトの場合、仮に価格が変更されていたとしても、消費者がそれに気づくことはほとんどないという点も大きい。納得できる明確な理由があれば別だろうが、まったく同じ商品に対して「価格比較サイトから来ると安く購入できた」というのでは、後になって、高値で買わされたことがわかった消費者が怒るのも無理はない。

企業によるパーソナルデータの収集がさらに進めば、今後はこうした一部の分野だけではなく、われわれの生活のあらゆる場面で、自分の知らない間につけられたスコアによって扱いが変わる「総スコア化社会」が到来する可能性がある。

たとえば、銀行の窓口を訪れた際、スマートフォンから個人を識別し、本人が知らぬ間に銀行が推測した顧客の〝裕福度スコア〟によって、待ち時間が変わってしまうとしたらどのように感じるだろうか。データブローカーから入手した情報によって、高級外車のオーナーであることがわかっているAさんは、後から来たにもかかわらず、すぐに名前を呼ばれ、大衆車に乗っているBさんは、いくら待っても名前が呼ばれない――。極端なたとえではあるが、こうした世の中が訪れないという保証はない。

データブローカーへの強まる風当たり

これまで、データブローカーのビジネスは合法とされてきたものの、消費者個人のプロファイリング結果が採用活動のスクリーニングや個人の信用評価に用いられることが多くなってきたこと、さらには「総スコア化社会」に対する懸念から、米国政府当局はデータブローカーに対する監視強化の方針を示している。

２０１２年3月にＦＴＣが公開したスタッフレポート「急速に変化する時代の消費者プライバシー保護（Protecting Consumer Privacy in an Era of Rapid Change）」では、データブローカーが収集している情報とその用途の不透明さを解決するために、データブローカーが保有しているデータに消費者がアクセスできるようにすることを提言した。同時に、透明性を一層高めるために、消費者のデータをどのように収集・利用しているのかを説明するウェブサイトの構築をデータブローカーに要求した。

しかし、一部を除き、ほとんどのデータブローカーはこのFTCの要求を無視し続けた。つまり、消費者は依然として、自分自身がどのようにプロファイリングされているのかを確認することもできず、仮に情報に誤りがあったとしても、それを訂正することもできない。連邦政府の監督機関やプライバシー擁護団体は、個人の資産情報や健康情報などのセンシティブな情報がマイニング（分析）され、就職活動時やローンの申し込み時に消費者が差別される可能性に対し、たびたび警告を発してきた。データブローカーが保有している自分の情報にアクセスできない現状では、誤った情報を基に企業側で重要な意思決定がなされる恐れがあるというわけだ。

こうした状況に業を煮やし、FTCの委員を務めるジュリー・ブリル氏は2013年6月、ワシントンで行われた「コンピュータの自由とプライバシー会議」の場で、「消費者には、データブローカーが保有している消費者に関するデータへのアクセス権限が与えられるべき」と呼びかけた。ジュリー・ブリル氏がイメージしているのは、データブローカーが収集している実際のデータと消費者の持つアクセス権の詳細が格納されたオンラインポータルだ。

進まぬ立法化

２０１４年５月にＦＴＣが発表したレポート「データブローカー：透明性と説明責任の要求（DATA BROKER：A Call for Transparency and Accountability）」では、これまでのＦＴＣの主張を次の４点にまとめ、議会に対し立法化を検討するよう求めた。

（１）自分に関するデータを保有しているデータブローカーは誰で、どこに行けば、その情報を確認できて、オプトアウトできるのかを消費者が容易に確認できるようにすること。そのために、インターネットポータルを構築し、そこでデータブローカーが自身のことを明らかにし、保有している情報と用途を説明し、オプトアウトできるリンクを提供すること。

（２）データブローカーが保持している「生データ」（氏名、住所、年齢、収入等）だけでなく、そのデータから得られた「推定データ」についても、わかりやすく消費者に開示すること。消費者が自分自身のデータにアクセスできるようにすることは、重病など特定の健康に関する情報が推定（事実と異なる可能性がある）されて登録されている場合、とくに重要である。

（３）データに誤りがある場合など、消費者が必要に応じて公的記録等の元データを訂正できるように、データブローカーが保有しているデータの入手元を明らかにすること。
（4）直接消費者のデータを収集している企業がデータブローカーとデータを共有する場合は、消費者に目立つように通知し、共有することに対してオプトアウトできるような選択肢を提供すること。また、健康情報のようなセンシティブな情報を保護するため、そうした情報を収集する際は、事前に消費者の同意を得ること。

ＦＴＣによるこれらの要求は、データブローカーがどのようにデータを収集・使用しているのかをガラス張りにしようとするものである。そして、データブローカーが保有しているデータに間違いがあれば、消費者が訂正できる機会を提供したり、データの収集自体を拒否できるようにする。これにより、クレジットカードの審査時や生命保険や医療保険の加入申込時、あるいは採用面接時に誤った情報によって不利益を被ることがなくなることを期待している。

このように、ＦＴＣは２０１２年３月から繰り返し、データブローカー産業に対する規制強化を提言してきた。また、米国政府が２０１２年２月末に発表した「消費者プライバシー権利章典（Consumer Privacy Bill of Rights）[2]」でも、消費者が自分のパーソナルデータにアクセスできる権限の強化を明文化し、議会に対して立法化を求めた。しかし、実際には立法化は進

（2）詳細は第5章。

んでいないのが実情だ。

これは前述した通り、米国の産業界や政府機関がデータブローカーに依存していることと無関係ではない。日本においても、ベネッセ事件が契機となり、個人情報保護法の改正に合わせて、名簿屋に対する規制強化を求める声が高まっているものの、米国と同様に名の知れた企業が利用しているなら、立法化が進まない可能性も十分にあるだろう。

今必要なのは「通知される権利」

名簿の流通を規制する法律として日本で該当するのは、個人情報保護法である。だが、現状の個人情報保護法では、名簿を保有する企業は「本人の求めに応じて、個人情報の第三者提供を停止する」というオプトアウト手続きをホームページ等に掲載しておけば、事実上、名簿の転売が可能である。一方、その名簿を仕入れて別の企業に売る名簿業者も「不正に流出したものとは知らなかった」と説明さえすれば、警察の手は及ばない。このため、消費者は自分の情報をどの事業者が保有しているのか把握することはほぼ不可能である。

2015年の通常国会への提出を目指し、現在進められている個人情報保護法の改正に向けた検討では、名簿屋を古物商などと同じように登録制にし、さらにその個人情報を受けとった事業者にも第三者機関への届出義務を課すべきといった意見が出されている。ただし、ひとたび自分のデータが名簿屋に流れると、瞬く間に拡散してしまう現状では、まずは名簿屋が個人情報を入手した時点で本人に通知される「通知される権利」の確立が必要ではなかろうか。

通知された本人が名簿屋によるデータの保有を拒否すれば、名簿屋は即座にデータの削除を行わなければならない。実効性を持たせるためには、本人からの要求を無視した場合、罰金や営業停止等の処分が課される罰則規定も併せて必要だろう。

本章のまとめ

- ◆日本の「名簿屋」は「18歳女性のデータ」「投資目的のマンション購入者リスト」など、氏名・住所・電話番号などを販売する事業者である。情報の入手先は、病院や銀行、街頭アンケート、カラオケボックス、漫画喫茶など多岐に渡る。
- ◆米国のデータブローカー産業は、市場規模2000億ドルとも言われ、活動範囲や収集している情報の質・量の面で日本の名簿屋とは比較にならないほどスケールが大きい。
- ◆データブローカーによる情報収集が過度に進んだ結果、日常生活のあらゆる場面でデータを基に消費者がスコア化され、予期せぬ差別を受ける可能性が危惧されている。

◆日本の名簿屋同様、米国でもデータブローカーに対する風当たりは強まっているものの、銀行、保険、医療、通信、自動車、小売のような社会的に信用のある大企業、さらには政府機関までもがデータブローカーの顧客となっているため、規制強化を目的とした立法化は進んでいない。

◆自分に関するデータをどこの事業者が保有しているのかさえも把握できない現状において、まず必要なのは「通知される権利」である。

第3章

個人情報の値段はいくらか

お金を払わないなら、あなたが商品として売られる

「あなたがそれにお金を払わないなら、あなたはもはや客ではなく、あなたが商品として売られるだけだ（If you are not paying for it, you're not the customer; you're the product being sold）」

米国にはこのような格言がある。たびたびネット企業を揶揄するために使われるこの格言は、とくにグーグルやフェイスブックに対する皮肉を込めて最近よく使われる。

グーグル590億ドル、フェイスブック115億ドル――米国のネット広告市場を2分する両社の広告収入は膨大だ。広告のベースとなっているのは、利用者の検索履歴や閲覧履歴、プロフィール、交友関係、投稿内容などのパーソナルデータである。まさにわれわれ消費者が生み出したデータが商品となっているわけだ。その一方で、データを生み出した個人には1セントも還ってこない。

市場規模2000億ドルと日本のEC市場規模の約2倍に相当するデータブローカー産業も同様だ。売上のベースとなっているのは、あの手この手でかき集めた消費者のパーソナルデータであるが、当然のように個人には何の見返りもない。それればかりか、知らない間に自分の属

性や行動履歴がスコア化され、場合によっては不利益を被る可能性さえもある。

こうした状況に異議を唱え、現状に一石を投じる意味で、パーソナルデータに金銭価値があることを証明し、さらにその流通も個人がコントロールできるようにしようとする機運が高まっている。

「僕のデータ、1日当たり2ドルで買いませんか？」

ＪＲ東日本がＩＣカード「Ｓｕｉｃａ」の乗降データを外販しようとした際、消費者から巻き起こった反発の中には、「個人が特定されてしまうのではないか？」という心配の声と共に「自分にはなんの見返りもないのに、勝手に人のデータで金儲けをたくらむとはけしからん！」というものも目についた。裏を返せば、正当な見返りがあれば、（場合によっては）データを提供してもかまわないという気持ちの表れと捉えることもできるだろう。

考えてみれば、今やわれわれの生活の至るところで、（われわれが意識しているかどうかは別にして）パーソナルデータは抜き取られている。コンビニで会員カードを手渡せば購買履歴が、ネットサーフィンをしていればサイトの訪問履歴に加え、ウェブページのどの部分をクリックしたかまで記録される。「どうせ黙っていても情報を抜き取られるなら、いっそのこと、自分か

図表 3-1 クラウドファンディングサイト「Kickstarter」で資金提供を呼び掛けるザニアー氏

出所）https://www.kickstarter.com/projects/1461902402/a-bit-e-of-me

ら売りに出してはどうだろう?」と考える輩が出てきても、なんら不思議はない。

それを実行に移したのがフェデリコ・ザニアー（Federico Zannier）氏、ニューヨーク大学大学院に在籍するイタリア生まれの学生である（図表3−1）。ソフトウェア開発者である彼は、実際に自分の毎日の生活を記録したデジタルデータを売りに出した。その理由について、彼は次のように語っている。

「僕は自分自身についてデータマイニングを行い、自分のプライバシーを侵害した。今、僕はそのすべてを売りに出している。しかし、どの程度の値がつくのだろうか?

僕はインターネットサーフィンに毎日何時間も費やしている。その間にフェイスブックやグーグルといった企業は自社の利益のために僕のオンライン情報（訪れたウェブサイト、僕の友人、僕が見た映像）を使い続けている。

米国における2012年の広告収入は約300億ドルだった。同じ年に、僕は自分のデータから1セントも得ていない。仮に僕が自分のすべての行動を追跡したとしたらどうだろう？少なく見積もって、2ドルくらいは戻ってくるのだろうか？

僕はよく訪問するウェブサイトの利用規約を眺め始めて、プライバシーポリシーに次のような一文を見つけた。『あなたはそのコンテンツを媒体や配布手段を問わず、世界中に非独占かつロイヤリティフリーで使用／コピー／複製／処理／改変／変更／公開／送信／表示／配布できるライセンスを許可する』。基本的には、僕も生涯に渡ってパーソナルデータの国際的な二次利用権を提供することに同意する。

ある人が僕にこう言った。『われわれはデータ時代に生きている。シリコン時代（コンピュータ時代）はもう終わったんだ。この新たな経済圏において、データは石油なんだ』。この言葉がこのトライアルをやってみようと思い立ったきっかけだ。

2月から、僕は自分のオンライン行動のすべて（訪問したHTMLページ、マウスポインタの位置、チャットの記録、電子メールの履歴、フェイスブックに投稿した記事、自分が見た画面のスクリーンショット、自分のPCのウェブカメラの画像、GPSによる位置情報、自分が使用したアプリのログ）を記録している。これらのプライバシー情報を可視化したので、確認してみてほしい（図表3-2）」

図表 3-2 ザニアー氏が訪問したある日のウェブサイト
アイコンをかたどった立方体で表現されている

ザニアー氏が訪問したあるウェブページ上のマウスポインタの軌跡

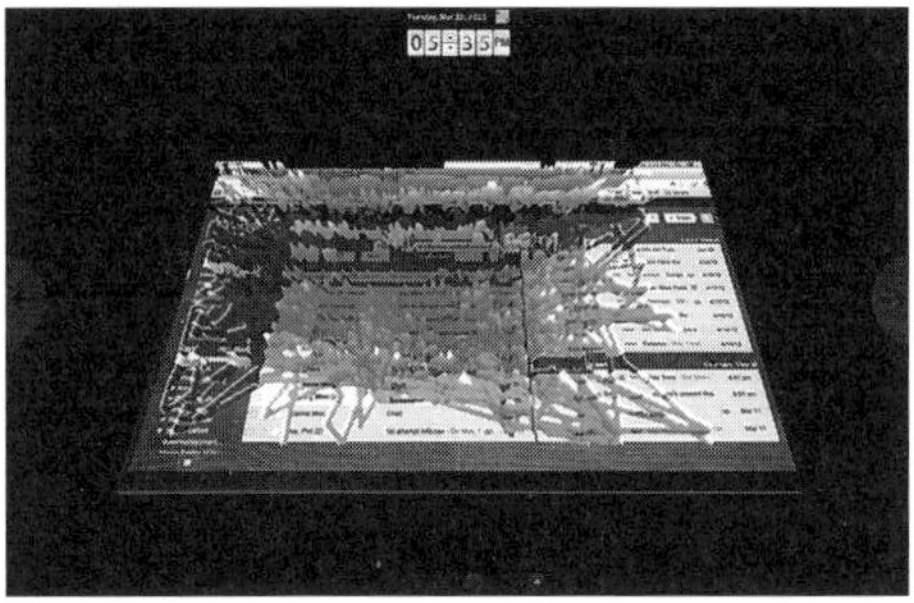

ザニアー氏のある日（24時間）の位置情報の軌跡

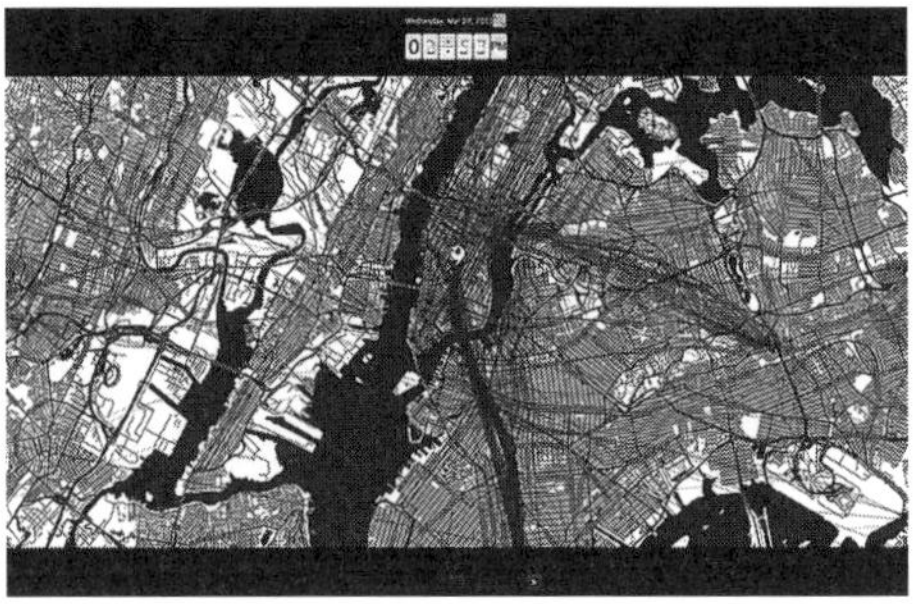

出所）https://www.kickstarter.com/projects/1461902402/a-bit-e-of-me

彼は２０１３年2月から自分の行動を記録し始め、次に示すような約50日分の行動履歴データを売りに出した。

- **訪問したウェブページ（のリスト）**
- **30秒ごとに撮影したスクリーンキャプチャ（タイムスタンプ付き）**
- **30秒ごとに撮影したウェブカメラの画像（タイムスタンプ付き）**
- **アプリケーションのログ（使用したアプリケーションを開いた時刻と閉じた時刻）**
- **ウェブブラウザのタブの開閉時刻**
- **位置情報（緯度と経度）**
- **ウェブページ上でのマウスの軌跡（マウスの座標の推移）**
- **最も多く訪問したウェブサイトの情報（日別）**
- **最も多く検索したキーワード（日別）**

50日間に蓄積したデータは、２万１０００枚以上のウェブカメラの画像、１万９０００枚以上のスクリーンショットなど膨大になった。そして、日ごとに記録したデータを1日当たり２ドル、１週間分なら5ドル、50日分すべてなら２００ドル（これにはデータ分析ツールや試験的に開発したベータ版のスマートフォンアプリ等を含む）で買いませんかと、クラウドファンディングサイト(1)「キックスターター（Kickstarter）」を通じて呼びかけた。

クラウドファンディングサイトを活用した理由は、単に自分のパーソナルデータを1回販売して終わりにするのではなく、彼と同じようにパーソナルデータを販売しようと考える仲間が活用できる、ブラウザ拡張機能やスマートフォンアプリを開発する資金調達が目的だったからである。

彼はキックスターターのプロジェクトページに次のように記している。

「もっと多くの仲間が自分と同じことをすれば、マーケッターはわれわれのパーソナルデータに対して、（企業にではなく）直接われわれに対価を支払うようになるはずだ。クレイジーに聞こえるかもしれない。しかし、そうしなければ、いつまでたってもパーソナルデータを無償で（企業に）提供し続けることになってしまう」

資金を募った2013年5月6日から6月5日までの30日間で、彼は213人の支援者からトータル2733ドルの資金調達に成功し、この興味深い試みは幕を閉じた。

逆説的かもしれないが、彼がこの試みを通じて訴えたかったことは、パーソナルデータを自ら販売することで、データの所有権を企業から取り戻すことにあった。つまり、利用規約に書いてあるとはいえ、ほとんど無意識のうちに収集されるわれわれのパーソナルデータを元手に、企業が数百万ドルも荒稼ぎする一方で、自分たち消費者にはなんの見返りもない現状に異議を唱えたのだ。

自分のパーソナルデータを競売に掛けたオランダの学生

自分になんの見返りもないまま、企業にパーソナルデータを搾取され続ける現状に異議を唱えるため、パーソナルデータを売りに出したのはフェデリコ・ザニアー氏だけではない。オランダの学生、ショーン・バックルス（Shawn Buckles）氏は、クラウドファンディングサイトでパーソナルデータ販売のためのアプリ開発資金を調達するという間接的な方法ではなく、パーソナルデータを競売に掛けるという直接的な手段に打って出た。つまり、一番高値で入札した人にデータを売るということだ。

2014年3月、彼はオンライン入札が可能なウェブサイトを立ち上げ、パーソナルデータのオークションを開始した（図表3-3）。

売りに出したデータは、位置情報のログ、医療記録、電車の移動履歴、個人のカレンダー、電子メールの会話、ソーシャルメディアの投稿内容、消費傾向、ブラウザの閲覧履歴といった、

（1）製品や作品を作りたいイノベーターやクリエーターが、インターネットを通じてアイデアを公開・アピールし、それを見た普通の人々（群衆＝Crowd）に資金を提供（Funding）してもらう仕組み。

図表3-3 ショーン・バックルス氏がパーソナルデータを競売にかけたウェブサイト

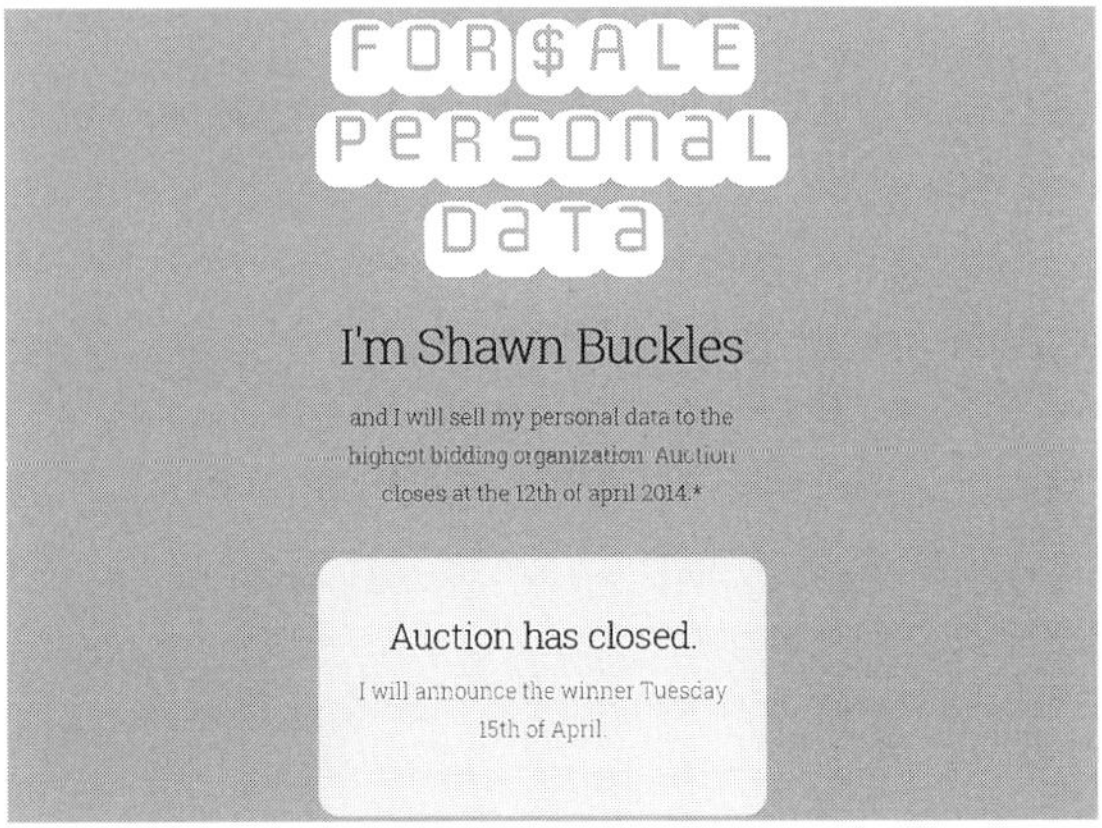

出所）http://www.shawnbuckles.nl/dataforsale/

一部にセンシティブなデータも含む、まさにプライバシーの塊といえるデータである（図表3－4）。

オークション開始から数週間が経過した2014年4月12日、計53回もの入札の結果、ショーン・バックルス氏のパーソナルデータ一式は、IT系のニュースサイト「ザ・ネクスト・ウェブ（The Next Web）」により350ユーロ（約5万円）で落札された。ザ・ネクスト・ウェブの目的は、ネット上のプライバシーに対する問題提起のためであり、彼のパーソナルデータを本当に手に入れたかったためではない。ただし、彼がパーソナルデータをオークションに出した、そもそもの目的も決して金儲けのためではなく、本人の知らぬ間に企業や政府にパーソナルデータが収集されている現状に疑問を投げかけるためであった。彼は英国のメディア

図表 3-4 ショーン・バックルス氏が競売にかけたパーソナルデータの内容

出所）http://www.shawnbuckles.nl/dataforsale/ に筆者加筆

『ワイアード（Wired）』のインタビューで次のように答えている。

「プライバシーはもはや過去のものとなり、それについて私は憂慮している。現在の国内法の下では、私が隠せるものはない。それでも、誰がどんな目的で私のデータを収集するのかということは自分自身で決めたい。多くの人々は、プライバシーと自治権は相互に関係し、プライバシーは個人の人格と倫理の発達に必要だということを理解していないように思える。われわれ自身がデータの大収集者である一方、フェイスブックやグーグルのようなサービスを使用することにより、われわれは無償で（彼らに）データを提供している。私が最も懸念しているのは、政府がこのデータを悪用することだ。われわれは無償でデータを提供し続けることによって、暗黙のうちに監視状態に同意してしまっている」

パーソナルデータを売りに出したフェデリコ・ザニアー氏とショーン・バックルス氏の二人は、その手段こそ異なるものの、現状のパーソナルデータを巡る企業と個人の関係に疑問を抱き、異議を唱えたという点で、その出発点は同じだったといえるだろう。

立ち上がる〝パーソナルデータ取引市場〟

先の二人のように消費者が苦労して自らパーソナルデータを売りに出さなくても、データを手に入れたい企業と売りたい個人を仲介する、いわば〝パーソナルデータ取引市場〟の立ち上げを模索する動きが欧米のベンチャー企業を中心に始まっている。これらの企業に共通するのは、「消費者のパーソナルデータには多大な価値がある。今まではそれはグーグル、フェイスブックなどのネット企業やデータブローカーに一方的に搾取され続けてきた。このままで果たしてよいのだろうか？」という問題意識である。そして、「今こそ、パーソナルデータを消費者の手に取り戻すことを真剣に検討する時期ではないか」と考え、消費者−企業間で直接データの売買ができる「パーソナルデータ取引市場」の開設に踏み切ったのである。

取引市場が買い取るデータは、ネット上の行動履歴だけでなく、実社会における行動履歴や

図表3-5　データクープのプラットフォームと連携させるアカウントの選択画面

出所）https://datacoup.com/docs#faq　に筆者加筆

健康データ（血圧、心拍数など）など、取引市場によって特徴がある。ここでは3つのパーソナルデータ取引市場を紹介しよう。

（1）データクープ（Datacoup）

データクープは約2年の試行期間を経て、2014年9月に正式オープンしたパーソナルデータの取引市場である。データの販売を希望する消費者はまず、フェイスブックやツイッター、リンクトインなどのソーシャルメディアのアカウント情報、クレジットカードやデビットカードの取引履歴情報など、自分が提供してもよいと考えるパーソナルデータを選択し、データクープのプラットフォームとの間でアカウント連携を行う（図表3-5）。

データクープは消費者から提供されたデータを匿名化し、他の会員のデータと混ぜ合わ

図表3-6　パーソナルデータ取引市場「データクープ」の概念図

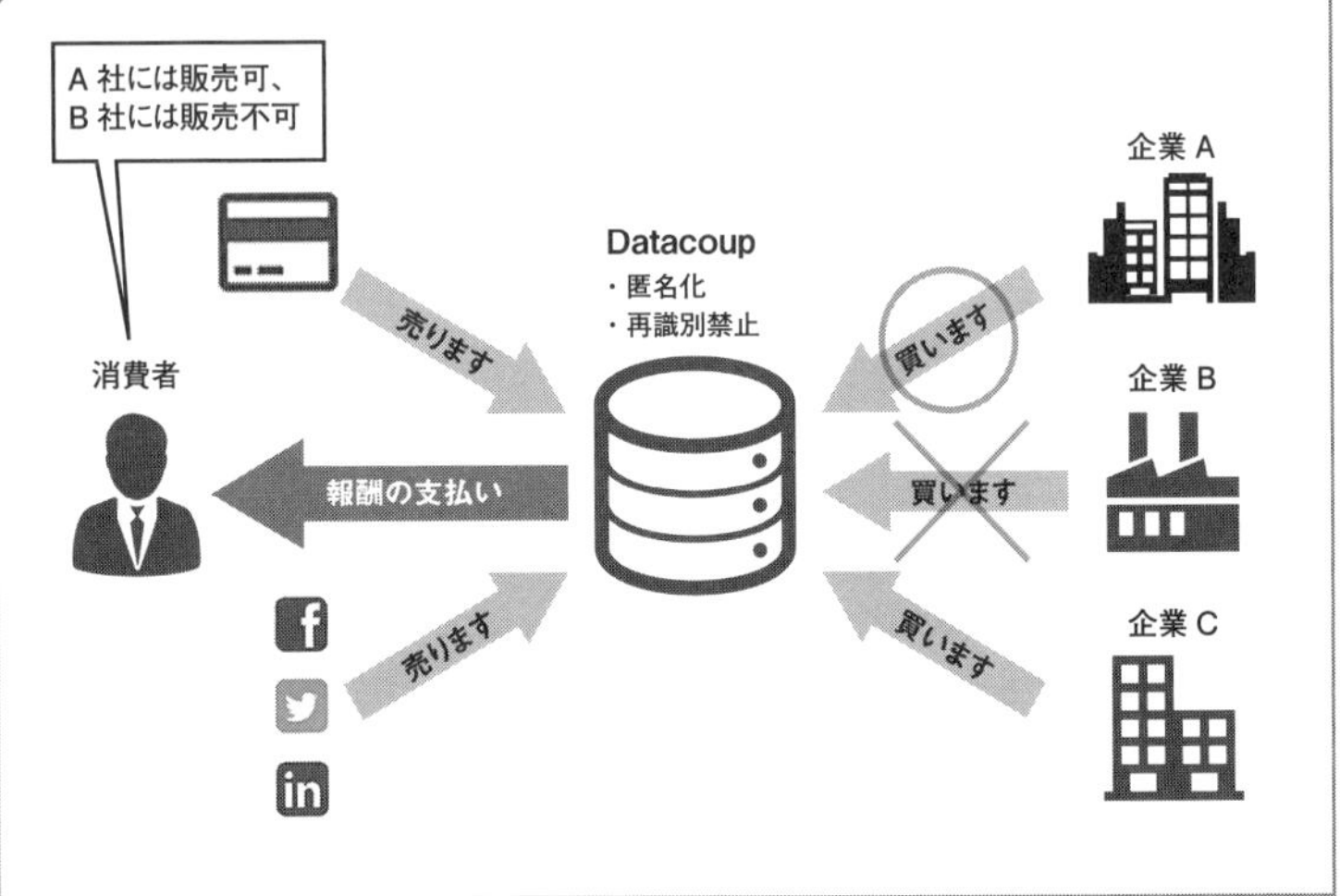

せ、個人が特定できないように処理した上で、統計データとして分析し、マーケッターなどに販売する。なお、同社では、この統計データは決して再識別化されることはない（特定個人に結びつけられることはない）としている。

消費者はソーシャルメディアへの投稿内容や友達リスト、「いいね！」ボタンを押した対象、チェックインした場所、買い物をしたお店の名前や商品名、決済金額などの情報を提供する代わりに、毎月末にデータクープから報酬を受け取るという仕組みである。同社はこのオンラインデータとオフラインデータの両方を捕捉できる点が大きなセールスポイントになると考えている。たとえば、ネット上で数多く「いいね！」ボタンを押され、消費者の支持を得たと思われる商品が、実際に購入されたかどうかを追跡するのは簡単ではないが、本サービスを

図表 3-7　ユーザー毎に用意されるプロフィール画面の例

アカウントの連携を許可したデータの種類とその属性（ランク）、報酬金額が確認できる

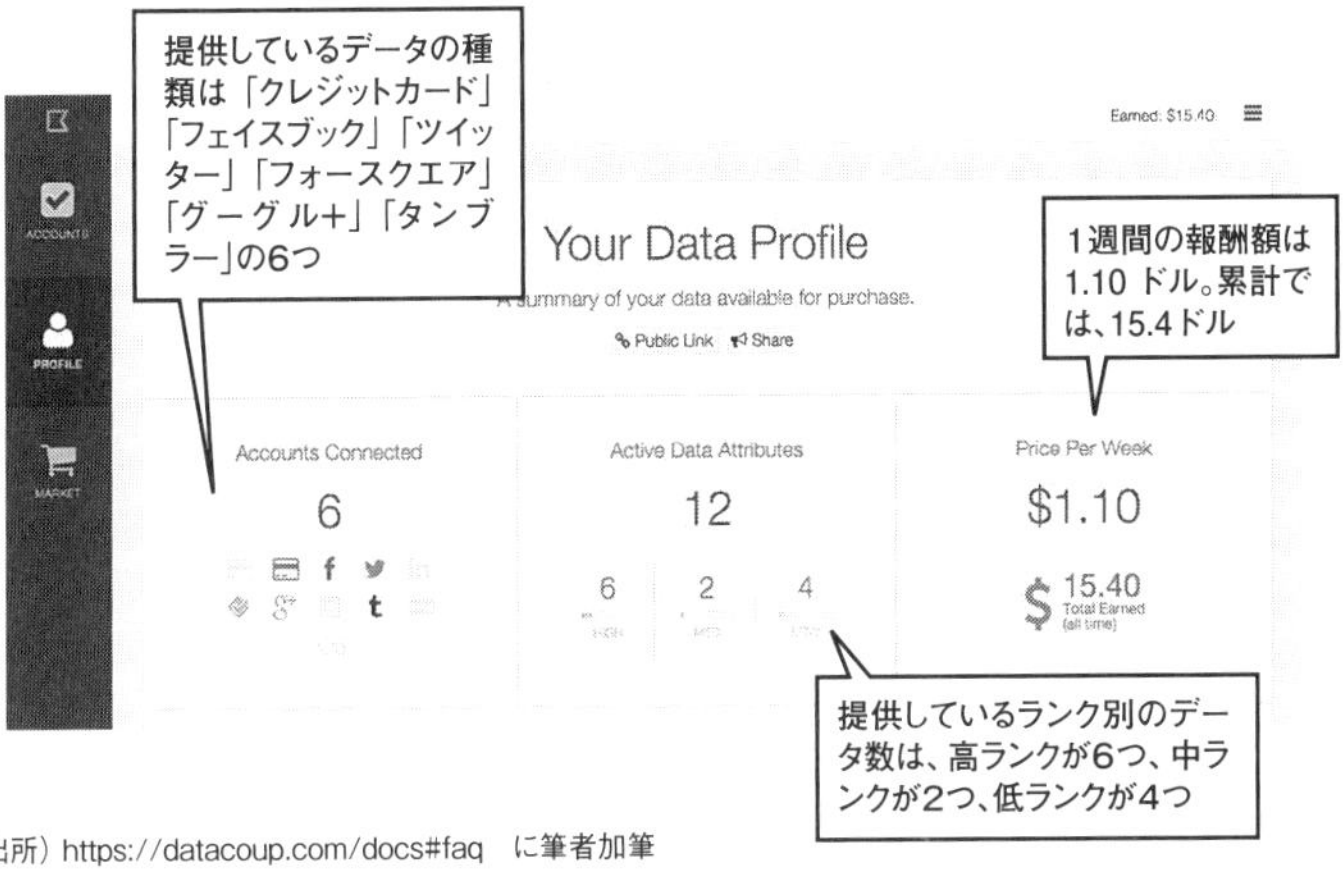

出所）https://datacoup.com/docs#faq　に筆者加筆

利用すれば、それが可能になるというわけだ。

また、データクープでは、消費者に「選択する権利」を与えることを最優先に考えており、提供するデータの種類を選択できるほか、その提供先も指定（A社に販売してもよいが、B社はNG等）できるようになっている（図表3-6）。

提供するデータは、市場の需要に応じた3つの価値ランク「高（High）」「中（Medium）」「低（Low）」に分類される。ユーザーが受け取る報酬は、「提供するデータ数×各データのランク」で決まり、高ランクのデータを多く提供すればするほど、報酬額はアップする。同社では、平均的なユーザーで毎月10ドル程度が期待できるとしている。提供中のデータとその属性（価値ランク）、支払われる報酬の状況は、ユーザーごとに用意されるプロフィール画面で確認できる（図表3-7）。

データクープには、正式サービスが開始された2014年9月の段階で、パーソナルデータを提供してもよいと考える消費者約1万5000名が登録している。一方で、買い手側は20余りの企業が強い興味を示しているというものの、正式に名乗りを上げた企業は現れていない。

データクープと同様のパーソナルデータ取引市場のコンセプトを提唱する企業は、次に紹介する2社を含めいくつか存在するものの、いずれもベータ版（試用版）にとどまり、正式サービスの開始にまでこぎつけたところはない。追従する企業にとっても、データクープのサービスが成功するか否かは試金石となりそうだ。

（2）ハンドシェイク（Handshake）

ハンドシェイクもパーソナルデータの取引市場であるが、同社のサービスの特徴は、市場調査のためのプラットフォームという色合いが強い点だ。まず、ユーザーが性別、収入、職業などの基本的なプロフィールを登録し、ハンドシェイクと提携する企業はユーザーのプロフィールをチェックし、関心を持ったユーザーに対して、簡単なサーベイなどの協力依頼のオファーを出すという仕組みである。

このオファーは単純にイエス／ノーで答えられる簡単なアンケートもあれば、商品に関する印象などを記述してもらう、やや手間のかかるものもある。オファーの内容は、このほかにもスマートフォンのGPSをオンにしてもらう（位置情報の追跡を許可する）、食事内容を記入してもらう、買い物のレシートをスキャンしてもらうなど多岐に渡る。また、複数の組み合わせ、たとえば「位置情報から判明したスーパーAの半径200メートル以内にいるユーザーにアンケートを依頼する」といったことも可能である。

このため、協力してくれたユーザーに対する報酬も決まったものはなく、現金のほか、たとえば通信会社が依頼主の場合には「スマホの無料通話時間10分」などさまざまである。こうした企業からのオファーに対して、引き受けるのも断るのもユーザーの自由である。

また、企業から提示される報酬の内容が割に合わないと思えば、交渉ができるのも、ハンドシェイクの特徴である。たとえば、「レシートをスキャンして送信してほしい。報酬は100円」というオファーに対して、「100円では安い。200円なら引き受ける」といった具合である。このユーザーからのカウンターオファーに対して、企業が承諾するのも拒否するのもまた自由である。

同社では、協力してくれたユーザーは年間1000〜5000ポンド（約18万〜91万円）を稼げると試算している。もちろん報酬金額はユーザーが公開する情報や協力を許諾するサーベイ数によって前後する。5000ポンド稼ぐユーザーのモデルケースは、「年収3万〜4万5000ポンド（約550万〜820万円）の50代の男性、150回のサーベイへの協力、6つのフォーカスグループへの参加、48回の実験への参加（1日中スマホのGPSをオンにする等）、42回の特定商品に対する購買意欲の確認、12種類のファーストパーティデータ（レシートのスキャンデータ、睡眠データ等）の提供が求められる」と同社は発表している。

かなり負担がかかるのは事実であるが、年間５０００ポンドもの報酬が得られるなら協力を惜しまない消費者がいても不思議ではない（ただし、同社のこうした試算はあくまで構想段階の話である）。

（3）データリパブリック（DATAREPUBLIC）

「信頼できる安全なプライベート・データブローカー」を標榜するデータリパブリックは、パーソナルデータを手に入れたい企業と個人を仲介する、オランダ発のパーソナルデータ取引市場である。

データリパブリックはパーソナルデータの管理方法を2通り用意しており、ユーザーが自由に選択できる。一つは同社のクラウドサービス、もう一つはユーザーの自宅ＰＣやＵＳＢドライブ、他社のクラウドストレージサービス等、どこでも好きな場所へパーソナルデータを保管できる暗号化されたパーソナルなデータベースである。

対象とするデータは、銀行やクレジットカードの取引履歴、商品の購入履歴、心拍数、血圧、体温などの健康データ、位置情報、特定のトピックに関する意見、服用している薬の効果などさまざまである（図表3‐8）。

データの買い取り価格は市場価値によって決定される。ユーザーが提供可能なデータの種類

図表 3-8 データリパブリックが買い取り対象とするデータ

No.	データの種類	概　要
1	取引	銀行やクレジットカードでの取引
2	スポーツ活動	乗馬、ランニング、スケート、水泳など運動の記録
3	消費	どのような商品をどこで購入したのか
4	意見	特定のトピックについて、どのように考えるか
5	健康全般	咳、風邪、痛みなどそれほど深刻でない不調について
6	身体データ	心拍数、血圧、体温などフィットネス全般
7	GPSによる位置情報	さっきいた場所とこれから向かう場所
8	経験	映画、公演、旅行場所等に関する評価
9	薬の使用	薬を服用している場合、その効果に関する認識

出所）http://www.datarepublic.org/　より筆者作成

によるものの、毎月ユーザーが受け取る金額はおおよそ数ユーロから数十ユーロが想定されている。また、買い取る相手次第ではユーザーが受け取る報酬は現金ではなくて、なんらかの優待やギフトの場合もある。データリパブリックは取引が成立した場合に、企業から仲介手数料を受け取るという仕組みだ。

ユーザーは提示された買い取り条件が気に入ればデータを提供し、気に入らなければ、もっとよい条件が提示されるまで待ってもよい。もちろん、100％満足できる条件が提示されるまでデータを提供する必要はない。また、データの匿名化の有無、およびデータの提供先と提供期間はユーザーが自由にコントロールできるため、取引条件に不満があれば、いつでも提供を中止できる。

データリパブリックは2014年4月か

らプレサービスの位置づけでユーザーの募集を開始しており、正式サービスはユーザーが2万5000人に達した時点で開始される。同時にパーソナルデータの買い取りを希望する企業も募っている。

果たしてパーソナルデータ取引市場は成功するのか

ここまで3つのパーソナルデータ取引市場を紹介した。いずれも意欲的な取り組みではあるものの、本格的にビジネスとして成立するためには、越えなければならないハードルがいくつかある。

まず、パーソナルデータを買い取ろうとする企業の立場からすると、どれだけのパーソナルデータが集まるのかという「量」の面で疑問がある。現在、一般企業がネット広告企業やデータブローカーに頼るのは、最低でも数千人規模の消費者のデータが簡単に手に入り、非常に効率がよいからである。

一方、消費者の立場からすると、会社を立ち上げて間もないベンチャー企業にパーソナルデータを預けることに対して、情報漏えい等、セキュリティ面で不安を感じるのが普通の感覚だろう。加えて、毎月数ドルを手に入れるために、わざわざこうしたサービスを利用する消費者がどれだけいるのかという点も不透明である。実際、2014年4月にユーザーの募集を開始したデータリパブリックは半年以上経過した現在（2014年11月）でも、目標の2万5000人に対して、100分の1の約250人しか集められていない。

実は、これまでも個人がパーソナルデータを自由に売買できる取引市場の開設を目指したベンチャー企業はいくつかあった。しかし、そのいずれもが十分な数の売り手（消費者）と買い手（企業）を集められず、撤退に追い込まれている。

ただし、「消費者に自分が日々生み出しているパーソナルデータの商品価値を再認識してもらい、消費者自身がその提供先をコントロールできる世界を実現する」という構想自体は非常に共感できるものである。

日本ではベネッセの個人情報漏えい事件を契機として、個人情報の流通に関する意識が高まっている。世界的にみても、2013年6月に米中央情報局（CIA）元職員のエドワード・スノーデン氏が、米国家安全保障局（NSA）が極秘に大量の個人情報を収集していたことを告発した「スノーデン事件」によって、国民のプライバシー保護には大きな注目が集まっている。

このように以前とは異なり、追い風が吹く状況の中でパーソナルデータ取引市場が果たして軌道に乗るのか否か、ここ2年程度が分岐点となるだろう。

あなたのパーソナルデータの金銭価値はいくらか？

「パーソナルデータは新たな資産である」という考え方が広まると、「では、その資産価値はいくらなのか？」と自分のパーソナルデータの金銭価値が気にかかるのが人間というものだ。パーソナルデータを売りに出したフェデリコ・ザニアー氏とショーン・バックルス氏の二人の試みは、それぞれ日本円にして約31万円、5万円の値がついた一方で、パーソナルデータ取引市場のデータクープは、毎月ユーザーが受け取る想定金額を日本円にして1000円程度に設定している。「われわれのパーソナルデータには果たしていくらの金銭価値があるのか？」という議論は尽きず、現在、世界のあちこちで議論が交わされている。

気軽に自分のパーソナルデータの金銭価値を算出できるインターネットサービスとして有名なのが、英国の経済新聞『フィナンシャル・タイムズ（Financial Times）』が2013年6月に公開した「パーソナルデータ計算機（Personal data calculator）」である。このサービスは、データブローカー企業のパーソナルデータの買い取り価格を参考に、「デモグラフィクス（人口統計）」「家族と健康」「財産」「アクティビティ」「消費者」の5つのカテゴリの質問に答えていくと、マーケッターがデータをいくらで買い取ってくれるかを試算してくれるというものだ

図表3-9　英『フィナンシャル・タイムズ』が公開している「パーソナルデータ計算機」

家族や資産情報、特定疾患の有無、趣味などの情報を入力すると、
パーソナルデータの金銭価値を算出してくれる

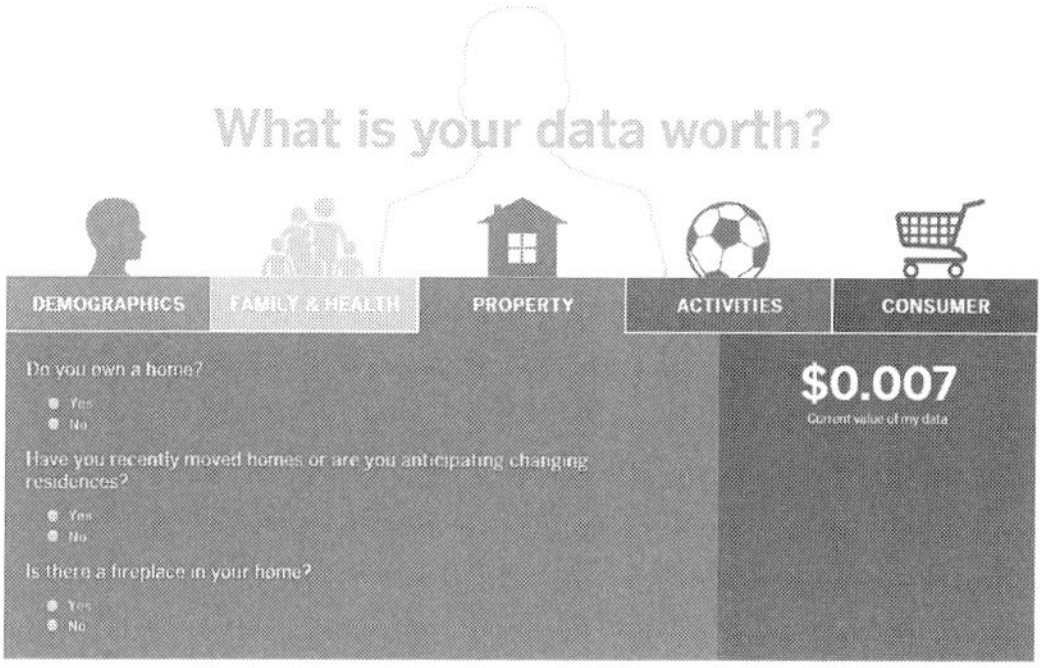

出所）THE FINANCIAL TIMES「How much is your personal data worth?」
http://www.ft.com/intl/cms/s/2/927ca86e-d29b-11e2-88ed-00144feab7de.html#axzz2z2agBB6R

（図表3−9）。

試しに、次のような平凡な独身サラリーマンの設定でデータを入力してみた。

・独身、持ち家なし
・企業の役員やパイロットなど高収入の職業ではない
・高血圧や高コレステロールなど、健康に問題はない
・自家用機やボートを所有していない
・海外旅行に行く予定はない
・車や金融商品を購入する予定はない
・コンビニの会員カードは持っている

パーソナルデータ計算機によってはじき出された金銭価値は、1セント（約1円）にも満たない、わずか0・8セント。つまり、マー

図表 3-10 「パーソナルデータ計算機」によって算出されたパーソナルデータの金銭価値

平凡な独身サラリーマンの設定では、1 セント（約 1 円）にも満たない 0.8 セント。1000 人分集めても 8 ドルだ

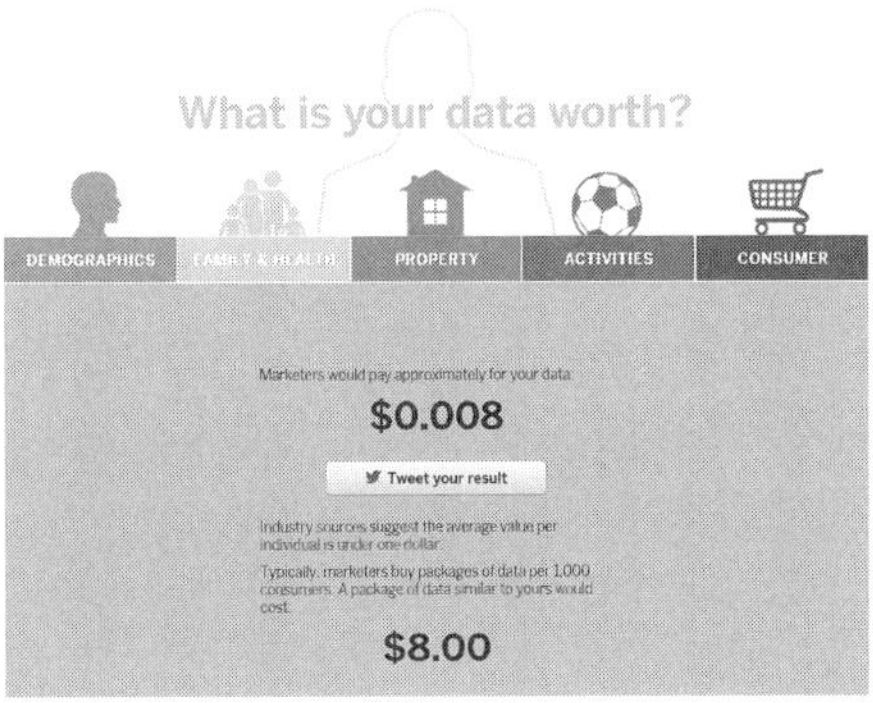

出所）THE FINANCIAL TIMES「How much is your personal data worth?」

ケッターは同じような属性のパーソナルデータ１０００人分を８ドルで手に入れることができる（図表3-10）。

このパーソナルデータ計算機の面白いところは、付加される情報によって価格がリアルタイムに上下するため、データブローカーにとって、どういった情報に価値があるのかが浮き彫りになる点だ。たとえば、結婚や子供の誕生、引っ越し、離婚、退職など、購買行動に大きな変化を与えるであろう人生の節目を迎える消費者に対し、マーケッターはなんとか近づこうとして、喜んで高い金を払うことがわかる。

具体的には、「新婚、もう少しで初めての子供が生まれるため、車の購入を検討しているサラリーマン」といったケースが考えられる。条件としては、次のような想定で試算してみよう。

図表3-11 「パーソナルデータ計算機」によって算出されたパーソナルデータの金銭価値

新婚サラリーマンの設定では、28.5セント
1000人分集めれば、約285ドルとなる

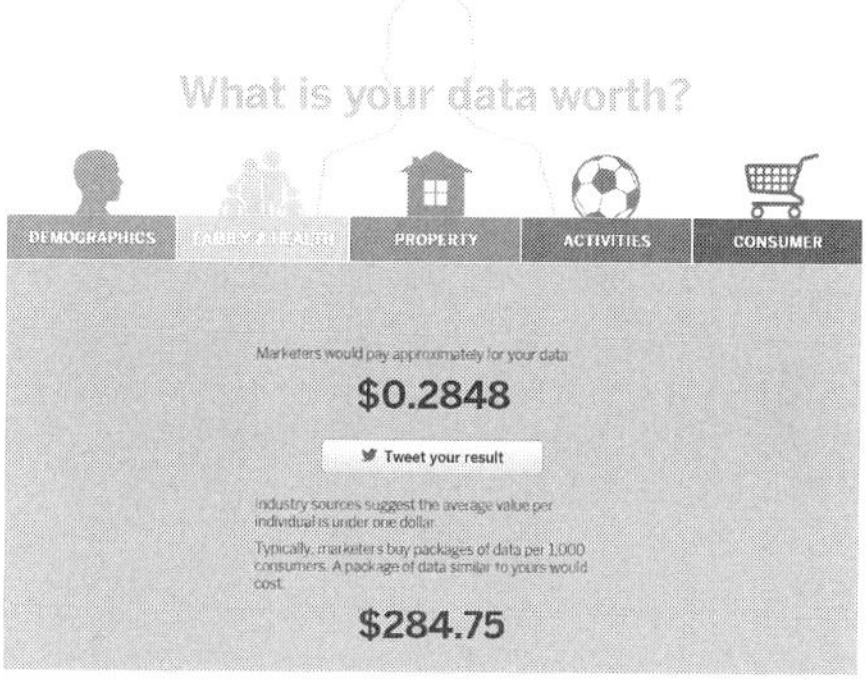

出所）THE FINANCIAL TIMES「How much is your personal data worth?」

・新婚（結婚3カ月以内）、持ち家なし
・妻が妊娠中（初子）
・企業の役員やパイロットなど高収入の職業ではない
・高血圧や高コレステロールなど、健康に問題はない
・自家用機やボートを所有していない
・海外旅行に興味がある
・車の購入予定がある
・コンビニの会員カードを持っている

このケースでは、「新婚」「初子が生まれる予定」「海外旅行に興味がある」「車を購入予定」といったマーケッターにとっては触手が伸びる条件が含まれているため、金銭価値は0・2848ドル（約30円）にまで上がった（図表3－11）。

図表 3-12 「パーソナルデータ計算機」によって算出されたパーソナルデータの金銭価値

健康に難がある企業役員の設定では、1.43ドル
1000人分集めれば、約1430ドルにもなる

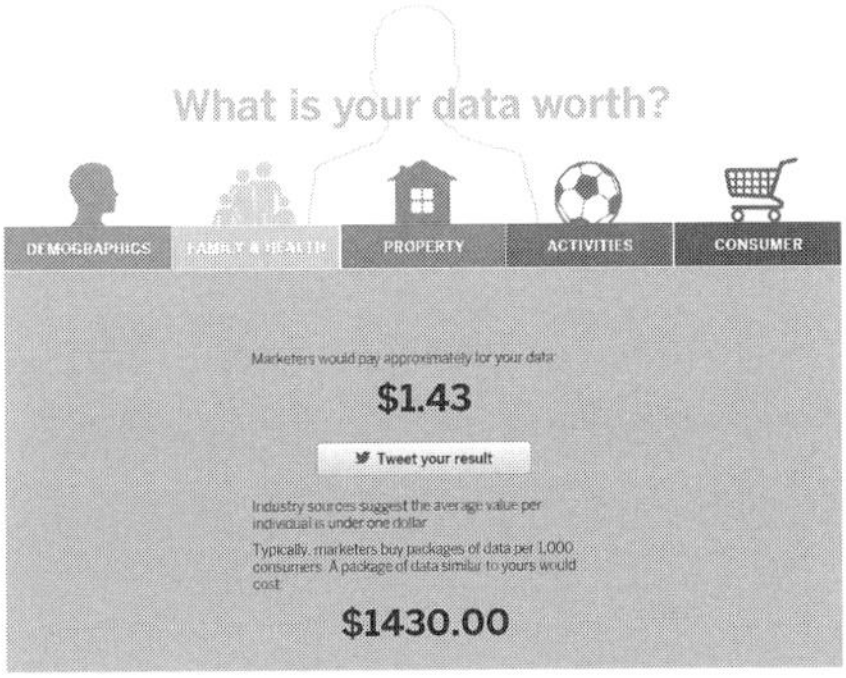

出所）THE FINANCIAL TIMES「How much is your personal data worth?」

最後に、健康状態にやや難がある、企業の役員という設定で計算した。条件は次の通りである。

- **結婚３カ月以上、持ち家あり**
- **子供あり**
- **企業の役員**
- **高血圧、高コレステロールで肥満**
- **最近引っ越しをした**
- **海外旅行に興味がある**
- **ダイエットのため、フィットネスクラブに通っている**
- **金融商品の購入予定がある**

糖尿病や肥満、季節性アレルギーなど特定の病気を患っているという情報は、健康食品やダ

イエットプログラム、各種のサプリメントなど、お勧めできる商品が豊富に存在するため、マーケッターにとって価値が高い。また、高価な商品やサービスのセールスが可能という点では、金融商品や海外旅行に関心が高いという情報も有益である。

このケースでは、「企業の役員」「高血圧・高コレステロール」「肥満でダイエット中」「海外旅行に興味がある」「金融商品を購入予定」といった価値ある情報がいくつも含まれているため、金銭価値は、1・43ドルにまで跳ね上がった（図表3-12）。

パーソナルデータの金銭価値を測る5つの方法

『フィナンシャル・タイムズ』の「パーソナルデータ計算機」は、データブローカーの買い取り価格をベースとして、「パーソナルデータを売るとしたら、どの程度の値がつくのか」を簡単に知る上で非常に便利なツールである。

ただし、パーソナルデータの金銭価値を算出する方法はこれだけではない。ここでは、OECD（経済協力開発機構）が2013年に公表したレポート「パーソナルデータの経済学に関する検討（Exploring the Economics of Personal Data）」を参考に、5つの手法を紹介する。いずれも一長一短あり、本命といえる手法があるわけではないものの、考え方は非常に参考になるはずだ。

(1)パーソナルデータ企業の決算情報からの推計

最初に紹介するのは、SNS企業やデータブローカー企業のように収益のほとんどをパーソナルデータに依存している企業の決算情報と、その企業が保有しているパーソナルデータの件数から、データ1件(消費者1人)当たりの金銭価値を算出する方法である。もちろん、企業の売上すべてがパーソナルデータ関連でなくとも、独立した事業部門がパーソナルデータから主たる売上を得ており、その収益の詳細を公開していれば計算は可能である。なお、決算情報と一言でいってもさまざまな要素があるが、ここで着目するのは時価総額、売上額、純利益の3つである。

時価総額とは、ある上場企業の株価に発行済株式数を掛けたものであり、企業価値評価の際の指標となるものだ。たとえば株価が1000円で、発行済み株式数が1億株の企業の場合には、株式時価総額は1000億円となる。すなわち、「発行済みの株をすべて買い占めるために必要な金額」ということになり、市場における企業価値を表わす。

時価総額は算出が容易であり、パーソナルデータからほぼすべての収益を得ている企業であれば、会社の市場価値をほぼそのまま反映しているといえる。理論上は将来の収益も織り込んだ企業価値を反映しているといえるものの、実際は市場全般の景気に左右され、パーソナルデータの金銭的価値とは直接関係がない経済ショック（リーマンショックなど）の影響を強く受けるというマイナス面がある。

売上額の場合はどうか。売上額はパーソナルデータによって企業がどれだけ稼いだかをリアルに示しており、保有しているデータ件数で割り算すれば、時価総額に比べ、データ1件当たりの価値を正確に反映していると考えられる。しかも市場の景気や経済ショックの影響を比較的受けにくいという利点がある。

純利益の場合はどうか。純利益は総売上から必要なコストを差し引いたものである。コストは変動する上に、パーソナルデータの金銭価値と因果関係に乏しいため、正確にデータの価値を表しているとは言いづらい。

以上から、決算情報の中では、売上額をデータ件数で割ったものが最もパーソナルデータの金銭価値を表していると考えられる。

では、実際の企業の決算情報で検証してみよう。取り上げる企業は、SNS企業とデータブローカー企業のそれぞれ代表格といえるフェイスブック、ツイッターとエクスペリアン、アクシオムの計4社である。使用するデータは2013年度の決算情報である。

(a) フェイスブック

フェイスブックの2013年度の年間売上は、約78・7億ドル、月間アクティブユーザー数は約12・3億人（2013年12月時点）である。したがって、ユーザー1人当たりの金銭価値は、78・7億ドル÷12・3億人＝6・4ドルとなる。

なお、参考までに、時価総額で計算するとどうなるか。2013年12月31日の時価総額は1390億ドルであったことから、月間アクティブユーザー数、約12・3億人で割ると、1390÷12・3＝113ドルとなり、売上で計算した場合と比べて、約18倍にもなる。

（b）ツイッター

ツイッターの2013年度の年間売上は、約6・7億ドル、月間アクティブユーザー数は約2・4億人（2013年12月時点）である。したがって、ユーザー1人当たりの金銭価値は、6・7億ドル÷2・4億人＝2・8ドルとなる。時価総額ベースの場合は、2013年12月31日の時価総額は363億ドルであったことから、月間アクティブユーザー数、約2・4億人で割ると、363億ドル÷2・4億人＝151ドルとなり、売上で計算した場合と比べて、約54倍にもなってしまう。

（c）エクスペリアン

データブローカー企業、エクスペリアンの2013年度の年間売上は約47億ドルで約6・6億件の消費者、企業のデータを保有している。したがって、消費者1人当たりの金銭価値は、

図表3-13 決算情報から算出したパーソナルデータの金銭価値

	フェイスブック	ツイッター	エクスペリアン	アクシオム
年間売上（2013年度）	78.7億ドル	6.7億ドル	47億ドル	11億ドル
月間アクティブユーザー数（2013年12月時点）／データ保有件数	12.3億人	2.4億人	6.6億件	7億件
消費者1人当たりの金銭価値	6.4ドル	2.8ドル	7.1ドル	1.6ドル

47億ドル÷6・6億件＝7・1ドルとなる。時価総額ベースの場合は、2013年12月31日の時価総額は170億ドルであったことから、保有しているデータ件数約6・6億件で割ると、170億ドル÷6・6億件＝26ドルとなり、売上で計算した場合と比べて、約3・7倍である。

(d) アクシオム

データブローカー企業、アクシオムの2013年度の年間売上は、約11億ドル、約7億件の消費者のデータを保有している。したがって、消費者1人当たりの金銭価値は、11億ドル÷7億件＝1・6ドルとなる。

以上をまとめると、図表3-13のようになる。

SNS企業とデータブローカー企業は、パーソナルデータから収益を得ているという点では共通するものの、ビジネスモデルはまったく異なる。しかし、決算情報（年間売上）から1人当たりのパーソナルデータの金銭価値を算出したところ、いずれも1〜7ドル程度と大差なく、興味深い結果となった。

この手法の問題点は、データの中身（どのような情報が含まれているか）を問わず、単純にユーザー数、あるいはデータ件数で売上を割り算している点である。このため、はじき出された数字は、情報の価値を無視し、あくまでユーザー1人、あるいはデータ1件当たりの平均額となる。

コラム

ツイッターにおける個人の金銭価値

ツイッターにおけるユーザーの影響力を測る指標としては、前述したクラウト（Klout）スコア（フェイスブックでの影響力も含む）やクラスト（Qrust）スコアなどがよく知られている。これらはフォローワー数やコンテンツのバイラル実績（どれだけツイートがリツイートされたか）などを基に影響力を測定したもので、100を上限に点数化される。

たとえば、フォローワー数が200万人を超えるソフトバンクグループ代表の孫正義氏の場合、クラウトスコアは69、クラストスコアは26であった。クラストスコアが低いのは、調査時点の直近1カ月間の孫正義氏のツイートが0だったためだ（クラストスコアは1週間ごとに更新される）。フォローワー数が100万人を超えるホリエモンこと、堀江貴文氏の場合、クラウトスコアが71、クラストスコアは86となり、その影響力の大きさがわかる（いずれも2014年12月3日時点）。ちなみに、筆者（フォローワー数2400人）のクラウトスコアは54、クラストスコアは87である。

この2つのスコアは客観的に相対的な影響力の大きさを表す一方で、その金銭価値までは表現できない。では、金銭価値を算出するにはどのようにしたらよいのだろうか。ここでは、ツイッター社の売上金額をベースに、各個人のツイート数やフォローワー数から算出する方法を紹介しよう。

前述した通り、同社の2013年度の年間売上金額は約6・7億ドル、月間アクティブユーザー数は約2・4億人（2013年12月時点）であった。また、1日当たりの総ツイート数は2013年12月31日締めの決算報告書では5億となっているが、2013年11月に上場した際の資料では、この総ツイート数5億に対して、他のユーザーがリツイートした分も含めると2000億になると発表されている。

以上から、6・7億ドルを1日当たりの総ツイート数2000億で割ると、1ツイート当たりの価値は0・335セントとなる。

一方、個人アカウントの1日当たりのツイート数とフォロワー数を掛け合わせると、ユーザーの目に触れる1日当たりの潜在的なツイートの件数がわかる。また、一般的にツイートの約75％は無視される（返信もリツイートもない）と言われていることを踏まえ、1ツイート当たりの価値に上記を掛け合わせると、自分のツイートの金銭価値が算出できることになる。

たとえば、先ほどの孫正義氏のケースでは、2014年12月3日時点でツイッターを開始してから1805日経過し、これまでの総ツイート数は5980であった。したがって、1日当たりの平均ツイート数は3・3となる。フォロワー数227万人を掛けると、1日当たり目に触れる潜在的なツイート数は749万1000、これを25％の人が実際に見たとすると、187万2750。1ツイート当たりの価値0・335セントを掛けると、6273ドルが孫正義氏のツイートの金銭価値となる。

同様に計算すると、堀江貴文氏の場合は、ツイッターを開始してから2007日経過し、これまでの総ツイート数は8万2700であった。したがって、1日当たりの平均ツ

図表 3-14 孫正義、堀江貴文、筆者のツイートの金銭価値

	孫正義氏	堀江貴文氏	筆者
総ツイート数	5,980	82,700	5,738
ツイッターを開始してからの日数	÷ 1,805	÷ 2,007	÷ 1,892
1日あたりのツイート数	3.3	41.2	3.0
フォローワー数	× 2,270,000	× 1,119,000	× 2,400
フォローワーの目に触れるポテンシャル	7,491,000	46,102,800	7,200
実際、目に触れる確率	× 25%	× 25%	× 25%
1日あたり目に触れるツイート	1,872,750	11,525,700	1,800
1ツイート当たりの金銭価値	×0.335 セント	×0.335 セント	×0.335 セント
	6,273 ドル	**38,611 ドル**	**6 ドル**

出所）http://newsfeed.time.com/2013/11/07/interactive-this-is-how-much-money-twitter-owes-you/ を基に筆者作成

イート数は41・2となる。フォローワー数111万9000人を掛けると、1日当たり目に触れる潜在的なツイート数は4610万2800、これを25％の人が実際に見たとすると、1152万5700。1ツイート当たりの価値0・335セントを掛けると、3万8611ドルとなり、孫正義氏よりも高額となった。筆者の場合は6ドルで、孫正義氏と比べると1日当たりのツイート数は変わらないものの、フォローワー数が1000分の1と遥かに少ないため、金銭価値も1000分の1になった（図表3－14）。

　ここでは、売上金額をベースとして

計算したため、金銭価値＝ツイッター社の売上に対する貢献金額とみることができる。つまり、孫正義氏は6273ドル、堀江貴文氏は3万8611ドル、筆者は6ドルが貢献金額となる。

ただし、前の2人のような超有名人の場合、「ツイートの約75％は無視される」は当てはまらない可能性が高い。そのため、「実際、目に触れる確率」は補正が必要かもしれない。

（2）市場の取引価格からの推計

パーソナルデータの金銭価値を測る最もわかりやすい方法の一つが、実際に名簿屋やデータブローカー等のパーソナルデータが売買されている市場の取引価格を調査することである。一般的に価格は需要と供給の関係で決定されるため、パーソナルデータの市場価値を正しく反映していると考えられるためである。

一方で、パーソナルデータのような情報を商品と見た場合、繰り返し同じデータが異なる顧客に販売されるため、ある顧客に販売した価格がそのままそのデータの金銭的な価値を表しているとは言い難い。本来ならば、単価×販売総数となるところであるが、単価が公開されていたとしても、どれだけ売れたかというデータまではさすがに公開されていない。ただ、データの種類によって異なる単価が設定されているため、相対的な価値の目安にはなると考えられる。たとえば、第2章で取り上げた、ジャストシステムがベネッセの顧客リストを購入したとされる都内の名簿業者Aでは、「小学校6年生のデータ」が1件当たり15円、「18歳女性のデータ（振袖専用リスト）」は1件当たり25円で販売されている。データに含まれているのは、氏名、住所、生年月日、性別の基本四情報である。こうした学校の卒業アルバムから流出したような名簿の場合、1件当たり10〜50円程度が相場とされる（学年だけでなく、学校名がわかると高値がつく）。

当然のことながら、利用価値の高いデータは価格も高くなる。ここでの「利用価値の高いデータ」とは、企業がダイレクトメールを送付すると、高確率で高額商品を購入してくれそうな顧客、たとえば「騙されやすい人」や「高額所得者」のリストである。ただし、「騙されやすい人リスト」というように、そのままの名称で名簿を販売しているわけではない。「高級仏具を購入した老人リスト」のように、「騙されやすい高額所得者」を想像させる名簿名となっている。つまり、「高級仏具を購入した老人＝金持ちで霊感商法に引っかかりやすい（騙されやすい）人」というわけだ。「多重債務者」「健康食品購入者」「競馬必勝法の購入者」など、このタイプの名簿は1件当たり、数百〜数千円という高値で取り引きされている。

この手法は、需要と供給で価格が決まるという市場メカニズムに従うという点で、非常にわかりやすいものの、販売価格には名簿屋が行う名寄せやデータ抽出などの作業費が上乗せされている点には注意したい。

コラム

行動履歴を買い取るグーグル

米グーグルは消費者のパーソナルデータを有償で買い取るという興味深い取り組みを行っている。2012年2月に開始した「スクリーンワイズ・トレンド・パネル（Screenwise Trends Panel）」という市場調査プログラムである。

このプログラムは、「『消費者がどのようにウェブやモバイルを使っているのか』をもっと深く理解できれば、グーグルが開発する製品やサービスの改善につながるはずだ」という考えのもとに開始された。

具体的には、調査に協力してくれるパネリストを募り、1日のウェブの利用時間、ウェブサイト別の滞在時間やアプリの利用時間といったデータを収集し、どのようなサイトやアプリが人気なのかを把握しようとするものだ。パネリストはウェブの行動履歴やモバイルアプリの利用状況をグーグルが監視できるように、PCにはブラウザ拡張機能、モバイル端末には「モバイル・メーター（Mobile Meter）」と呼ばれるスマートフォンアプリの

図表3-15 米グーグルの「スクリーンワイズ・トレンド・パネル」のパネリストに支払われる謝礼金額

データ収集を許可する端末	登録日から最初の1週間後の謝礼	毎週の謝礼金額
PCのみ	4ドル	1ドル
PCとスマートフォン／タブレット端末のどちらか一つ	6ドル	1.5ドル
PC、スマートフォン、タブレット端末	8ドル	2ドル

出所）https://www.screenwisetrends.com/custom/screenwise/rewards.php より筆者作成

インストールを求められる。その他の参加条件は以下の通りである。

・米国に居住していること
・13歳以上であること
・自分のコンピュータを所有していること
・インターネットにアクセスできること
・通信可能なスマートフォンを所有していること
・インターネットのブラウザとしてグーグルのクローム（Chrome）を使用すること

調査に協力したパネリストには、データ収集を許可する端末数によって謝礼（ウォルマートやバーンズ&ノーブルなどのお店のギフトカード）が支払われる。

たとえば、ＰＣだけの場合、必要なアプリケーションをインストールし、登録が完了した時点で4ドル、以降毎週1ドルが支払われる。ＰＣ／スマートフォン／タブレットの3つの端末の監視を許可した場合は、登録が完了した時点で8ドル、以降毎週2ドルといった具合だ（図表3‐15）。

仮に1年間調査に協力したとすると、謝礼として、日本円にして約5000円（ＰＣのみの場合）がパネリストに支払われることになる。

(3) データ漏えい事故の補償金額からの推計

この方法は、個人情報漏えい事故が発生した際に被害者に対して企業から支払われる補償金額から、パーソナルデータの金銭価値を推測する方法である。

たとえば、記憶に新しいベネッセの個人情報流出事件では、最終的に流出したデータ件数は約2895万件（世帯）と発表され、ベネッセは情報が流出した顧客に被害の補償として1件当たり500円分の金券を送付した。

過去の同様の事件はどうだったか。約18万人の顧客情報が流出した2003年のファミリーマートのケースでは、1人当たり1000円相当のクオカードが配布された。

約452万人の顧客情報（住所、氏名、電話番号、メールアドレス、ヤフーメールアドレス、ヤフーID、申込日）が流出した2004年のソフトバンクBBのケースでは、加入者に対して500円の金券が送られた。他の事件を見ても、500~1000円相当の金券や商品券が送られるケースがほとんどだ（図表3-16）。

ただし、この500~1000円という金額はあくまで企業が自主的に決めた補償額である。被害者が企業を相手取って訴訟を起こすと、最低でも5000円程度の慰謝料が認められるケースが多い。ソフトバンクBBのケースでは被害者5人が同社を相手に提訴し、大阪地裁は1人5000円の慰謝料を命じている。

ベネッセ事件と非常に類似したケースとしては、「宇治市住民基本台帳データ大量漏えい事件」が挙げられる。これは、1998年5月、京都府宇治市が「乳幼児検診システム」の開発を民間業者に委託したところ、再々委託先のアルバイト従業員が住民基本台帳データ約22万件を光磁気ディスク（MO）に不正にコピーして持ち出し、名簿業者に販売、さらに他へ転売した事件である。

流出したデータは、個人連番の住民番号、住所、氏名、性別、生年月日、転入日、転出先、

図表3-16　個人情報漏えいにより、補償金が支払われた主な国内事例と金額

対応年月	企業名	対象者数	補償金額	送付された補償金の形式
2003年6月	ローソン	560,000	500円	商品券
2003年8月	アプラス	79,110	1,000円相当	商品券
2003年8月	ジェーシービー	6,923	1,000円相当	商品券
2003年11月	ファミリーマート	182,780	1,000円相当	クオカード or ファミマ・ポイントを100ポイント
2003年12月	東武鉄道	131,742	5,000円相当	東武動物公園 or 東武ワールドスクエア招待券2枚
2004年1月	ソフトバンクBB	4,517,039	500円	金券
2004年3月	サントリー	75,000	500円	郵便為替
2004年5月	ツノダ	16,000	500円相当	金券
2004年6月	コスモ石油	923,239	50マイル分	ガソリンマイル
2004年7月	DCカード	478,000	500円	商品券
2005年1月	オリエンタルランド	121,607	500円	金券
2005年10月	小田急電鉄	6,203	500円相当	金券
2007年3月	大日本印刷	8,640,000	500円	金券
2008年4月	サウンドハウス	122,884	1,000円相当	サウンドハウスで使用できるクレジット
2008年6月	相鉄ホテル	1,760	1,000円相当	商品券（1組分）
2008年6月	アイリスプラザ	28,105	1,000円相当	ポイント
2009年5月	三菱UFJ証券	49,159	10,000円相当	ギフト券
2009年8月	アリコジャパン	18,184	10,000円（流出した人）、3,000円（流出しなかった人）	商品券
2009年8月	アミューズ	148,680	500円相当	クオカード
2013年4月	JINS	12,000	1,000円相当	クオカード

出所）各種資料より、筆者作成

世帯主名、世帯主との続柄等の個人情報であった。データ漏えいにより精神的苦痛を被ったとして、宇治市の住民3名が1人当たり慰謝料30万円、弁護士費用3万円の損害賠償請求の支払いを求め、市を相手取って、裁判を起こした。最高裁判所は、2002年7月11日、外部委託先に対する宇治市の管理責任が十分でなかったとして、1人当たり1万5000円（慰謝料1万円、弁護士費用5000円）の損害賠償

を認めた。

つまり、この最高裁の判決によって、基本四情報（氏名、住所、生年月日、性別）が漏えいした場合、「慰謝料は1人につき1万円とする」ということが、最高裁判所の判断として示されたことになる。司法判断として個人情報の「相場」が確定したのである。

一方、これまでの事件で慰謝料が最高額だったのは、エステティックサロン大手「ＴＢＣ」のケースである。ウェブサーバの外部公開領域に個人情報を含む電子ファイルを保管しながら、アクセス制限の設定をしなかったため、誰でも外部から個人情報を閲覧できる状態となってしまい、顧客の氏名、住所、電話番号、年齢、職業といった情報のほか、スリーサイズまでもが流出してしまった。迷惑メールなどの二次被害を受けた者は1件当たり3万円の慰謝料、二次被害を受けていない者は1件当たり1万7000円の慰謝料が認定されている。

500～1000円の補償金というのは、漏えいした個人情報の価値に応じて決められたというよりは、前例を踏襲したという色合いが濃い。一方、裁判を起こし、企業側を訴えた場合は通常1万円、プライバシー情報が含まれ、かつ二次被害を受けた場合に限り3万円程度というのが、慰謝料の目安になる。

コラム

漏えい個人情報の価値

漏えいしてしまった個人情報の価値を正確に測ることは難しいが、世の中にはいくつかの方法が存在する。ここでは、NPO日本ネットワークセキュリティ協会（JNSA）によるEP図（Economic-Privacy Map）を紹介しよう。

EP図では、まず個人情報が漏えいした際に、被害者に与える影響を、「経済的損失」と「精神的苦痛」の二軸に分類する。そして、影響の大きさを定量化するため、縦軸（y軸）を「経済的損失」の度合い、横軸（x軸）を「精神的苦痛」の度合いとし、さらに個人情報をおおまかに次の3つに分類する（図表3-17）。

- **基本情報：個人情報保護法による個人を特定する基本四情報**
- **プライバシー情報：漏えいした場合、他人に知られることにより、精神的苦痛を受ける情報**
- **経済的情報：利用することにより、個人の持つ資産に直接的に影響を与えうる情報**

図表 3-17　EP図（Economic-Privacy Map）

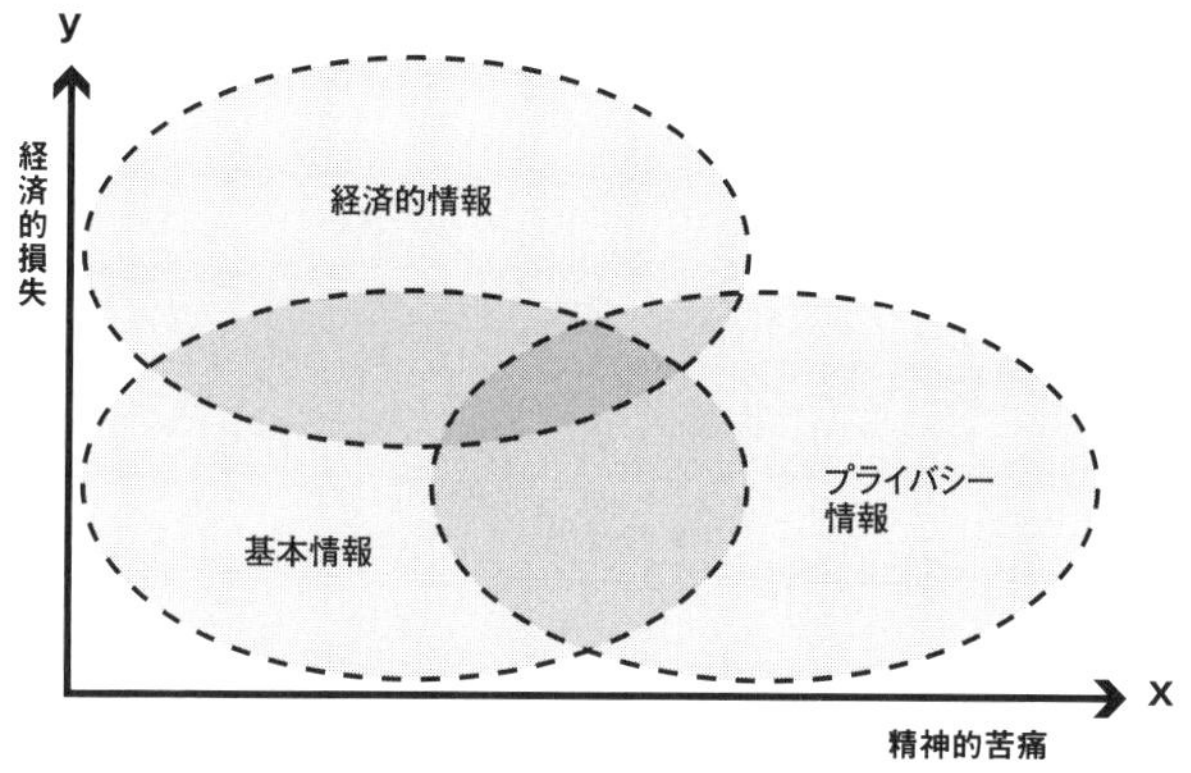

出所）NPO Japan Network Security Association (JNSA)

このEP図上に、「個人情報保護法」「個人情報保護に関するコンプライアンス・プログラムの要求事項（JIS Q 15001）」、および過去に漏えいした個人情報の種類をプロットすることで、EP図上の位置により、情報の価値を求めることができるとしている。

さらに、EP図のx軸、y軸をそれぞれ3段階に分け、漏えいした情報の影響度合いに応じて、情報の種類を再配置したものが、図表3-18のシンプルEP図である。

なお、JNSAでは、「漏えいした情報を単にシンプルEP図に当てては

図表 3-18 シンプルEP図

経済的損失レベル

3	口座番号&暗証番号、クレジットカード番号&カード有効期限、金融系 Web サイトのログインアカウント&パスワード、決済機能付きのサイトの顧客登録情報（アカウントにメールアドレスを使用する場合も含む）	遺言書	前科前歴、犯罪歴、与信ブラックリスト
2	パスポート情報、購入記録、ISP のアカウント&パスワード（アカウントにメールアドレスを使用する場合も含む、決済機能のないサイトのアカウント&パスワードも含む）、口座番号のみ、クレジットカード番号のみ、金融系 Web サイトのログインアカウントのみ、印鑑登録証明書、ソーシャルセキュリティナンバー、サービス申込（加入申請）情報	年収・年収区分、所得、資産(固定資産税など)、建物、土地、残高、借金、所得(生活保護に関わる情報含む)、借り入れ記録、購入履歴（スタンプやポイントは除く）、給与額、賞与額、納税金額、寄付目的・金額、税や保険、保育費などの未納金額	
1	氏名、住所、生年月日、性別、金融機関名、住民票コード、メールアドレス、健康保険証番号、年金証書番号、免許証番号、社員番号、会員番号、電話番号、ハンドル名、健康保険証情報、年金証書情報、介護保険証情報、会社名、学校名、役職、職業、職種、身長、体重、血液型、身体特性、写真、肖像、音声、声紋、体力測定値、家族構成、ISP アカウント名のみ、患者番号、受診科目・受診日、水栓番号、保険加入状況に関する情報、請求に係る金額（払戻しの請求金額など）	健康診断結果（結核検査記録など）、心理テスト結果、性格判断結果、病歴、手術歴、妊娠歴、看護記録、その他身体検査記録、治療法（治療に係る記録映像含む）、レセプト情報（治療に係る金額）、身体障がい者手帳情報、DNA 情報、身体障がい情報、知的障がい情報、指紋、生体認証情報（静脈、声紋、虹彩、網膜、顔画像等）、スリーサイズ、人種、地方なまり、国籍、趣味、特技、嗜好、民族、賞罰（交通違反切符など）、職歴（求職に関する書類含む）、学歴（求職に関する書類含む）、成績（教務手帳を含む）、試験得点（解答用紙など含む）、日記、メール内容（内容によって、どの情報に該当するかを判断すべし）、位置情報、児童相談に関わる情報、高齢者医療保険や介護保険の還付金額、プライベート（恋愛）情報	加盟政党、政治的見解、加盟労働組合、信条、思想、宗教、信仰、本籍（戸籍附票、住民票に記載される本籍も含む）、病状（結核医療に関する情報など）、保有感染症、カルテ（エックス線写真も含む）、認知症情報、精神的障がい情報、性癖、性生活の情報、介護度、プライベート(不倫）情報（写真も含む）
	1	2	3

精神的苦痛レベル

出所）NPO Japan Network Security Association (JNSA)

めて、その座標値（x値、y値）から漏えいした情報の価値を推定するのではなく、実被害への結びつきやすさを考慮して補正を加える必要がある」としており、補正を加えた漏えい情報の価値を求めるための算出式を次のようにしている。

漏えい個人情報価値＝基礎情報価値×機微情報度×本人特定容易度

各属性値の定義は、次の通りである。

（a）**基礎情報価値**：基礎情報価値には、情報の種類にかかわらず、基礎値として〝一律500ポイント〟を与える。

（b）**機微情報度**：一般的に機微情報とは、思想・信条や社会的差別の原因となる個人的な情報など、JIS Q 15001で収集禁止の個人情報として定義されるような一部の情報に限定されることが多い。しかし、これら以外の情報でも精神的苦痛を感じる場合がある。本算出式では、個人情報全体に対して3段階のレベルを設定し、その値からセンシティブの度合いを算定できるよう定義した。また経済的損害を被る情報についても機微情報度の算出式に含めた。
機微情報度は、対象となる情報のシンプルEP図上の（x，y）の位置（＝レベル値）を下記の式に代入して求める。

機微情報度＝（10^{x-1}＋5^{y-1}）

漏えい情報が複数種類ある場合は、全情報のうちで最も大きなxの値と最も大きなyの値を採用する。たとえば、「氏名、住所、生年月日、性別、電話番号、病名、口座番号」が漏えいした場合、シンプルEP図上の（x，y）は次のようになる。

「氏名、住所、生年月日、性別、電話番号」＝（1,1）
「病名」＝（2,1）
「口座番号」＝（1,3）

この例で最も大きいx値は病名の〝2〟であり、最も大きいy値は口座番号の〝3〟で

図表3-19　本人特定容易度　判定基準

判定基準	本人特定容易度
個人を容易に特定可能。 「氏名」「住所」が含まれること。	6
コストをかければ個人が特定できる。 「氏名」または「住所　＋　電話番号」が含まれること。	3
特定困難。上記以外。	1

ある。これらの値を前述の数式に当てはめると次のようになる。

$(10^{2\text{-}1}+5^{3\text{-}1})=(10^{1}+5^{2})$
＝35ポイント

（c）**本人特定容易度**：本人特定容易度は、漏えいした個人情報からの本人特定のしやすさを表すものである。たとえば、銀行の口座番号が単独で漏えいしても、氏名などの本人を特定する情報が伴わなければ実被害に結びつきにくいことから、本人特定容易度を本算出式に含めた。本人特定容易度は、図表3-19に示す判定基準を適用する。

以上により、各事件で漏えいした情報の種類がわかれば、先ほどの算出式（漏えい個人情報価値＝基礎情報価値×機微情報度×本人特定容易度）から、漏えいした個人情報の価値が算出できる。計算結果（＝ポイント）を比較することにより、事件ごとの相対的な比較ができることになる。

（以上、「ＪＮＳＡ２０１２年情報セキュリティインシデントに関する調査報告書」参照）

（４）サーベイと経済実験からの推計

この方法は、「パーソナルデータの漏えいを防ぐことができるツールがあるとしたら、個人はいくら払う気があるのか」、あるいは「金銭と引き換えにパーソナルデータを提供してもらう場合、いくらが妥当と考えるか」をアンケートや経済実験等によって把握しようというものだ。

前者については、「ブラウザの閲覧履歴やクッキー等の情報が残らないようにできるブラウザや、ブラウザのアドオンとして動作し、ウェブ上で行動追跡を行っている企業を検出・ブロックできるソフトウェア」の価格と読み替えることができる。しかし、最近では、こうしたソフトウェアのほとんどが無償提供されるようになってきており、この方法によってパーソナルデータの金銭的な価値を測るのは難しい。

ここでは、後者の例として、イタリアのトレント大学と欧州の大手通信事業者であるテレフォニカ、およびテレコム・イタリアの研究者等で構成した研究チーム「リビング・ラボ」が2013年の10月28日~12月11日までの6週間に渡り、共同で実施した「モバイル・パーソナルデータ・マネタイゼーション実験」の結果を紹介する。実験の手順は次の通りである。

(1) 実験に参加してくれるボランティアとして、年齢や性別、職業、教育レベルなどが異なる60名を募った。

(2) 被験者にスマートフォンを配布し、「通話履歴」「位置情報」「アプリの使用履歴」「(撮影した)写真」の4種類のデータを記録するよう指示した。

(3) 6週間のうち、前半の3週間は週に一度、後半の3週間は毎日、記録したデータをオークションに出すように依頼した。

この際、データの複雑さレベルとして以下の3つを設定した。

(A) **単一データ**:位置情報の場合、たとえば「12月10日の10時15分に東京都渋谷区○○の○丁目にいた」。

図表3-20 オークションの対象となったデータ

データの種類／複雑さレベル	単一データ	加工データ	集計データ
通話履歴	発信／受信した時刻	１日の総通話時間	１日の通話本数 or 通話相手の総数
位置情報	各地点にいた時刻	１日の総移動距離	１日に移動した地点の総数
アプリの使用履歴	各アプリを使用していた時刻	各アプリの１日の総使用時間	１日に使用したアプリの総数
写真	各写真を撮影した時刻	ある時間帯に撮影した写真数	１日に撮影した写真総数

（B）**加工データ**：位置情報の場合、総移動距離。たとえば「12月10日の総移動距離は10㎞」。

（C）**集計データ**：位置情報の場合、移動した地点の総数（１００m以上離れた場所とする）。たとえば「12月10日に移動した地点数は20カ所」。

まとめると、データの種類（４）×データの複雑さレベル（３）＝計12種類のデータをオークションの対象とした（図表3-20）。

オークションは、通常と異なり、参加者に対して「データを売ってもいいと考える最低金額」を尋ねるという方式で実施した。つまり、最も低い金額を入札した参加者が勝者（落札者）となる。

60日間に渡り、計５９６回ものオークションを繰り返した結果、すべてのジャンルのデータ

図表3-21　実験期間中のカテゴリごとの入札金額の中央値の推移

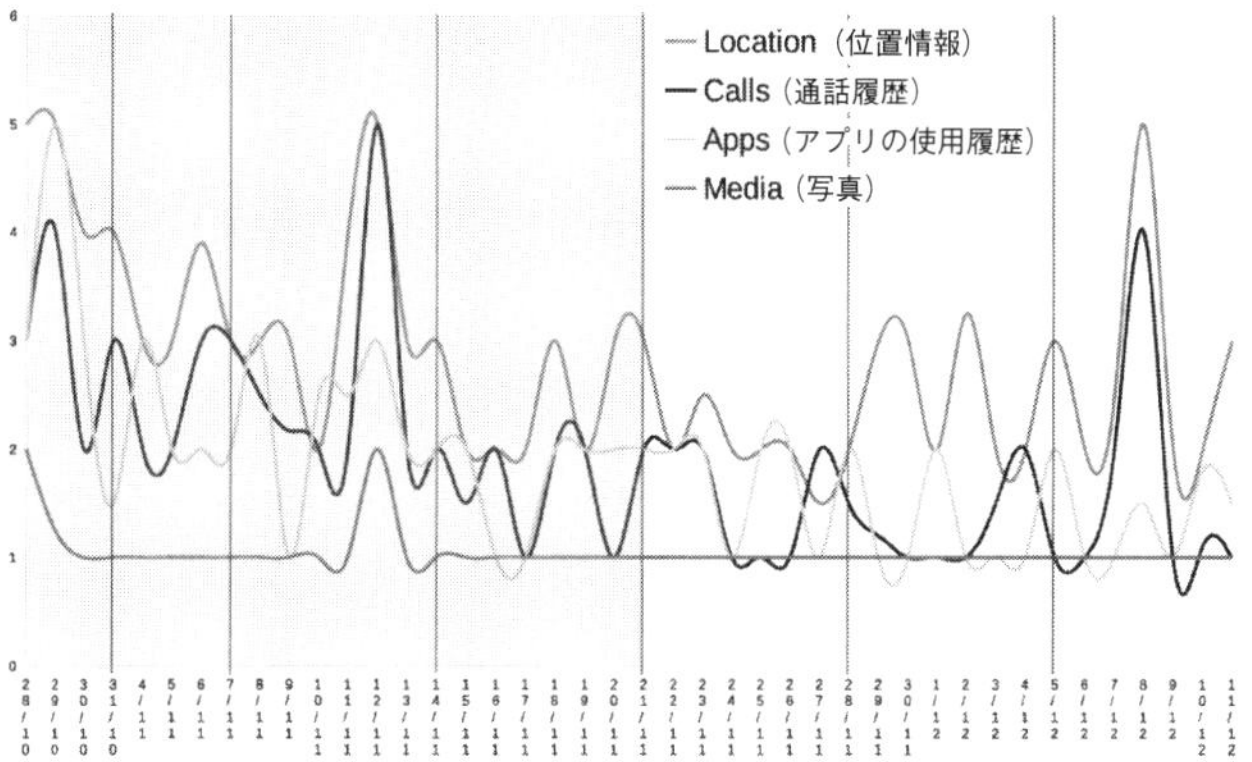

出所）http://arxiv.org/abs/1407.0566　「MoneyWalks: A Human-Centric Study on theEconomics of Personal Mobile Data」に筆者加筆

に対する入札金額の中央値は、2ユーロ（約280円)であった。つまり、参加者が見積もったデータの金銭価値は平均で2ユーロということになる。

もっとも、データの種類／加工レベルによって、当然、入札金額の高低はある。まず、データの種類では、「位置情報」が最も高額、つまり、安い価格では売りたくない、一番価値が高いと考えられているデータということになった（図表3-21）。

また、データの複雑さレベルでは、全般的に「加工データ」が高額となった。たとえば、アプリの使用履歴の場合、「1日5個のアプリを利用した」という集計データよりも、「スカイプ(Skype)[2]を1時間利用した」という加工データ

(2) マイクロソフトが提供する、ユーザー間であれば無料でインターネット通話やビデオ通話ができるアプリケーション。

に高値がついたということを意味する。

この手法で金銭価値の算出を行うと、加工データや集計データは1日単位であるため、1カ月分なら、1件280円×30日＝8400円、1年分ともなれば、1件280円×365日＝10万2200円とかなりの高額となる。匿名化した情報ではなく、個人が特定された情報であることを踏まえれば、ある程度価値が高くなるのは当然といえる。しかし、金額はあくまで消費者による自己評価であり、実際の買い手による評価金額ではないという点には注意が必要だろう。

(5)個人情報保護サービスの掛け金からの推計

個人情報の盗難に備える民間サービスの利用料金から、パーソナルデータの金銭価値を推し量る方法である。たとえば、いささかマッチポンプ的であるが、米国のデータブローカー企業のエクスペリアン社が販売している「プロテクトマイID(ProtectMyID)」という個人情報保護サービスがある。

これは、クレジットカードやキャッシュカード、あるいは保険証番号や自動車免許証番号などが本人の知らないところで不正に使用されていないかを監視し、万が一、怪しい使われ方をされていれば、本人に通知し、解決を図ってくれるサービスである。

クレジットカードの場合、不正使用の可能性があると、クレジットカード会社から確認の電話がかかってくるケースがあるが、イメージ的にはそれに近い。エクスペリアン社のこのサービスは、対象をクレジットカードだけでなく、キャッシュカードや保険証番号、自動車免許証番号、社会保障番号などあらゆる個人情報に拡大したものである。

毎月の掛け金は約16ドル、年間にすると日本円で2万円弱。万が一、クレジットカードやキャッシュカード番号などが流出し、悪用された場合は、最高100万ドルが補償される。

もう一つ紹介するのは、ネット上のレピュテーション（評判）管理を得意とする米レピュテーション・ドットコム（Reputation.com）社のパーソナルデータ削除サービスである。同社はインターネットを定期的にスキャンし、依頼人の氏名、電話番号、住所、生年月日などの個人情報が露出しているサイトを検出する。そして、依頼人から削除要求を受けた項目について削除を請け負う。たとえば、あるサイトに、依頼人の評判を落とすような虚偽の情報が氏名に紐づく形で掲載されている場合、本人に代わり、ウェブサイト側に情報の削除を要求するといった具合だ。料金は月額約10ドル、年間にすれば日本円で1万2000円程度である。

しかし、このようなサービスは実効性の面で疑問も残る。ベネッセの個人情報流出事件が発生した際、「あなたの個人情報が漏れているので、削除してあげます」などと消費者の自宅に電話をかけてきて、金銭をだまし取る詐欺行為が横行した。少しでもITに詳しい人であれば、「一度拡散してしまった情報の削除はほぼ不可能だろう」と直感的に感じるだろう。上記の個人情報保護サービスは米国のサービスであるため、実態はわからない。しかし、どうしても同じように感じてしまう。

とはいえ、レピュテーション・ドットコムはすでに100万人以上のユーザーを抱えているということなので、本当に情報の削除が可能なのかもしれない。だが、この場合も、ユーザーが事業者に支払う金額は、データが流出した際の損害を天秤に掛けた金額であって、パーソナルデータの市場価値を正確に表しているとは言い難い。

以上、パーソナルデータの金銭価値を算出する5つの手法について説明してきた。しかし、対象とする情報の種類が個人情報の基本四情報（氏名、住所、生年月日、性別）から、行動履歴（通話履歴、購買履歴、位置情報、アプリの使用履歴等）、フェイスブックやツイッターの情報に至るまで多岐に渡り、評価が難しい。

ただ、需要と供給という市場メカニズムで価格が決まるという点を重視すれば、結婚や出産など特別なイベント予定のない平凡な消費者のデータは1円前後、海外旅行や車の販入などの予定があれば数十円、さらに持病や常用薬、金のかかりそうな趣味などの情報が付加されれば100～1000円程度が通常売買される金額、つまり金銭価値といえそうだ。

本章のまとめ

◆パーソナルデータを元手として、膨大な収入を得るネット企業やデータブローカー産業に対する抗議の意味を込めて、自分のデータを売り出す個人が現れている。

◆企業と個人間のパーソナルデータの売買を仲介する「パーソナルデータ取引市場」が登場している。当面の課題は、どれだけの量のデータを集められるかということと、買い手となる企業をどれだけ呼び込めるかである。

◆「パーソナルデータ計算機」に代表されるように、パーソナルデータの金銭的な価値を算出しようとする試みが盛んになっている。

◆算出方法は、パーソナルデータ企業の決算情報からの推計、市場の取引価格、データ漏えい事故の補償金額からの算定、サーベイと経済実験による方法、個人情報保護サービスの掛け金からの推量などがある。

◆平凡な消費者のデータは1円前後、ある程度の支出が見込めるイベント予定があると数十円、持病や金のかかる趣味などの情報が付加されると100～1000円程度が金銭価値の相場である。

第4章

どうすれば
パーソナルデータを
コントロールできるか

自分の情報を管理する動きが始まった

自分の知らないところでパーソナルデータが収集され、知らない間に売買が繰り返される。まったく知らない企業からＤＭが届いたり、まったく興味のない広告が延々と表示される。こうした状況から脱け出すためには、誰が自分のパーソナルデータを保有しているのかを可視化し、その流通を自分でコントロールできることが必要である。

ここでいう「コントロール」とは、いつでも自分の好きなタイミングでパーソナルデータを参照できて、「どの企業が」「いつ」「どのように」自分のデータを利用するのかを決める権利が自分にあることを意味する。簡単にいえば、パーソナルデータの使用方法を自分自身で自由にコントロールできることである。

さらには、企業が保有しているパーソナルデータ一式をコンピュータが読み取り可能な形式でダウンロードできることも望まれる。ここで意味するのは、企業に対し、書面で個人情報の開示請求をして、数週間後にようやく書類が郵送されてくるということではない。自分の好きなタイミングで電子データとして編集可能な形式でパーソナルデータがダウンロードできなければならない。この際、データの原本を保有しているのが自分だけであれば理想的である。

こうした世の中が真に実現するのは遥か先のことかもしれない。しかし、少しずつではあるが、世の中はこうした理想の実現に向けて動き始めている。いくつか具体例をあげて説明していこう。

行動ターゲティング広告をいかに拒否するか

パーソナルデータのコントロールという観点で最も身近なのは、行動ターゲティング広告かもしれない。ユーザーのウェブのアクセス履歴から嗜好を分析して関心を持ちそうな広告を配信する行動ターゲティング広告は、広告依頼主からは効果の面で評価される一方、ユーザーからは、「自分の検索履歴や閲覧履歴等を勝手に盗み見られているようで気持ちが悪い。常に広告に追いかけられているようだ」との声も上がる。

こうした消費者からの声を受けて、米国のネットワーク広告イニシアティブ（Network Advertising Initiative：ＮＡＩ）やインタラクティブ広告協議会（Interactive Advertising Bureau：ＩＡＢ）、日本のインターネット広告推進協議会（Japan Internet Advertising Association：ＪＩＡＡ）などのインターネット広告関連の業界団体は、消費者の理解を醸成するため、行動ターゲティング広告のガイドラインを策定している。

図表 4-1 ビッグローブ株式会社のクッキー管理画面

BIGLOBE

広告配信におけるクッキーの利用に関して

当社は、当社のサイトに掲載される広告の一部の表示および配信を第三者企業に委託する場合があります。

これらの第三者企業が広告を配信している場合には、第三者企業の利用方針のもとでクッキーが管理されています。各社のクッキーの利用方針のご確認やクッキーを用いた広告配信の停止をご希望の方は、下記の各社サイトにてご確認ならびにクッキー無効化の操作をお願いします。

グーグル株式会社	http://www.google.co.jp/privacy/ads/
株式会社サイバー・コミュニケーションズ	http://www.ad-just.jp/privacy/privacy.html
アドバタイジングドットコム・ジャパン株式会社	http://jp.advertising.com/company/privacy/
株式会社オプト	http://www.xrost.ne.jp/contents/policy/privacy.html
株式会社ジーニー	http://geniee.co.jp/optout.html
株式会社マイクロアド	http://send.microad.jp/w3c/
ヤフー株式会社	http://docs.yahoo.co.jp/docs/info/terms/chapter1.html#cf2nd

出所）http://www.biglobe.ne.jp/btcookie.html

たとえば、ＪＩＡＡのガイドラインでは、第５条（利用者関与の機会の確保）として「広告提供事業者は、利用者に対し、広告提供事業者が行動履歴情報を取得することの可否または広告提供事業者が行動履歴情報を利用することの可否を容易に選択できる手段（オプトアウト）を、自らの告知事項を記載したサイト内のページから簡単にアクセスできる領域で提供する」と定めている。

利用者側が行動ターゲティング広告を拒否する具体的な手順は、次のようになる。ここでは、ＪＩＡＡの会員であるビッグローブ株式会社と株式会社ジーニーを例に説明する。

（１）行動ターゲティング広告を掲載しているウェブサイト（ここでは、ビッグローブ）上の「プライバシーポリシー」のページから、広告を配信している事業者（第三者企業）を確認す

図表4-2 株式会社ジーニーのオプトアウト画面

出所）http://geniee.co.jp/optout.html

る（図表4―1）。

（2）広告を配信している各社のサイト（ここでは、ジーニー）からクッキーを用いた広告配信の停止操作（オプトアウト）を行う（図表4―2）。

こうすると、行動ターゲティング広告は配信されなくなる。つまり、自分のウェブ上の行動履歴をもとに行動ターゲティング広告を配信している事業者を特定し、広告配信をコントロールできるということになる。

このビッグローブとジーニーのケースは、JIAAのガイドラインに従い、非常にわかりやすくオプトアウト画面が用意されているが、必ずしもすべての事業者がこのような画面を用意しているわけではない。つまり、ウェブサイトによっては、どこの広告事業者が広告を配信しているのかがわからない、仮に配信事業者がわかっても、どこにいけばオプトアウトできるのかがわからない（オプトアウトページに辿りつけない）ケースがある。このＪＩＡＡのガイドラインはあくまでインターネット広告事業を営む業界団体の自主規制ルールであって、国の法規制ではない。そのため、法的な強制力は持たない。

しかし、ガイドラインを遵守していない会員企業をそのまま野放しにしていては、ガイドラインの存在意義が問われるだけでなく、消費者の信頼を勝ち得ることもできない。違反企業に対しては、業界団体として、会員資格の停止や企業名の公表などの厳しい措置を取ることも検討するべきだろう。

一括でオプトアウトすることはできないか

もう一つの課題は、ユーザーがこうしたオプトアウトの作業を行うためには、各広告配信事業者のオプトアウト設定ページに個別にアクセスしなければならず、手間がかかるものとなっていることだ。ユーザーの立場からすると、広告配信業者横断で「一括オプトアウト」ができれば、随分と作業負荷は軽くなる。

米国では、前述したＮＡＩやＩＡＢなどによって構成される業界団体のコンソーシアム

図表4-3 米DAAが提供している行動ターゲティング広告の一括オプトアウトツール

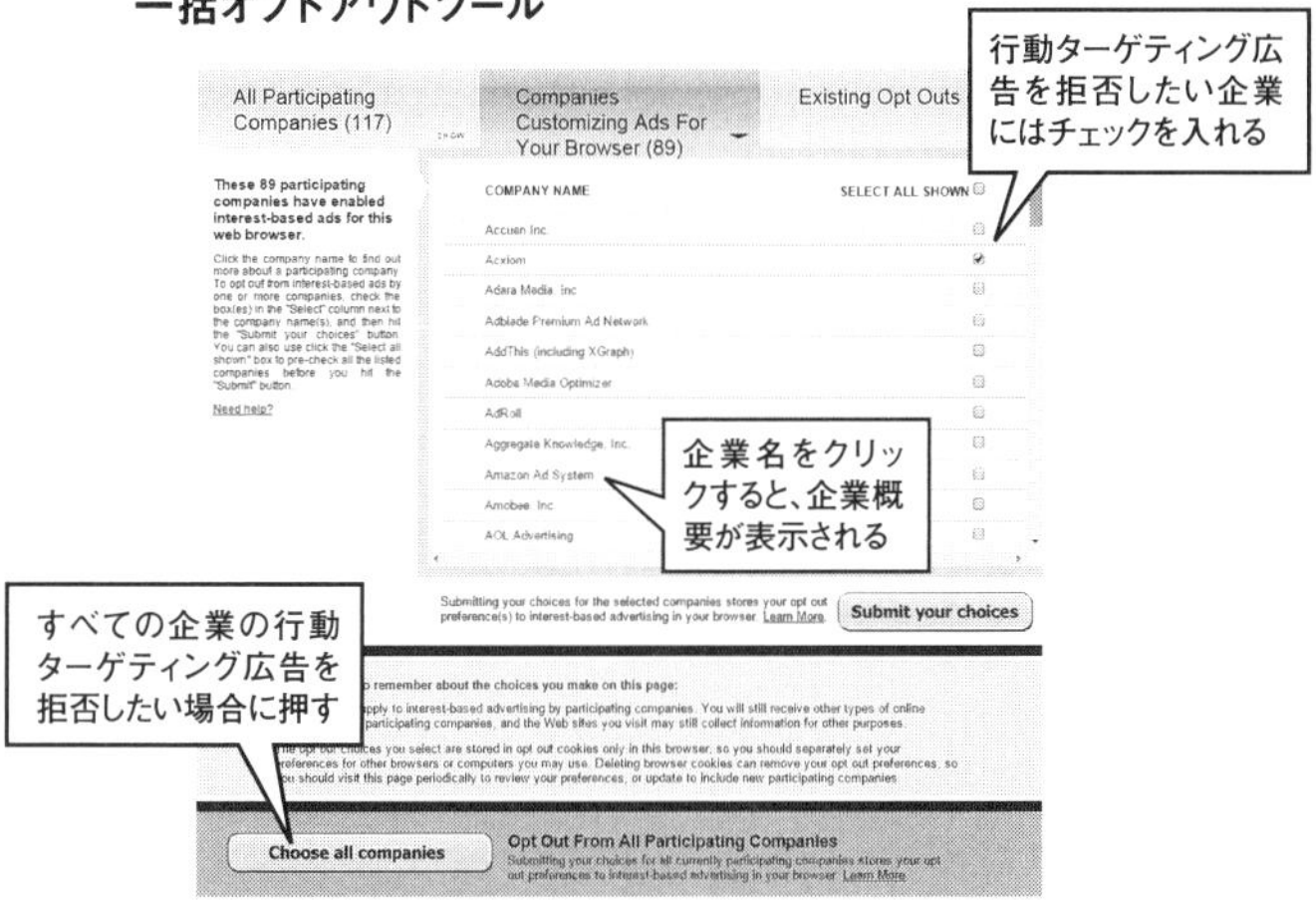

出所）http://www.aboutads.info/choices/#completed

であるデジタル広告アライアンス（Digital Advertising Alliance：DAA）が、こうした一括オプトアウトを可能とするツールを提供している（図表4−3）。

この一括オプトアウトツールでは、DAAに参加している100社以上の企業のうち、オプトアウトしたい企業名にチェックを入れ、「Submit your Choices」というボタンをクリックすれば、オプトアウトが完了する。操作は非常に簡単だ。表示されている企業名だけで判断できない場合は、企業名をクリックすれば、企業概要が表示される。各社のプライバシーポリシーのページへのリンクが貼られているため、さらに詳しい情報を確認することもできる。「とにかくすべての企業の行動ターゲティング広告を拒否したい」という場合は、「Choose all companies」というボタンをクリックすれ

図表 4-4　DDAIが提供している行動ターゲティング広告の一括オプトアウトツール

選択されているものをオプトアウトする　選択されているものをオプトインする

サービス名/企業名	Cookie ステータス	チェック
Logicad	✔ 存在しません	☐
Advertising.com Japan	✔ 有効です	☐
AudienceScience	✔ 有効です	☐
i-Effect	✔ 有効です	☐
ADJUST	✔ 有効です	☐
Xrost DSP	✔ 有効です	☐

出所）http://www.ddai.info/optout

ば、行動ターゲティング広告配信企業のすべての広告をオプトアウトできる。

こうした仕組みは、広告配信事業者がこのツールのために共通のＡＰＩ[1]（Application Programming Interface）を提供しているからこそ実現できる。業界内で足並みを揃えることが前提条件だ。

日本でも、株式会社サイバー・コミュニケーションズとデジタル・アドバタイジング・コンソーシアム株式会社が設立し、約35社が参加するオンライン広告の業界団体であるＤＤＡＩ（Data Driven Advertising Initiative）が同様の一括オプトアウトツールを提供している（図表4-4）。

ＤＤＡＩでは、オプトアウトツールの提供目的として、「行動ターゲティング広告などで行われるユーザー情報の取得についてユーザーへの啓発活動に取り組み、ユーザーが十分な情報をもとに選択が可能となる環境づくりを目的としています」と述べている。この「ユーザーが十分な情報をもとに選択が可能となる環境づくり」は、ユーザー自身によるパーソナルデータのコントロールという点で非常に重要である。

第三者からの追跡を拒否するブラウザ拡張機能

一括オプトアウトツールを利用すれば、行動ターゲティング広告の配信を拒否できる。しかし、もっと簡単に行う方法はないのだろうか。あるいはネット広告の業界団体に加入していない業者の場合は、手をこまねいて見ているしかないのだろうか。

恐らく一番簡単な方法は、ウェブブラウザの拡張機能として動作し、第三者による追跡を拒否できるツールを利用することだ。代表的なツールとして、「ゴーストリー（Ghostery）」「アドブロック・プラス（Adblock Plus）」「ディスコネクト（Disconnect）」等がある。無償提供されているこれらのソフトウェアをブラウザにインストールしてウェブサイトにアクセスすると、自分の行動を誰が追跡しているのかがわかるほか、追跡をブロックすることも可能だ。

（1）あるソフトウェアの機能や管理するデータなどを、外部の他のプログラムから呼び出して利用するための仕様やインターフェース。

図表4-5　ウェブ上の行動追跡を可視化し、拒否できるブラウザ拡張ツール「ゴーストリー」

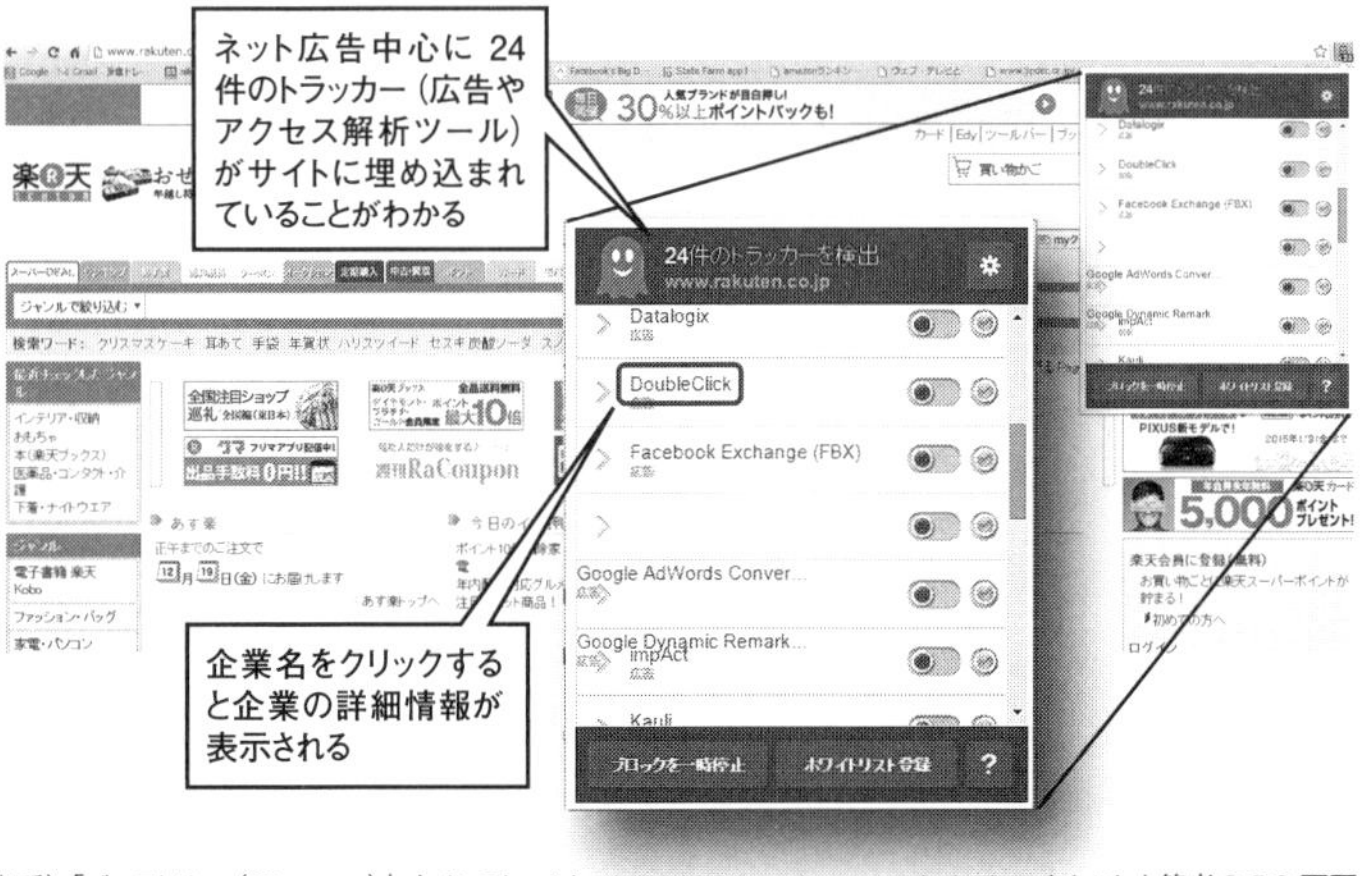

出所）「ゴーストリー（Ghostery）」をインストールし、http://www.rakuten.co.jp/　にアクセスした筆者の PC 画面

たとえば、ゴーストリーをブラウザにインストールして、楽天のサイトにアクセスしてみよう。アクセスするタイミングによって数は変わるものの、筆者がサイトにアクセスしたタイミングでは、24件のネット広告やアクセス解析業者が筆者の行動を追跡していることがわかった（図表4－5）。

追跡している企業名、たとえば、図表4－5の「DoubleClick」をクリックすると、企業の詳細情報が表示される。追跡を拒否（ブロック）したい場合は、ツール上に表示されているボタンを右にスライドさせればよい。操作は非常に簡単だ（図表4－6）。このツールを活用すれば、先に説明したDAAやDDAIなどのネット広告の業界団体に加入していない業者も含めて、ウェブ上で自分の行動を追跡し、情報収集を行っている業者をすべてブロックできる。

図表 4-6　「ゴーストリー」を使って、ネット広告事業者による追跡をブロック

出所）「ゴーストリー（Ghostery）」をインストールし、http://www.rakuten.co.jp/　にアクセスした筆者の PC 画面

前述した通り、ユーザーはこのソフトウェアをすべて無料で利用できる。では、民間企業である同社は一体どこから収益を得ているのだろうか。実は、同社はユーザーがあらかじめ同意した場合（オプトイン）に限り、追跡に遭遇したページ（この場合は楽天のトップページ）や追跡している企業名、ユーザーがブロックしたかどうかといった情報を収集し、広告のスポンサー企業に販売することによって、収益を得ている（この場合、ユーザー個人を識別できる情報は収集していない）。

　つまり、「サイトAで広告ネットワーク事業者Bが20回検出され、ユーザーCはすべてブロックしている」といった情報を同社のユーザー（約4000万人のうち、約半数が情報収集に同意している）から収集・集約し、広告を出稿している企業に売却し収益を得ていると

いうわけだ。広告の出稿企業は、この情報から「広告ネットワーク事業者B経由で配信した広告は、ブロックされている割合が高い。他の広告会社に乗り換えよう」といった手が打てる。

コラム

混迷を極める「Do Not Track」

行動ターゲティングを効率的に拒否できる手段として、長らく期待されてきたのが「Do Not Track（DNT）」だ。これはブラウザの設定（図表4-7）により、ネット上での「行動追跡拒否」の意思表示をウェブサイトの運営者やネット広告事業者等に対して行うもので、自分の電話番号をFTC（米連邦取引委員会）のシステムに登録すれば、テレマーケティング業者による執拗な勧誘電話を簡単に拒否できる「National Do Not Call Registry（電話勧誘拒否登録）」のウェブ版と呼べるものである。

DNTは2010年12月にFTCが提案し、その後、W3C[2]によって2011年から標準化作業が行われてきた。しかし、ウェブサイト運営者、ネット広告事業者、プライバシー擁護団体など利益が相反する関係者の間で議論は紛糾し、標準化作業は遅々として進んでいない。たとえば、「Do Not Track」の定義一つにしても、「ユーザーの行動を一切追跡し

図表 4-7　「Do Not Track」の設定方法（グーグル Chrome ブラウザの場合）

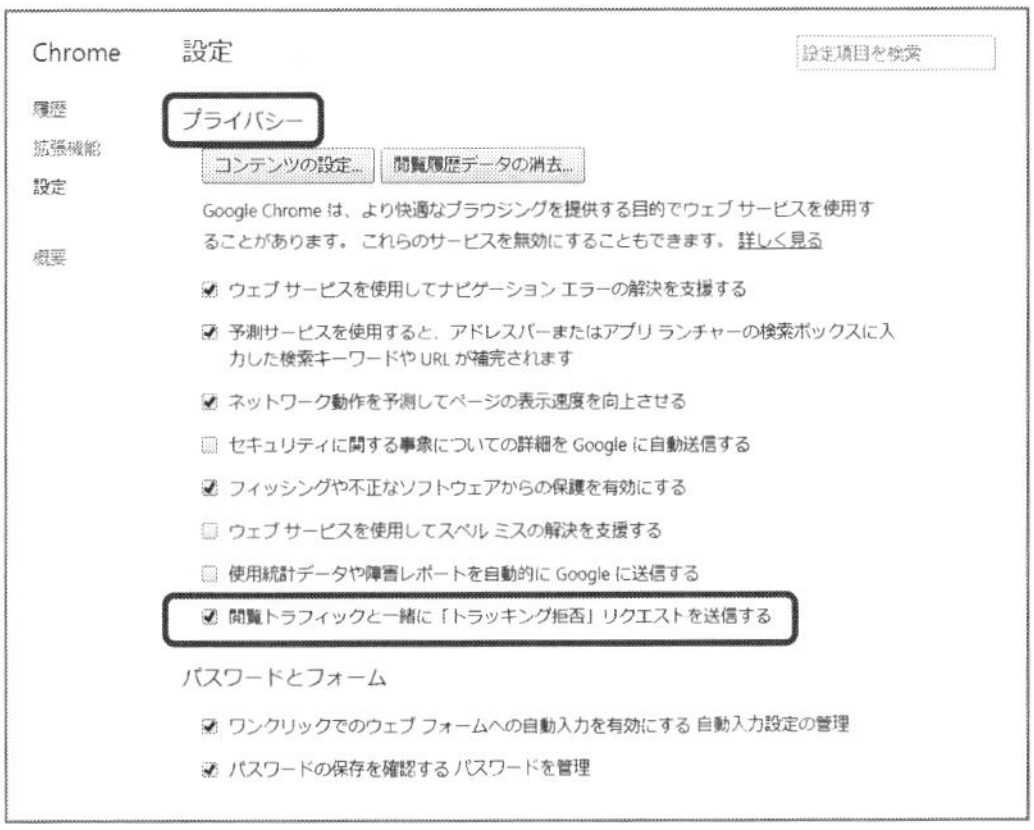

出所）chrome://settings/

ない」ことを意味するのか、「行動は追跡するが、ターゲティング広告は配信しない」ことを意味するのか意見が分かれている。また、広告目的の行動追跡だけを拒否対象とするのか、市場調査等含め、目的を問わず、すべての行動追跡を拒否対象とするのかといった点も議論のポイントとなっている。

一方、ブラウザベンダーがデフォルトでＤＮＴの設定を「オン」にするのか「オフ」にするのかという点も足並みが揃わない。６割近くの市場シェアを持つマイクロソフトのＩＥ（インター

(2) ウェブで利用される技術の標準化を推進する国際的な非営利団体。

ネット・エクスプローラー）では、ＩＥのバージョン10からデフォルト（初期設定）で設定がオン、つまり追跡を拒否する設定となっているが、グーグルの「クローム（Chrome）」や米モジラ（Mozilla）の「ファイアフォックス（Firefox）」等、他のブラウザでは、初期設定はオフである。デフォルトで「オン」は、行動を追跡されたくない消費者からは歓迎されるものの、死活問題となるネット広告業界からは、反発の声が相次いでいる。広告業界の言い分は概ね次のようなものだ。

「デフォルトでの『オン』は、ユーザーの意思を反映したものではない」

デフォルトで「オン」か「オフ」かという問題は非常に大きな意味を持つ。われわれ人間は、多くの場合、２つの異なる選択肢を与えられたとき、たとえもう一方がよりよい選択だとしても、デフォルトを選んでしまうからだ。これは、「現状維持バイアス」として、行動経済学でよく知られている人間の特性の一つである。それだけ「デフォルト」の力は強力なのである。

結果的に、ウェブサイトや広告事業者のほとんどは、ＤＮＴに対して、無視を決め込んでいる。つまり、ユーザーがブラウザの設定でＤＮＴをオンにし、「追跡拒否」の意思表示をしたところで、なんの意味も持たないということだ。米ヤフーのように、標準化の見通しが立たないことを理由に、ユーザーによるDNTの意思表示を金輪際、尊重しないことを正式に宣言した企業もある(3)。

当初は、既存のオプトアウト手段に置き換わるものと期待されていたDNTであるが、今後の見通しは決して明るくない。

おすすめ商品のコントロールを可能にしたアマゾン

行動ターゲティング広告のコントロール機能は、すでにアマゾンも実装している。アマゾンのウェブサイトでは、パーソナライズド広告の表示をオフにしたり（図表4-8）、自分がチェックした商品の履歴を非表示にしたりできる。パーソナライズド広告とは、アマゾンでの閲覧履歴や購入履歴、およびアマゾンが広告やコンテンツを提供する関連サイトの訪問履歴などに基づいて配信される行動ターゲティング広告である。

（3）http://yahoopolicy.tumblr.com/post/84363620568/yahoos-default-a-personalized-experience 参照。

図表 4-8　amazon.co.jpの広告表示や表示履歴の設定画面

閲覧履歴や購入履歴 に基づく、パーソナライズド広告の表示を無効にしたり、
自分が検索したり、チェックしたりした商品が表示されないようにできる

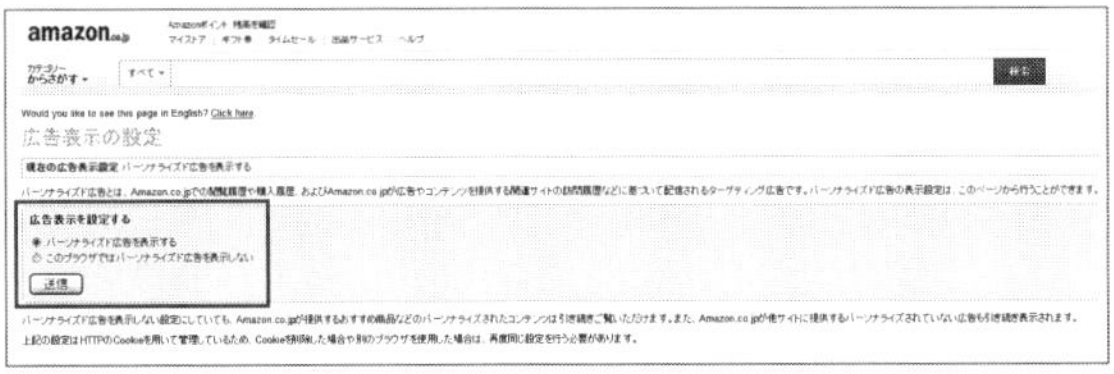

出所）http://www.amazon.co.jp/gp/switch-language/dra/info?ie=UTF8&language=ja_JP

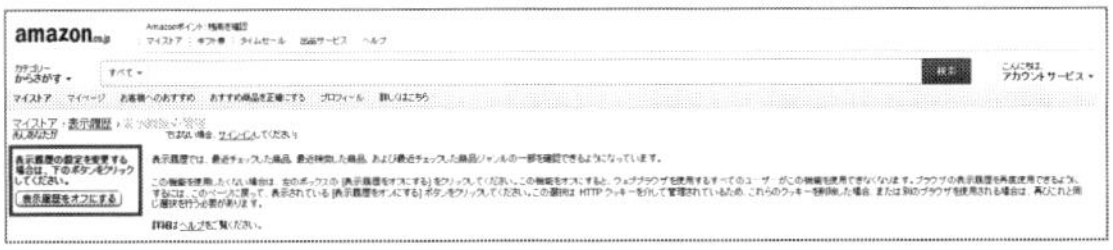

出所）https://www.amazon.co.jp/gp/history/cc?ie=UTF8&ref_=ya_browsing_history_settings に筆者加筆

広告表示や表示履歴の設定だけでなく、「おすすめ商品」の精度向上のために、アマゾンに自分の意思を伝え、表示される「おすすめ商品」をコントロールすることもできる。

具体的には、「アカウントサービス」でEメールアドレスとパスワードを入力して、ログインを行い、「マイストア」の機能から「お客様へのおすすめ」を見る。すると、ずらっと表示されるアマゾンからの「おすすめ商品」に対して、「持っています」「興味がありません」を選択できるチェックボックスが用意されている（図表4－9）。

ここで、別の書店で購入済みであったり、興味のない商品にチェックを入れれば、その商品がおすすめされることはなくなるという仕組みだ。筆者の場合、自分の著書をおすすめ商品として推奨されることが多々あったが、「持っ

図表 4-9 amazon.co.jpの「おすすめ商品」の設定画面

他の書店などですでに購入済みであったり、興味がない商品については、「持っています」「興味がありません」に チェックを入れることで「おすすめ商品」の精度が向上する

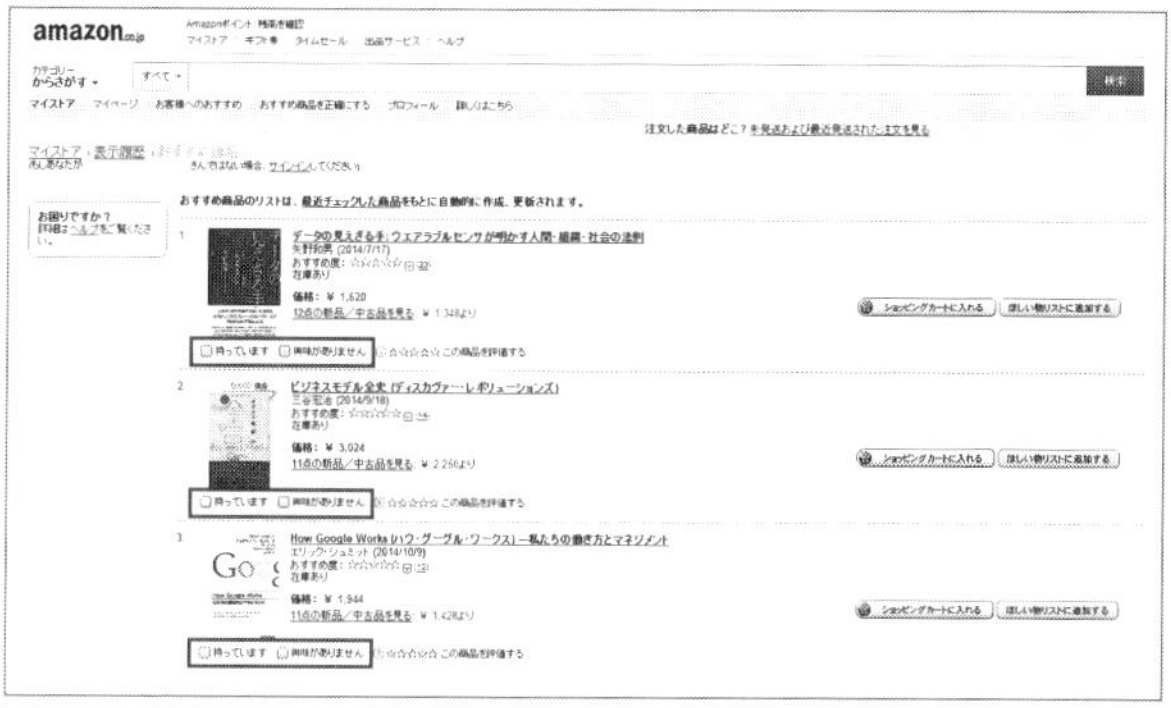

出所）https://www.amazon.co.jp/gp/history/recs?ie=UTF8&ref_=pd_ys_nav_pym

ています」にチェックを入れると、以後、推奨されることはなくなった。

同様に、購入済みの商品やレビューを投稿した商品の中で、「おすすめ商品」の判断に使ってほしくない商品については、「おすすめ商品に使わない」というチェックボックスにチェックを入れる。たとえば、たまたま両親や異性へのプレゼントのために購入した商品などの場合に有用だ。

ここで紹介した機能は、アマゾンが収集しているユーザーの閲覧履歴や購入履歴の活用方法をアマゾンが一方的に決めるのではなく、ユーザーとある種のコミュニケーションを取りながら決定するという点で画期的である。

フェイスブックでは表示される広告内容をコントロール可能に

ユーザーとのコミュニケーションという点では、フェイスブックも興味深い試みを開始している。表示される広告の内容をユーザー自身でコントロールできるようにしたのである。

オンライン広告ビジネスでグーグルを急追するフェイスブックは2014年6月、ターゲティング広告の精度を向上させるため、フェイスブック以外のウェブサイトやアプリの利用履歴の活用を発表した。同社ではこれを次のように説明している。

「たとえば、あなたが新しいテレビを買おうと考え、ウェブやモバイルアプリでテレビの調査を始めたとする。われわれはあなたが一番安い価格でテレビを購入できるようにしたり、他メーカーのテレビを検討できるようにしたりするため、広告を表示する。われわれはあなたがエレクトロニクスに興味を持っていると考え、将来、他のエレクトロニクス製品、たとえば新しいテレビ用のスピーカーやゲーム機の広告も表示するかもしれない」

これまで同社はあくまでもユーザーのフェイスブック内の行動履歴をもとに、表示する広告を決めてきた。つまり、「Facebook ページ」に対する「いいね！」や、フェイスブック上で共有された個人的な情報をもとに、ユーザーが興味を持つと思われる広告を配信していた。しか

図表 4-10 フェイスブックの「アド・プレファレンス」ツール

フェイスブックで表示される広告の右上隅にあるXをクリックすると、広告が表示される理由がわかる

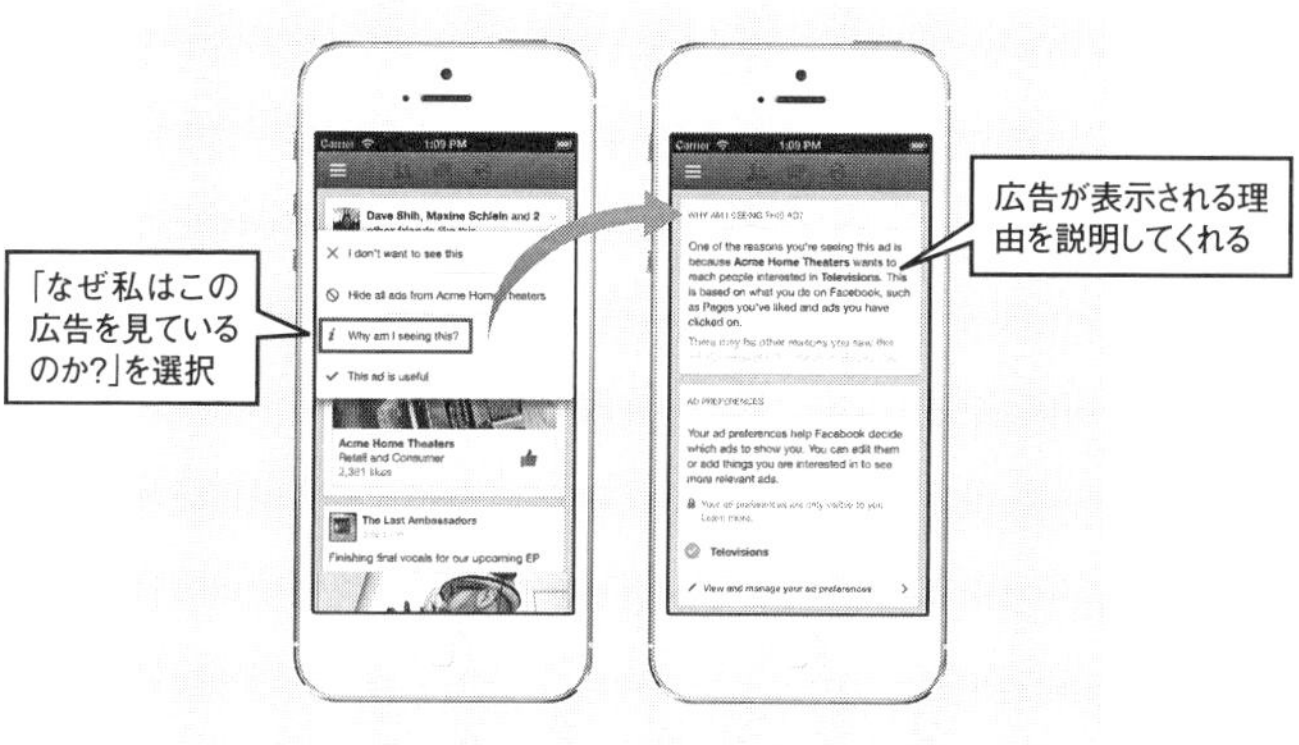

出所）http://newsroom.fb.com/news/2014/06/making-ads-better-and-giving-people-more-control-over-the-ads-they-see/

し、今後は利用する情報の範囲をフェイスブック外のウェブサイトやモバイルアプリにまで拡張することを宣言したことになる。

より広範な情報をベースにターゲティング広告を配信する一方で、同社は表示される広告内容をユーザーがコントロールできる新たなツールの提供も発表した（現時点では米国のみで提供）。「アド・プレファレンス（Ad preferences）」と呼ばれるこのツールは、なぜその広告が自分に表示されるのかを教えてくれるほか、自分の関心事項を編集することもできる。たとえば、「ホームシアター」の広告が表示される場合、表示される広告の右上隅にある〝×〟をクリックし「Why am I seeing this?（なぜ私はこれを見ているのか？）」を選択すると、「テレビに関心がある人をターゲットにしており、それは『いいね！』したFacebookペー

ジャクリックした広告に基づいている」ことが理由として示される（図表4‐10）。

また、エレクトロニクス関係の広告をもう見たくなければ、「広告の設定を表示・管理」から、自分の関心事項として設定されている「エレクトロニクス」を削除すればよい。反対に「自動車」に関する広告を見たければ、関心事項に追加することで自動車に関連した広告が表示されるようになる。

フェイスブックでは以前から、表示される広告を見たくなければ、その広告自体、あるいはその広告主の広告全部を非表示にできた。今後はこれに加えて、表示される広告内容をユーザー自身がある程度コントロールできるようになる。先に説明したオプトアウトツールでは、単に行動ターゲティング広告が配信されないようにするだけであった。表示される広告内容を自分で選択可能なこの「アド・プレファレンス」は大きな進歩といえるだろう。

ただし、ユーザーがコントロールできるのはここまでともいえる。確かに、広告の設定を変更すると、表示される広告の内容は変わる。しかし、広告をゼロにすることはできない。フェイスブックによると、「表示される広告の合計数は変わらない」ということだ。フェイスブックに限らず、「広告を配信する代わりにユーザーは無料でサービスを利用できる」という前提のもとに成り立っているネットサービスでは当然のことだろう。

そうなると、ユーザーは「どうせ同じ数の広告が表示されるなら、せめて自分の関心のあるカテゴリを登録しよう」となる。なんの興味も関心もない広告を延々と垂れ流されるよりは、自分の興味に合致した広告のほうがよいはずだ。広告主にとっても、それは好都合である。フェイスブック（ネット企業）、ユーザー、広告主の三者がそれなりに妥協できる落とし所はこのあたりかもしれない。

パーソナルデータ一式のダウンロードを許可したフェイスブック

閲覧履歴などに基づく行動ターゲティング広告を拒否したり、表示される広告内容を自分の興味あるものに変更したりすることは、自分のパーソナルデータの使い道をある程度コントロールできることを意味する。次に必要になるのは、パーソナルデータ一式をコンピュータが読み取り可能な形式でダウンロードできることだ。

気づいているユーザーは少ないかもしれないが、フェイスブックでは、自分の投稿したデータ一式を電子ファイルとしてダウンロードできるようになっている。ダウンロードできるのは、交際関係や職歴、学歴、住んでいる場所など、タイムラインの「基本データ」セクションに記載されている情報のほか、友達や参加しているグループのリスト、「いいね！」と言われた投稿・写真など、アカウントにログインした際に確認できる情報のほとんど（約70項目）である。

また、アカウントステータスの履歴（アカウントが再開、利用停止、無効、または削除された日付）やフェイスブックのログイン／ログアウト時に記録されたＩＰアドレス、クリックした広告など、アカウントにログインしただけでは確認できない情報も含まれている。

ダウンロードの具体的な手順は、まず「アカウント設定」のページにアクセスし、「Facebookデータをダウンロード」をクリックする。次に、「アーカイブを開始」ボタンをクリック、パスワードを入力すると、フェイスブックに対してデータのダウンロードをリクエストしたことになり、個人情報のアーカイブが生成される。準備が完了し次第、メールで通知が来る。メールに記されているリンク先をクリックすれば、データ一式が格納されたＺＩＰファイルがダウンロードできるというわけだ。

このインパクトは大きい。これまでフェイスブックが独占してきた自分のデータを自分自身の手で管理できるようになるからだ。その気になれば、ファイル一式を外部に販売してしまうことも理論上は可能である。

フェイスブックデータの解析エンジンを提供するウォルフラム・アルファ

もっとも、自分のフェイスブックデータを第三者に販売したいと考えるユーザーは少数派かもしれない。大多数のユーザーはデータを自分の手元に取り戻したはいいが、どう活用すれば

図表4-11 ウォルフラム・アルファ社「Personal Analytics for Facebook」で作成可能なレポートの例

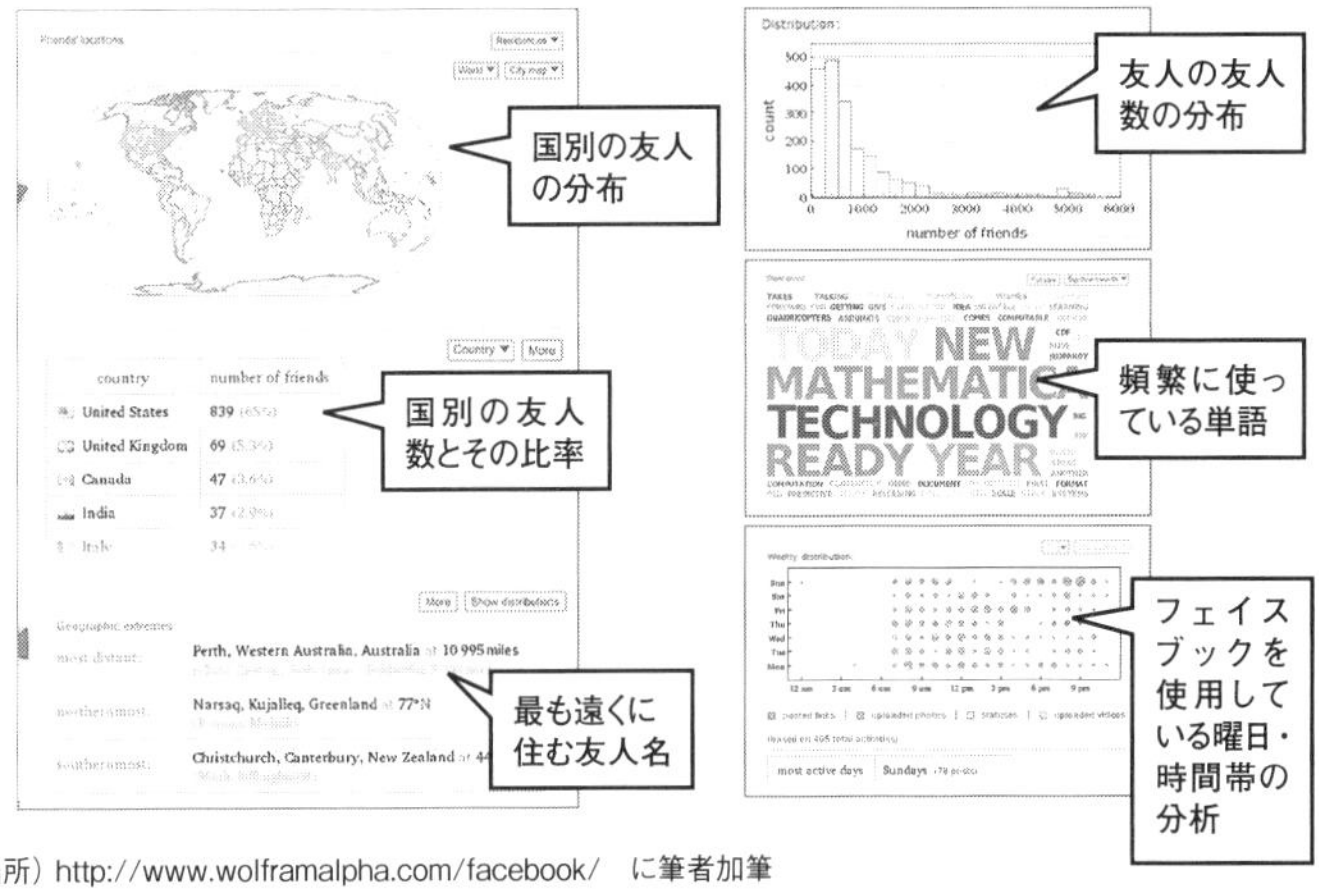

出所）http://www.wolframalpha.com/facebook/ に筆者加筆

よいのかわからないといったところだろう。

とくにフェイスブックを使い込んでいるユーザーであればあるほど、データは膨大となり、その処理も困難になる。そこに目を付けたのが、知的検索エンジンの開発を行っているウォルフラム・アルファ（Wolfram Alpha）社である。

同社が無償提供する「Personal Analytics for Facebook」は、フェイスブックのアカウント情報を入力すると、フェイスブックでの自分の活動状況を分析し、チャートやグラフ形式で可視化してくれるサービスである。たとえば、友達の居住国を国別に集計し、最も遠くに住んでいる友人を抽出したり、友達の友人数（自分の友達は何人の友達がいるのか）を解析したり、あるいは頻繁に使っている単語の抽出やフェイスブックを使用している時間帯の分析などを行ってくれる（図表4−11）。

同社が取得したフェイスブックのデータは通常1時間後に同社のサーバーから削除される。しかし、同社が計量社会学[4]等の研究目的でデータを使用することにユーザーが賛同（同意）し、「データドナー（提供者）」となる場合は、データは削除されずに蓄積される。この場合、同社はユーザーのデータを第三者に販売したり、マーケティング目的で使用しないことを約束している。この点はパーソナルデータの流通を自分自身でコントロールできるという点で極めて重要である。

このサービスは、個人情報の塊ともいえるフェイスブック上のデータ一式をウォルフラム・アルファに引き渡す代わりに、フェイスブック上の自分自身のアクティビティを無償で分析してもらえるというものだ。その後に「データドナー」となるか否かも含めて、判断はユーザー自身に委ねられる。無償サービスだからといって、無条件にデータ収集が行われるわけではない。非常に良心的なサービスといえるだろう。

自動車データは誰のものか

話題に上ることが多いのは、インターネット上のデータではあるが、実世界で発生するパーソナルデータについても、検討が必要である。たとえば、自動車のカーナビゲーションサービス（以下、カーナビ）のデータは、経路案内や東日本大震災の際に大活躍した「通れた道マップ（通行可能な道路を実際の車両走行実績データを元に地図上に示したもの）」のように、個々のデータを集計していけば、社会にとって有益なデータとなる一方で、自動車1台1台でみれば、ユーザーの行動範囲や移動経路をトレースできてしまうプライバシー性の高いデータといえる。現状では、自動車メーカー各社のカーナビの会員規約において、「会員は走行距離や位置情報、車速、燃費、走行軌跡などの走行情報が、メーカー側に自動送信されること、第三者提供されることを承諾するものとする」といったことが定められており、カーナビサービスに申し込んだ時点で効力を発揮する。

会員にとっては、自分の走行情報を提供する代わりに、他の会員からの情報もメーカーが受け取って集計することで、「どの道路がどれくらいのスピードで流れているか」といった道路の混雑状況を従来よりも詳細にわかるといったメリットがある。しかし、自分のデータが無条件でメーカー側に自動送信されてしまうことに対して、躊躇してしまう部分がまったくないわけではない。

日本ではさほど議題に上ってこないが、欧州ではこの点に関して、活発な議論が進められて

（4）社会を知るために積極的に数値（統計データ）を活用する社会学の一分野。

いる。たとえば、世界各国の自動車団体により構成される非営利の国際機関、国際自動車連盟（Fédération Internationale de l'Automobile：ＦＩＡ）の欧州／中東／アフリカ地区を統括するFIA Region Ⅰは、２０１４年1月、欧州議会議員と関係者に対して、自動車のテレマティクスサービスに関する法整備の一環として高水準のデータ保護を呼び掛けた。(5)

「テレマティクスサービスに料金を支払っている消費者自身が、そこから生成されるデータも責任を持って管理できるようにしなければならない。この実現には、ユーザーから同意を得ることが出発点となる。（中略）最も重要なのは、ドライバーに選択の自由を与えることだ」

FIA Region Ⅰは、コネクテッドカー（インターネットに接続された自動車）と生成されるデータへのアクセスに対して、次のような消費者原則を提唱している。

（1）データ保護

自動車データへのアクセスに対して、ドライバーの同意を義務付けるよう法律を制定すべきである。これは、「どのようなデータが、何の目的のために外部に送信されるのか」といった点について、消費者に十分な情報が与えられることを意味する。ドライバーは自分の車から生成されるデータの所有権を保有し、車を所有する限り、どのようにデータが使用されるのかについてコントロールできるようにすべきである。

（2）選択の自由

ドライバーは自分の好むサービスプロバイダ、および自分のニーズに合った適切な製品、適切なレベルのサービスを選択できる権利を持てるようにすべきである。複数の安全な製品機能から、ドライバーが選択できる権利が保証されなければならない。また、ドライバーが自動車を所有している間、管理上の負荷なしにサービスプロバイダを変更できることも必要である。

（3）公平な競争

オープンな市場で公平な競争ができるよう、複数のサービスプロバイダが自動車データを使った製品や機能を開発できる権利を持てるようにすべきである。これにより、オープンで安全なテレマティクス・プラットフォームを通じて、自分の自動車データにアクセスし、関連する機能を提供してくれるサービスプロバイダをドライバーが自分で選択できるようになる。

現在、自動車メーカー各社が提供するテレマティクスサービスは、暗黙のうちに「保有している自動車のメーカー＝テレマティクスサービスのプロバイダ」となっており、選択の余地はない。しかし、自分の自動車の位置情報や車速データを自分で管理できるようになり、テレマ

（5）自動車などの移動体に通信システムを組み合わせて、リアルタイムに情報サービスを提供すること。

ティクスサービスのプロバイダも自由に選択できるようになれば、「自分は外国車に乗っているが、テレマティクスサービスはトヨタのサービスを利用したい」という希望も叶うはずだ。FIA Region Iが提唱している消費者原則は、このような世界の実現を目指すものであり、今後、どのようなデータが誰と何の目的のために共有されているのかをドライバーがコントロールできるように、欧州議会に対し働きかけを行っていく方針だ。

データブローカーもパーソナルデータのコントロールを可能に

第2章で説明したデータブローカーも、消費者が自分自身のパーソナルデータを確認し、コントロールできるよう準備を進めている。たとえば、代表的なデータブローカーの一つアクシオムでは、2013年9月「AboutTheData.com」というウェブサイトを公開した。このサイトは、消費者が自分の氏名、住所、生年月日、社会保障番号の下4桁を入力することにより、アクシオムが収集している自分自身に関するデータを閲覧し、誤りがあれば、修正できるという画期的なものだ。同時に、パーソナルデータの収集・蓄積を拒否できるオプトアウトの申請もできる。[6]

「AboutTheData.com」にログインすると、まず、「特性」「住居」「自家用車」「経済」「ショッ

図表 4-12 アクシオムが公開した「AboutTheData.com」

「特性」「住居」「自家用車」「経済」「ショッピング」「世帯の関心」の6つのカテゴリに分類されたアイコンをクリックすると、アクシオムが保有しているパーソナルデータの内容を確認できる

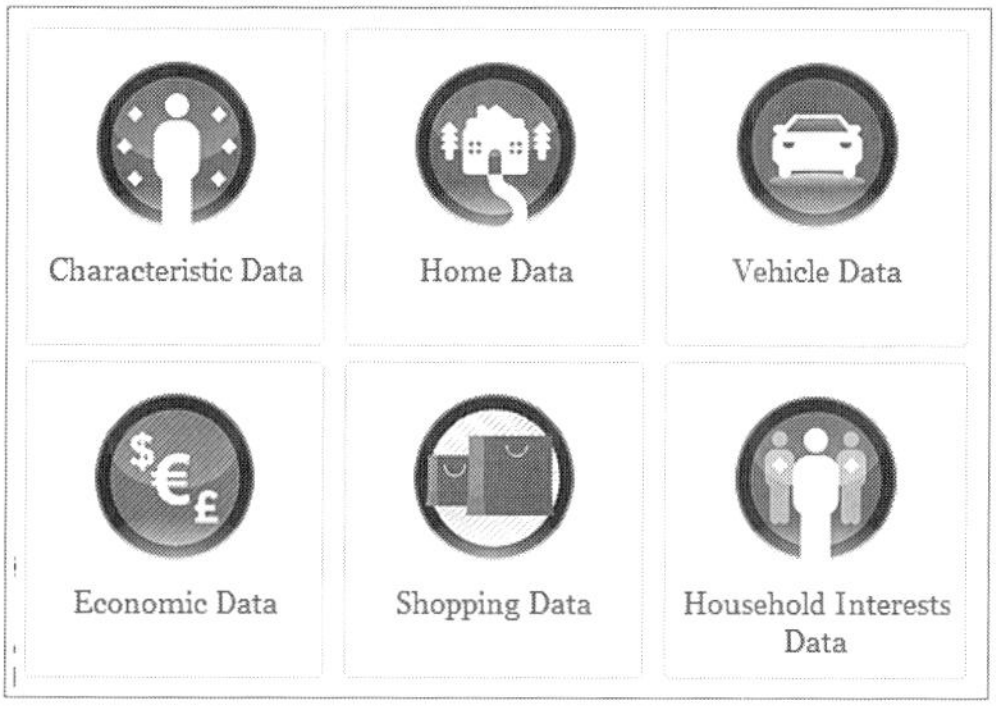

http://www.chicagonow.com/listing-toward-forty/2013/09/what-marketers-know-about-you-acxiom/

ピング」「世帯の関心」というアクシオムが保有しているパーソナルデータを、カテゴリ別に分類した6つのアイコンが表示される（図表4–12）。

次に、各アイコンをクリックすると、自分に関してアクシオムが保有しているパーソナルデータの詳細が表示される。たとえば、「特性」データをクリックすると、年齢、性別、学歴、婚姻の有無、子供の有無、子供の年齢などが表示され、誤りがあれば、修正できるという仕組みだ（図表4–13）。同時に、各データ項目をクリックするとそのデータの入手先も確認できる。

第2章で説明した通り、米国のデータブロー

(6) 社会保障制度（日本でいう年金制度）において個人を特定するための番号であるが、銀行口座の開設、運転免許の取得など、アメリカ生活には必要不可欠な本人確認のためのID。

図表 4-13 アクシオムの「AboutTheData.com」で「Characteristic Data」（特性データ）を選択した画面

アクシオムが保有している自分に関するパーソナルデータの内容を確認できるほか、
誤りがあれば修正でき、またオプトアウトも可能

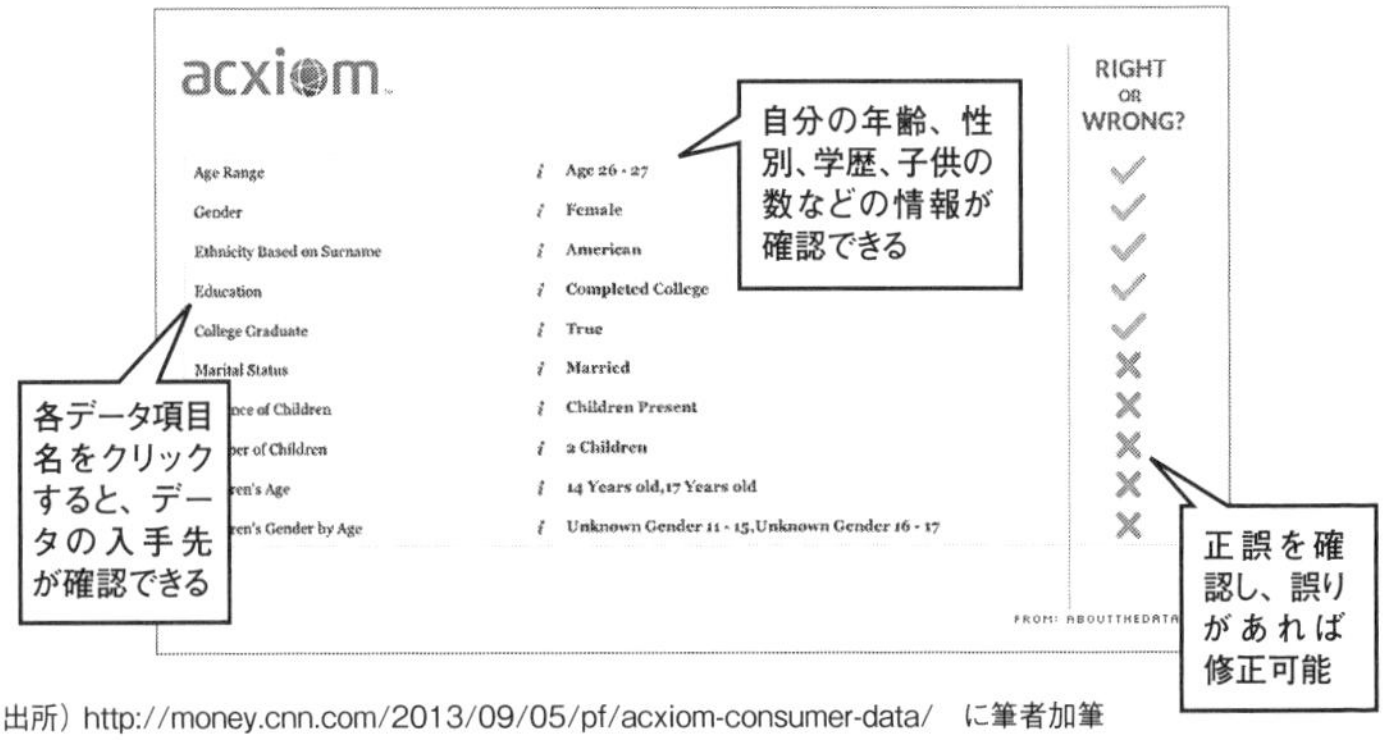

出所）http://money.cnn.com/2013/09/05/pf/acxiom-consumer-data/　に筆者加筆

カー産業はアンダーグラウンドのイメージが強く、とくにこの数年、FTCを中心に透明性と説明責任を求める声が高まっていた。ただし、信用調査書を1年ごとに消費者に公開し、間違いがあれば訂正できるようにすることが法律「Fair Credit Reporting Act（公正信用報告法）」で義務付けられている個人信用調査機関と異なり、マーケティング目的でパーソナルデータを収集しているアクシオムのような企業には、こうした法的な義務はない。しかし、FTCは立法化を議会に求めており、アクシオムは法的な強制力が発生する前に先手を打った格好だ。

本サイトはまだベータ版（試行版）という位置付けではあるが、データブローカーが保有しているデータを可視化し、間違いがあれば消費者自身で修正したり、データを収集されたくな

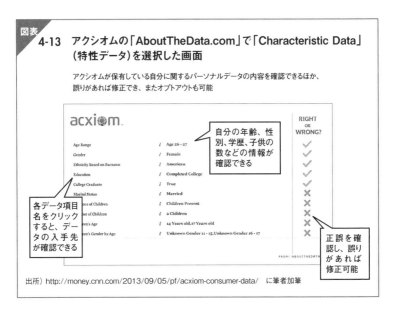

ければ、オプトアウトできるようにしたことは、FTCにも好意的に受け止められている。しかし、実際にサイトにアクセスし、自分の情報を確認した消費者からは、「自分には子供が2人いるのに1人しかいないことになっている」「ローンはないのに、あることになっている」「趣味が『骨董品集め』となっているが、そんな趣味はない」など、データにはかなりの間違いが含まれているという声が上がっている。アクシオムも、こうした指摘については、「登録されている情報の30％程度は誤りがある」と認めている。

また、現在公開されているデータは、第1章で説明した「ボランティアデータ」と「測定データ」であり、「推定データ」は含まれていない。消費者が気にしているのは、たとえば「ギャンブル好き」「メタボの可能性が高い」「流行に敏感」など、自分にどのような「ラベル」が貼られているのか（プロファイリングされているか）という点であり、こうした推定データの公開を求める声も上がっている。

この「AboutTheData.com」のように、データブローカーが開設するウェブサイトで消費者が自分に関するデータを確認したり、訂正できるようにすることには長所と短所がある。つまり、重大な情報の誤り（重病を患っている、多額の借金がある等）があれば、それを訂正することで、誤った情報によって「保険に加入できない、ローンが組めない」といった差別を受けるリスクを軽減できる一方で、データの訂正を求める際には、社会保障番号のような本人確認のためのIDが必要になるということだ。つまり、データブローカーが現在保有していない、さらなる個人情報を提供することになってしまう。

CRMからVRMへ

ここまで説明してきた通り、われわれのパーソナルデータを収集している相手と収集しているデータの中身を明らかにし、収集を拒否したり、データの使い方を消費者自身でコントロールできるようになる世界が少しずつ近づいている。しかし、依然としてパーソナルデータに対する主導権は企業が握ったままであることには変わりない。この主導権を消費者に取り戻し、消費者（顧客）と企業間の新たな関係構築を目指す取り組みとして、2006年9月にハーバード大学バークマンセンターのフェローであるドク・サールズ氏が立ち上げた「プロジェクトVRM（Vender Relationship Management）」を紹介したい。

VRMについては、ドク・サールズ氏の著書『インテンション・エコノミー』（翔泳社、栗原潔訳）に詳しい。「インテンション・エコノミー」とは、顧客の「意思（インテンション）」を中心に経済活動を組み立てようとするコンセプトであり、顧客の「関心（アテンション）」の獲得に注力する現在の経済活動「アテンション・エコノミー」と対をなすものだ。アテンション・エコノミーでは、関心の獲得のために売り手側が顧客の過去の購買履歴やコンタクト履歴などを分析し、次の購買を促すためにパーソナライズした広告やクーポンを配信する。そこにあるのは、売り手中心の世界観である。

一方、インテンション・エコノミーは、売り手ではなく、買い手中心の世界観である。買い手は製品やサービスを購入する際、企業に対し、自分の意思、端的にいえば、欲しいものをパーソナルＲＦＰ（Request For Proposal ＝提案依頼書）として提示する。たとえば、「５時間後に８人乗りのレンタカーを半日借りたい。予算は１万円以下。コンタクト方法は、電話ではなくメールでお願いしたい」といった具合である。売り手側に自分の意図や要望を直接伝えて、それに応えられる企業から購入するという考え方だ。つまり、インテンション・エコノミーの本質は、買い手が売り手を探すことにあり、売り手が買い手を探すことにはない。

企業がいくら優秀なデータサイエンティストを雇い、極限までパーソナライズした（と思い込んでいる）広告を配信しようとも、顧客が本当に欲しているものは、顧客自身が一番よく知っている。その点で、顧客が直接表明する意思や要望にはかなわない。

アテンション・エコノミーの時代には、顧客が欲しがっているものを膨大なデータから推測し、広告を大量に投入し、さらにはポイントをばら撒き、顧客の囲い込みを図ってきた。インテンション・エコノミーの時代には、このような広告やポイントにコストを掛ける代わりに、顧客が明確に表明する意思や要望に真摯に対応することが求められる。その結果、企業と顧客間の取引が拡大すれば、多大な経済効果が生まれる。つまり、企業が顧客を囲い込むのではなく、企業が顧客に囲い込んでもらえるような関係の構築が必要になる。これこそが、新しい「顧客ロイヤリティ」の形であり、インテンション・エコノミーのモチベーションとなるはずだ。

VRMの目的

インテンション・エコノミーを現実のものとするための開発プロジェクトが「プロジェクトVRM」である。『インテンション・エコノミー』では、VRMの目的として次の7項目が挙げられている。

1　個人が組織とのリレーションを管理するためのツールを提供する

ツールはパーソナルなものだ。つまり、個人のコントロール下にあり、個人に属する。それと同時に、他社とコネクトしたり、グループを構築したりできる点でソーシャルでもある。しかし、パーソナルであることが優先されなければならない。

2　個人を自身のデータ収集の中心にする

これによって、取引履歴、医療記録、会員権の詳細、サービス契約などの個人データがさまざまなサイロ（組織内で孤立した部門）に分散することがなくなる。

3　個人にデータを選択的にシェアできる権限を与える

個人が許可した以外の個人情報を公開しない。

4　個人に自分のデータを、他人がいつまでに使うかをコントロールできる権限を与える

個人の裁量により、他社とのリレーションが終わったときに個人データの削除を求める契約を含めることもできる。

5　個人にサービス条件を自分のやり方で決定できる能力を与える

これによって、誰も読まず、いずれにせよ「同意」せざるをえない企業が書いた契約書の必要性を削減あるいは排除できる。

6　個人にオープンな市場で需要を主張する手段を提供する

これは組織的サイロの外部で個人情報の不必要な公開なしに行われる。

7　リレーション管理ツールをオープンな標準、オープンなＡＰＩ、オープンなコードに基づ

いたものにする

これにより、ビジネスの多様性を極限まで高めると同時に、社会にも貢献できる。

まとめると、消費者が自分自身でパーソナルデータを管理することで、共有する相手を選択できるようにしたり、自分の決めた条件で売り手側と取引できるようにすることといえるだろう。これが実現すれば、「ロイヤリティの高い（信頼している）企業に対しては、シェアするパーソナルデータを多く、しかも長期に渡って提供し、ロイヤリティの低い企業に対しては、少なく、かつ一時的な提供にとどめる」というように、消費者自身が自由にパーソナルデータをコントロールできるようになる。

一方的な契約条件からの解放

インテンション・エコノミーが目指す「買い手中心」の世界観の象徴は、現在のインターネットサービスの利用規約で主流となっている「条件が気に入らなければ、使わなければよい」という売り手側の一方的なサービス条件（これを専門用語で「附合契約」と呼ぶ）に従う必要がなくなることだ。

附合契約では、優位の当事者（多くの場合、売り手）が好きなように契約条件を変更できる一方で、劣位の当事者（多くの場合、買い手）はそれに従うしかない。契約に同意することと条件が一体化しており、条件が気に入らなければ「契約しない」以外の選択肢がない。つまり、買い手となる消費者は契約に同意しない限り、求める商品やサービスを手に入れることはできない。

結果、どうなるか。たとえば、アップル社のiPhoneのユーザーがOSのアップデートを行うためには、同社が提示する利用条件に同意することを求められる。iOS8の場合は、次のような内容だ。

重要：お客様がiPhone、iPadまたはiPod Touch（以下、「iOSデバイス」といいます）をご使用になることで、お客様は、以下のAppleの定める各条項に基づく拘束を受けることに同意されたことになります。（中略）

iOSデバイスをご使用になる前、または本ソフトウェア使用許諾契約（以下「本契約」といいます）に関するソフトウェアアップデートをダウンロードする前に、本契約をよくお読みください。iOSデバイスをご使用になること、またはソフトウェアアップデートをダウンロードすることによって、本契約の各条項の拘束を受けることに同意されたことになります。本契約の各条項に同意されない場合は、当該iOSデバイスのご使用またはソフトウェアアップデートのダウンロードを行わないでください（以下、略）。

形式的には「同意しない」ボタンも用意されてはいる。しかし、消費者に与えられている唯一の選択肢は「同意する」ボタンをクリックすることだけといってよいだろう。そして、「デバイスを使用すること、ソフトウェアアップデートをダウンロードすること」＝「同意した」を意味するため、もはや具体的な内容を確認する意味もない。すでに使用しているiPhoneを使わないという選択肢はほぼないに等しいからだ。

もちろん、このアップルの利用条件だけが特別というわけではない。今日のほとんどのサービス契約がこうした附合契約となっている。数千万人、あるいは数億人を相手とする大量の取引を遂行するためには、一人ひとりと個別に条件を相談する余裕はない。唯一機能する方法がこの附合契約だからである。

一方、インテンション・エコノミーでは、「VRMの目的」の「5　個人にサービス条件を自分のやり方で決定できる能力を与える」にある通り、誰も読まず、同意せざるをえない企業が書いた契約書が不要になる。

これは、買い手の需要が売り手側のデータ分析に基づく推論によって決められるアテンション・エコノミーと異なり、買い手自身が明確に意思を表明すると同時に、自ら指定する条件に基づいて売り手との関係を構築するようになるためである。このため、「条件が気に入らなければ買わなければよい」という奴隷的な附合契約に従う必要はなくなる。

VRMツールに求められる機能

プロジェクトVRMの大きな目標の一つは、インテンション・エコノミーを実現するツールの開発である。具体的には顧客が多数の企業とのリレーションを管理できるようにするVRMツールの開発だ。企業がアテンション・エコノミーの実現のため、多数の顧客とのリレーション管理にCRM（顧客関係管理：Customer Relationship Management）ツールを使うのと同じ考え方である。ドク・サールズ氏は、VRMツールには次のような機能が求められるとしている。

- **ユーザー自身のデータの収集、統合、管理**
- **個人アイデンティティの管理**
- **契約の自由な枠組みにおけるユーザー自身の条件、ポリシー、嗜好の設定**

・特定企業からの独立性を維持するために、主に個人向けに開発された信頼フレームワークと信頼ネットワークの構築と参画
・セルフ自己トラッキング、セルフ自己ハッキング、パーソナル・インフォマティックス
・コミュニケーションの履歴保持
・検索のパーソナライズと機能改善
・需要の表現（パーソナルＲＦＰなど）
・任意のイベントと対応付けられ、クライアントサーバーの枠組みの外で機能するプログラミングルール
・オープンで置換可能なシステム上のブログとマイクロブログ
・ユーザー自身のサーバーの自由な所有と管理
・ＣＲＭシステムとの連携
・企業やサードパーティではなく個人の代理人であるフォースパーティとして機能する新規企業の構築

こうした機能を持つＶＲＭツールの開発が進めば、売り手企業などあらゆる当事者との間で共用される消費者のパーソナルデータを、消費者自身がコントロールできるようになる。

VRMツールを具現化したパーソナルデータストア

VRMツールを具現化したものとして、パーソナルデータストア[7]（以下、PDS）がある。PDSは消費者がパーソナルデータを自分の管理下に置き、安全に蓄積・管理・活用・共有可能とする一種のクラウドサービスである。対象として想定しているデータは、住所や生年月日、電話番号などの基本的な個人情報から、嗜好、関心事、ウェブブラウザのブックマーク、クリックストリームデータ、購買履歴、健康データ、銀行の口座情報、クレジットカード情報、公的な証明書（運転免許証やパスポート）など、極めてパーソナルなデータまで多岐に渡る。データには、非構造化データ（テキスト、画像、ビデオなど）も構造化データ（購買履歴、銀行の取引履歴など）も両方含まれる。扱うデータの性質上、PDSには銀行と同等、もしくはそれ以上の高度なセキュリティが求められる。

もちろん、ここに挙げたようなすべてのデータを扱わなければならないということはなく、一部のデータのみを対象としてもよい。現在、PDSを主に開発・提供しているのは、ベンチャー

(7) パーソナルデータサービス、パーソナルデータロッカー、パーソナルデータヴォールトと呼ばれる場合もある。

キャピタルなどから投資を受けた欧米のスタートアップ企業ということもあり、先のすべてのデータに対応したＰＤＳはほとんどないというのが実情である。

消費者の代理人として機能するＰＤＳは、消費者のデジタル・アイデンティティを統合し、企業など第三者によるアクセス権限を自分自身で管理可能にする「企業とのリレーション管理ツール」の側面も持つ。たとえば、「いつ・誰が・どのように・いくら払えば」自分のデータにアクセスすることを許可するか、といった条件の設定ができる。

盛り上がるＰＤＳ市場

ドク・サールズ氏によって、インテンション・エコノミー／ＶＲＭのコンセプトが提唱されて以降、ＰＤＳの提供企業も増加傾向にある。ただし、有効なビジネスモデルを確立できているベンダーは多くなく、いったんサービスを立ち上げたものの、撤退した企業もある。ここでは、その中でも比較的老舗でＰＤＳの代表ともいえるパーソナル・ドットコム（Personal.com）社とサービスを開始したばかりの新興企業ミーコ（Meeco）社を紹介する。

（1）パーソナル・ドットコム（Personal.com）

図表 4-14 パーソナル・ドットコムのアプリ画面例（ファイル暗号化保存機能）

写真や文書イメージなどは暗号化した状態で保存できる

出所）https://play.google.com/store/apps/details?id=com.personal.android&hl=en

２００９年に米ワシントンＤＣに設立されたパーソナル・ドットコムは、「個人が自分のデータをコントロールできるようにする」をミッションに掲げ、プロジェクトＶＲＭにも参加しているベンダーだ。

同社のサービスのベースとなっているのは、高度に暗号化した状態でデータを保管できるクラウドストレージサービスである（図表４－14）。暗号化したデータを復号できる（読める情報に戻す）鍵を持っているのはデータの所有者本人のみで、パーソナル・ドットコムも保管されたデータの中身を見ることはできない。

文書や写真のほか、クレジットカード番号、銀行口座番号、保険証番号、パスポート番号、各種ウェブサイトのパスワードなどをクラウドにアップロードして保管できる（図表４－15）。また、フォームの自動入力を可能とする「フィ

図表 4-15 パーソナル・ドットコムのアプリ画面例（データ保管機能）

クレジットカード番号、銀行口座番号、保険証番号、パスポート番号の他、
Amazon のパスワードなど各種 Web サイトのパスワードを管理できる

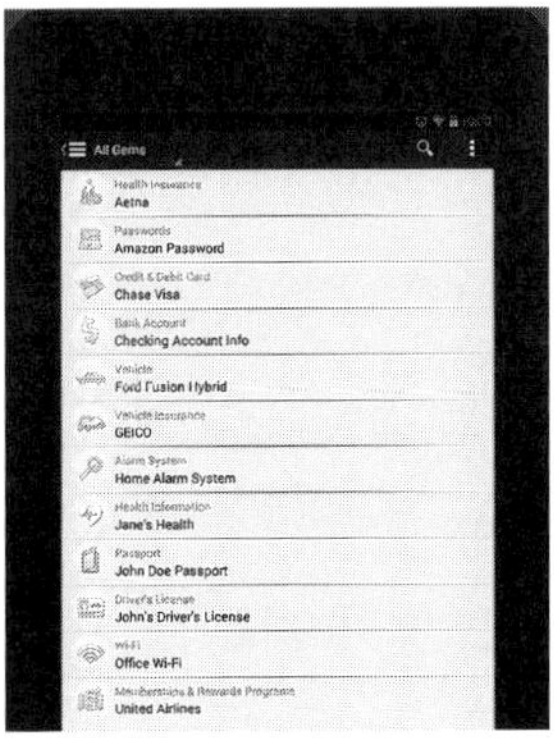

出所）https://play.google.com/store/apps/details?id=com.personal.android&hl=en

ルイット（Fill It）」というブラウザ拡張機能をインストールすれば、他のインターネットサービスを申し込む際にも、一度入力した自分のアカウント情報（氏名、アカウント名、住所、メールアドレスなど）が自動で入力されるため、同じ情報を何度も入力する手間が省ける。

同社のサービスの特徴は、銀行、クレジットカード会社、電力・ガス会社、通信会社などのオンライン取引明細書や請求書、領収書といった豊富なデータを取り込めることだ。これは、データのアグリゲーションサービス（データの集約）を提供するファイルディス（FileThis）社との提携によって実現している。データを取り込みたい企業を選択し、オンラインバンキングなどのアカウント名とパスワードを一度だけ入力すれば、以降は自動でデータをインポートできる。バンク・オブ・アメリカ（銀行）、シ

図表 4-16 パーソナル・ドットコムのアプリ画面例（データ共有機能）

自分で管理している クレジットカード番号、Amazon のパスワード、無線 LAN のパスワードなどに対して、指定した相手のみにアクセスを許可できる

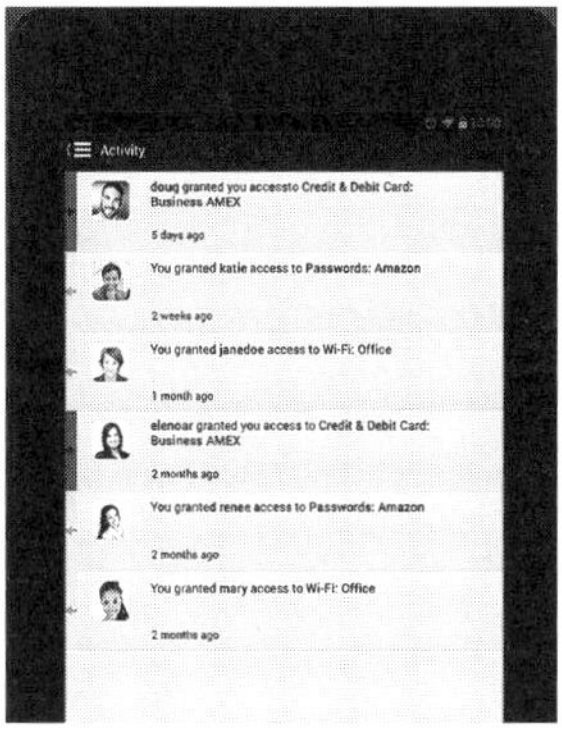

出所）https://play.google.com/store/apps/details?id=com.personal.android&hl=en

ティバンク（銀行）、イートレード（証券）、ＡＴ＆Ｔ（通信）、ベライゾン（通信）、ディレクＴＶ（ケーブルテレビ）、アマゾン（通販）、ＰＧ＆Ｅ（電力／ガス）、アメリカンエクスプレス（クレジットカード）、オールステート（自動車保険）などすでに３００社以上の企業をサポートしている。

取り扱うデータの性質上、セキュリティ面が気になるところではあるが、常に暗号化した状態でデータを取り扱うほか、バックアップやロギング（操作記録や稼働記録等を取ること）などの方式については外部の専門機関による監査も受けている。同社によると「銀行レベルのセキュリティを確保している」ということだ。

民間企業以外では、教育省と連携しており、ＦＡＦＳＡ（連邦政府による奨学金の申請書）や連邦政府貸付金の記録データも簡単に取り

図表 4-17 パーソナル・ドットコムの提供機能の全体像

氏名、住所、電話番号、メールアドレス等の基本情報、外部サイトのアカウントの
一元管理のほか、 各種取引明細、請求書データなどのインポートが可能
また、信頼できる相手にはデータの復号化キーを送信することでデータの共有も可能

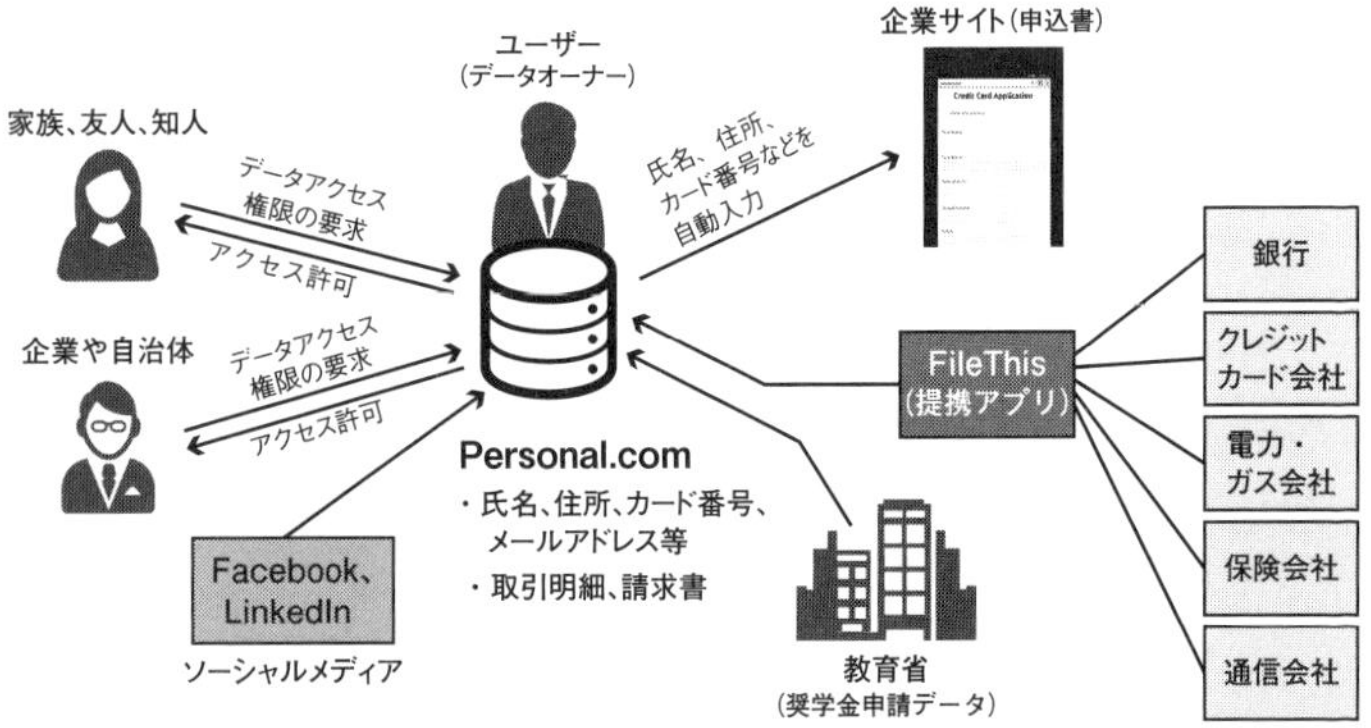

込めるほか、将来的には、病院の診療記録（診察履歴）もサポート予定である。実現すれば、自分自身で診療記録を管理し、自分で選択した医療機関や保険会社とデータを共有できるようになる。

　データの共有、ダウンロードを許可する場合は、パーソナルデータストアの中でデータを指定し、復号するためのカギを相手に送れればよい。データへのアクセスを要求してきた相手、誰に対してアクセスを許可したかといった履歴もアプリで管理できるようになっている（図表4−16）。

　利用料金は年間29・99ドル、月額契約の場合は毎月2・99ドルで、30日間のフリートライアルもできる。同社のサービスの全体像を図表4−17に示す。

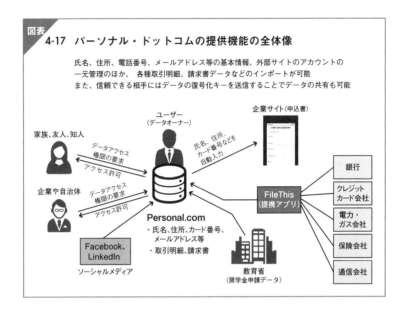

（2）ミーコ（Meeco）

「われわれのビジョンは、地球上のすべての人々が自分がシェアしたものに対して、正当な権利と対価を得られる場所を作ることだ。このビジョンの実現のため、人々が自分自身、そして子供たちのために、増え続ける日々のデータを価値ある資産として蓄積できる最高の場所を作り出したい」

２０１２年創業のオーストラリアのベンチャー企業「ミーコ」は、このようなマニフェストを掲げる。これを実現するため、同社は「ユーザー属性」「ウェブの閲覧履歴」「好きなブランド（企業）」「（購入）意思」の４つを管理できるＰＤＳを提供している。インターネット広告企業などパーソナルデータを収集する企業の多くが、主にこの４つのデータを収集したり、推測したりしていることに向こうを張ってのことだ。

具体的には次の４つのサービスを通じて、自分のデータとインテンション（商品やサービスの購入意思等）を管理できる。

（1）**マイ・ライフ（My Life）**：家族・知人の連絡先や誕生日、ペットの情報（誕生日、購入日、えさなど）、自分の健康情報（血液型、アレルギー、服用している薬、かかりつけ医の連絡先、治療歴など）、銀行口座情報、自家用車の情報（メーカー、型式、ナンバー、車検日時など）、名刺情報など、自分に関する情報を一元的に記録・管理可能な〝デジタル・プロファイ

図表 4-18　ミーコの「マイ・ライフ」機能の画面例

情報を追加したいカテゴリを選択して（左図）、情報を入力していく

出所）Meeco の iphone アプリ画面に筆者加筆

ル〟として機能する（図表4－18）。

（2）**マイ・サイト（My Sites）**：一種のセキュアブラウザ。お気に入りのサイトを〝タイル〟として登録し、すぐにアクセスできるようにする。その際、クッキーやウェブの閲覧履歴が外部に漏れることがない。このため、ウェブの閲覧履歴を利用した行動ターゲティング広告が配信されることがなくなる（図表4－19）。

また、〝ステルス・セッション〟を利用すれば、クッキーやウェブの閲覧履歴はセッションごとに毎回自動的に削除される。これは、〝あなたを追跡しない検索エンジン〟を謳い文句にするプライバシー重視の検索エンジン「ダックダックゴー（DuckDuckGo）」の採用により実現している。

図表 4-19　ミーコの「マイ・サイト」機能の画面例

お気に入りのウェブサイトを右上の＋ボタンから追加していく
サイトにアクセスした際のクッキーが保存されないため、広告ネットワークに追跡されない

出所）Meeco の iphone アプリ画面に筆者加筆

（3）**マイ・ブランド（My Brands）**：自分の好みのブランド（企業）や積極的に関わりを持ちたいブランド、反対に関わりを持ちたくないブランドなど、ブランドに対する興味やエンゲージメントを表明できる。たとえば、「シャネル」「ディズニー」「アウディ」等のブランドを「好きなので使う」「嫌いだけど使う」「好きだけど使わない」「嫌いなので使わない」の4つのどれかに分類していく。一般的に、「お気に入り」に登録しているブランドは好きだと捉えられがちであるが、「嫌いだけど、（必要なので渋々）使う」といったユーザーの意思を表現できる点が特徴だ。

現時点で実現できているのはここまでだが、近い将来、分類に応じたブランドとのコミュニケーション方法、たとえば「メールアドレスは公開してもよいが、住所と携帯電話番号は非公

図表4-20 ミーコの「マイ・ブランド」機能の画面例

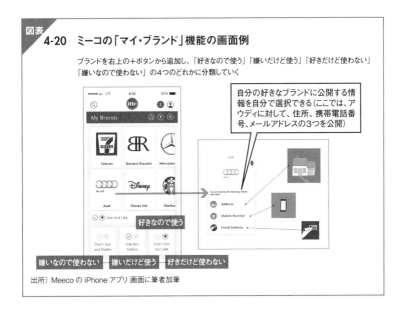

ブランドを右上の＋ボタンから追加し、「好きなので使う」「嫌いだけど使う」「好きだけど使わない」「嫌いなので使わない」の4つのどれかに分類していく

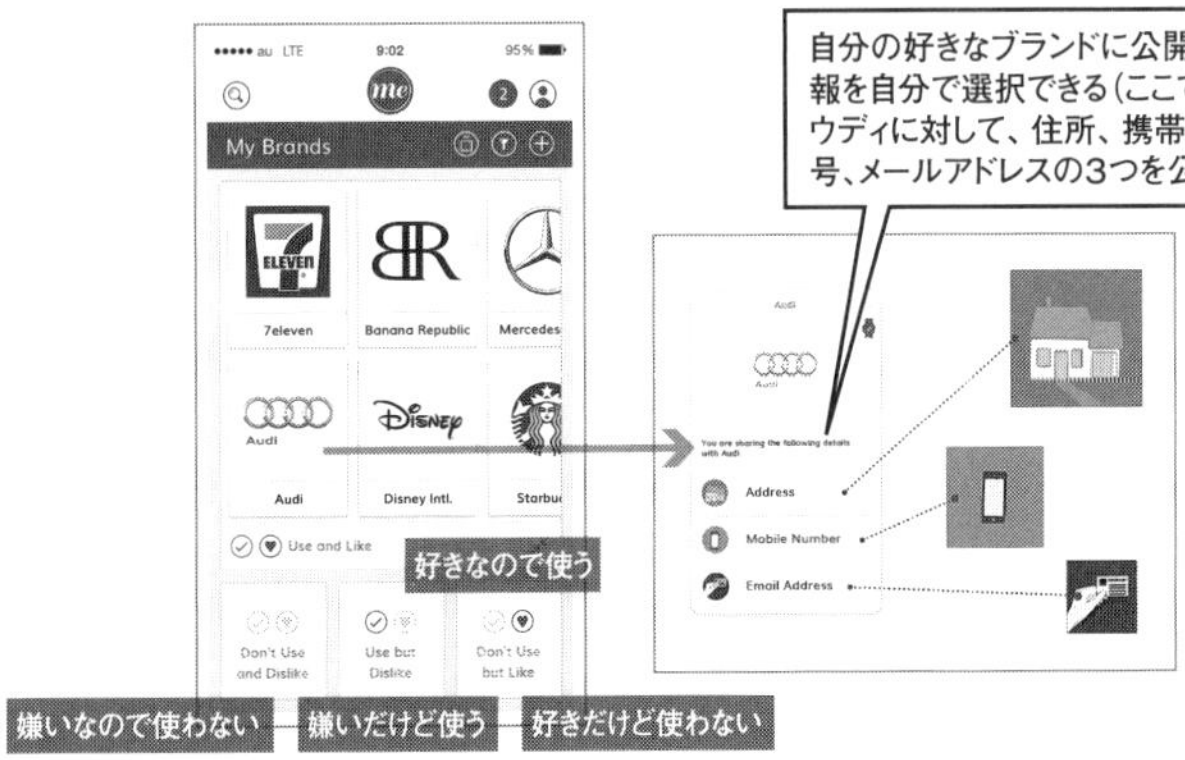

出所）Meecoの iPhone アプリ 画面に筆者加筆

開にしたい」」、あるいは「住所、携帯電話番号、メールアドレスすべて公開してかまわない」等を自分で設定できるようになる（図表4－20）。

（4）**マイ・インテンション（My Intensions）**：商品やサービスに対する自分の願望や要望を表明するウィッシュリスト的機能である。たとえば、「2015年7月までに車を買い替える」「2015年11月に新婚旅行に行きたい」と入力し、「匿名でシェアする」にチェックしておくと、ミーコと提携している外部の自動車ディーラーや旅行代理店などから、割引などの特典のオファーや海外旅行に関する提案が届くといったイメージである（図表4－21）。

この際、オファーや提案が届くのは、自分が登録したブランドや企業からに限られ、まったく興味のない企業からは何も届かない点がV

図表 4-21 ミーコの「マイ・インテンション」機能の画面例

商品やサービスに対する購入計画や要望を入力していく
この際、関心があるブランドを登録し、「匿名でシェアする」をチェックしておくと、
そのブランドから特典のオファーが届く場合がある

自動車の購入計画と関心のあるブランドを登録（ここでは、BMW、メルセデス・ベンツ、アウディ等）
「匿名でシェアする」ボタンをオンに設定
関心があるブランドとして登録しておいたアウディから、オファーが届いていることを示している

出所）https://my.meeco.me/#/tour に筆者加筆

ＲＭツールらしい点である。

ＰＤＳの利点は何か

ＰＤＳが企業から見て優れている点は、消費者の関心や嗜好、要望などに関する正確なデータを得られることだ。グーグル、フェイスブック、あるいはＣＣＣなどは、消費者のウェブの検索履歴や閲覧履歴、購買履歴などから、消費者の興味や関心事を推察し、購買に繋がりそうな商品の広告やクーポンを配信する。しかし、これはあくまでも推察であって、必ずしも消費者の嗜好に１００％合致しているわけではない。ＰＤＳでは、消費者自身が自分の好きなブランドや興味を登録するため、当然、１００％好みにマッチする。マーケッターにとっても、

わざわざコストを掛けてデータを収集し、複数のデータを掛け合わせるなどして、消費者の意向を推察する必要がない。その挙句、外れる場合も多々あることを思えば、遥かに効率がよい。

実は、前述したデータブローカー企業のアクシオムが開設したウェブサイト「AboutTheData.com」も、将来的にはPDSを指向している。現在公開されているベータ版では、同社が保有しているパーソナルデータ（家族構成や自家用車、購買履歴、興味など）の内容を消費者が確認し、誤りがあれば、消費者が修正できるようになっている。しかし、見方を変えれば、消費者が自ら進んで自分の興味や関心事を正しく登録するようになれば、アクシオムは一層消費者の関心に合った広告やクーポンを配信できるようになるともいえる。「どうやっても、広告がなくならないなら、消費者は自分の興味に合う広告を選ぶだろう」と同社では考え、「好きなブランド」や「好きな企業」など、今後「AboutTheData.com」で公開する、消費者に関するデータ項目を増やしていく方針だ。

ＰＤＳで実現する世界

ＰＤＳが普及した暁には、どのような世界が訪れるのだろうか。簡単ではあるが、引っ越しを例に考えてみよう。現状では、引っ越しをすると、引っ越し先の住所や電話番号を郵便局やガス・電力・水道会社、さらには銀行や保険会社、クレジットカード会社など、自分に関わりのある相手に1件ずつ知らせる必要がある。変更を知らせるハガキを送付したり、コールセンターに電話したりと手段はさまざまであるが、骨の折れる面倒な作業である。

これがPDSを活用すれば大きく変わる。PDSにログインして、登録している「現住所」「電話番号」を引っ越し先の新しい住所と電話番号に変更すれば、それでOKだ。あとは、「現住所」「電話番号」情報へのアクセスを許可している相手に、自動的に住所と電話番号変更の通知が送信される。

これは利用者にとってメリットがあるだけでなく、企業にとっても、常にアップデートされた最新の情報を参照できるというメリットがある。もちろん、どこまでの情報を公開するかはすべて消費者に選択権がある。

産学協同で推進する日本の「情報銀行」

実は日本にもPDSとよく似た構想がある。東京大学空間情報科学研究センターと慶應義塾大学大学院メディアデザイン研究科が中心となり、産学協同で推進している「情報銀行」構想がそれだ。

図表 4-22　情報銀行のコンセプト

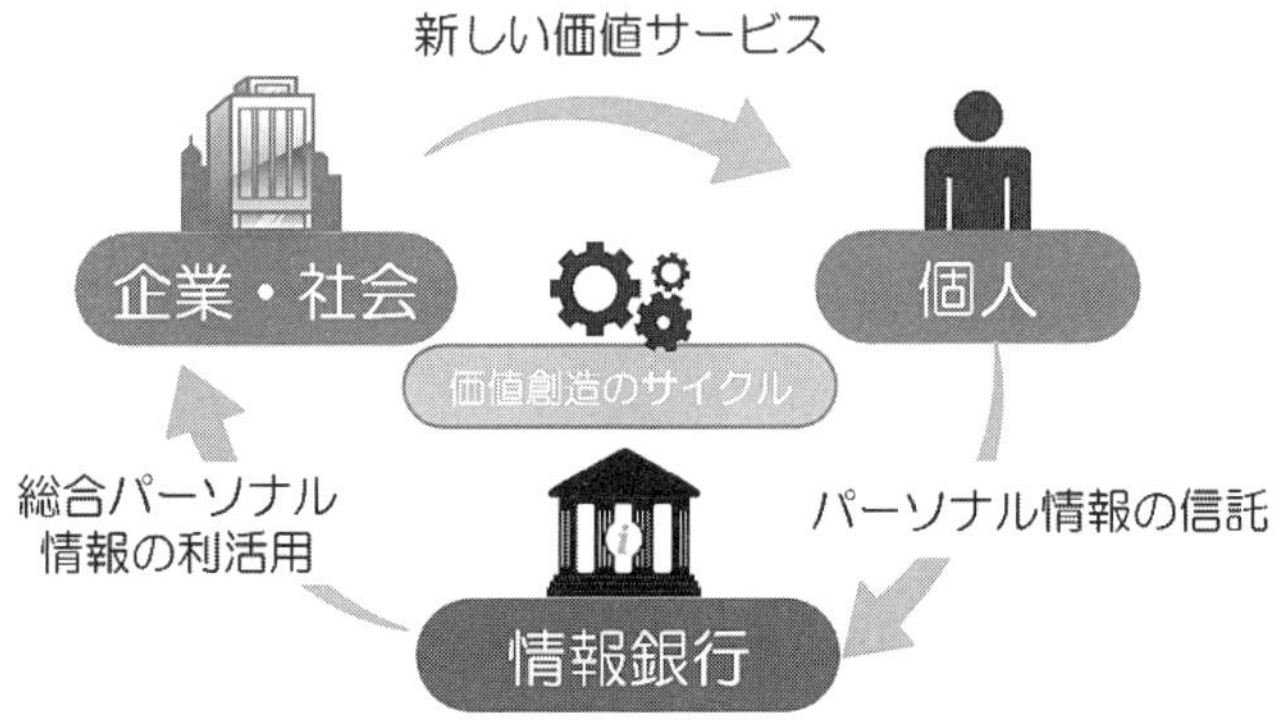

出所）「情報銀行コンソーシアムシンポジウム（2013 年 9 月 30 日）」東京大学空間情報科学研究センター柴崎亮介氏　資料

「情報銀行」は、その名の通り、個人の購買履歴、行動履歴、既往歴、エネルギー使用履歴、予定表など、極めてパーソナルな情報を、お金と同様に「資産」と位置付け、その利用・管理を「信託」する銀行である。

具体的な仕組みは次の通りである。まず、これまでさまざまな企業が収集・管理・利用していた消費者の断片的な情報を消費者本人と共有する。次に、情報の保管・管理・運用機関である「情報銀行」に個人口座を開設してもらい、本人のもとに集まったパーソナルデータを預けてもらう。口座内の情報については、本人によるコントロール権が担保される。このため、情報の種類ごとに、「企業Aには、○○という目的であれば、匿名化した上で提供してもよい」「企業Bには、○○という目的なら、匿名化せずに提供してもよい」など、利用目的や対象に応じて、提供範囲を設定できる。反対に「企業Cに、○○という目的で使用されるのは納得できない」と思えば、利用を許可しなければよい。

企業側からしてみると、消費者の同意が得られた、非常に網羅的かつ正確なデータにアクセスできるというメリットがある。消費者側はパーソナルデータをベースに個別にカスタマイズされたサービスの提供が受けられるほか、ポイントの付与が受けられる等の特典が想定されている（図表4-22）。

たとえば、病院が個人の既往歴や投薬履歴に加えて、飲食や運動、睡眠などの生活習慣の情報を得ることができれば、その人にパーソナライズされた、きめ細かな治療方針の策定や薬の処方が可能になるだろう。

「情報銀行コンソーシアム」の設立

「情報銀行」のコンセプトを具現化するための団体が、東京大学空間情報科学研究センターの柴崎亮介教授を代表とし、慶應義塾大学大学院メディアデザイン研究科の砂原秀樹教授が事務局長を務める「情報銀行コンソーシアム」である。

このコンソーシアムは、２０１３年11月に開催されたキックオフミーティングを皮切りに、

図表4-23　2014年11月に開催された「G空間EXPO」で展示されていた"パーソナル情報ATM"

出所）「G空間EXPO」情報銀行コンソーシアムテーマ展示において筆者撮影

2014年～2016年の3年で認証・暗号化・匿名化などのセキュリティやID管理技術等の技術課題の検討、制度面、運用体制、ルール面（監査・評価、定款・契約）、社会受容性等の社会・経営的課題の検討、実フィールドでの実証実験、国際連携、実社会への展開などを行う予定となっている。

キックオフから1年が経過した2014年11月には、東京お台場の日本科学技術未来館で開催された「G空間EXPO」で、テーマ展示として〝パーソナル情報ATM〟（図表4－23）を出展するなど、具体的な検討も少しずつ進んでいるようだ。

コンソーシアム設立時の計画では、実際に情報銀行を法人として立ち上げ、情報を信託する「預金者」と信託された情報を利用する企業との契約などを具体的に行うことまでが視野に入っている。

ただし、一方では、極めてパーソナルな情報を扱うだけに、産学だけでどこまで消費者の信頼を得られるかという面で疑問も残る。コンソーシアムの参加企業の顔触れが公開されていないため憶測の域を出ないが、実際の銀行など社会的な信用を得ている企業の参画、もしくは政府による何らかの支援がなければ、消費者に情報銀行のビジョンが受け入れられず、企画倒れになってしまう可能性もある。また、広く浸透させるためには、積極的な広報活動も必要不可欠であろう。

コラム

PDS、データブローカーの登場を1970年に予見していた星新一

「ショートショートの神様」と呼ばれた作家の星新一の作品の一つに、1970年に発表された『声の網』がある。今から40年以上前の作品ではあるが、驚くことにPDSやデータブローカーの登場をまるで予見していたかのような記述がある。

たとえば、「ノアの子孫たち」という章では、主人公の勤務先の名前が「ジュピター情報銀行」であることに始まり、この情報銀行が顧客に対し、「予防注射の有効期限がそろそろ

切れます。1週間以内に病院へお出かけ下さい」あるいは「明日はお子様の誕生日でございます」と通知する様子が描かれている。さらに、実際の銀行がガスや水道の払込みの代行をやってくれることになぞらえて、「新しくレジャー・クラブに入会する時、新しく新種の保険に加入しようという時、そんな場合に調査欄にいちいち同じような内容を記入しなければならない。そんなことの代行をやってくれるのだ」という記述もある。これは、PDSの一例として、パーソナル・ドットコムの項で説明した「フォームの自動入力」機能とコンセプトは同じである。

一方、ジュピター情報銀行に情報を預けている顧客について、「お願いだから、その人の性格を教えてもらいたいの」と支店長に依頼する上得意客に対して、コンピュータが分析した、おおよその性格を教えるという「秘密データによる性格分析」サービスも登場する。「個人の具体的な秘密ではなく、性格というパターン化した情報なのだ」と表現されており、まさに現在話題になっている「プロファイリング」そのものである。同時に、金銭を扱う銀行から、「当銀行のお客のうち、賭博好きの性格の者をマークしておきたいのです」という問い合わせを受ける様子も描かれている。これらは、ジュピター情報銀行が持つ、名簿屋／データブローカー的な側面といえるだろう。

『声の網』が発表された1970年当時を振り返ってみると、マイクロソフトの創業が1975年であるように、パソコンも存在せず、現在とは〝コンピュータ〟の姿も随分と違ったものであったはずだ。しかし、今日のデジタル社会における「パーソナルデータの管理」や「プロファイリング」といった問題を、40年以上も前に予見していた星新一の鋭い洞察力には脱帽するしかない。

インテンション・エコノミーが機能するケース、しないケース

ここで、改めて、アテンション・エコノミーとインテンション・エコノミーの違いをまとめておこう（図表4-24）。

アテンション・エコノミーでは、売り手となる企業が買い手となる消費者を探すのに対して、インテンション・エコノミーでは、買い手となる消費者が売り手となる企業を探すという正反対の関係になる。購入条件も、アテンション・エコノミーでは、売り手の条件に買い手が従うのに対して、インテンション・エコノミーでは、買い手の条件に売り手が従うことになる。

図表 4-24 アテンション・エコノミーとインテンション・エコノミーの違い

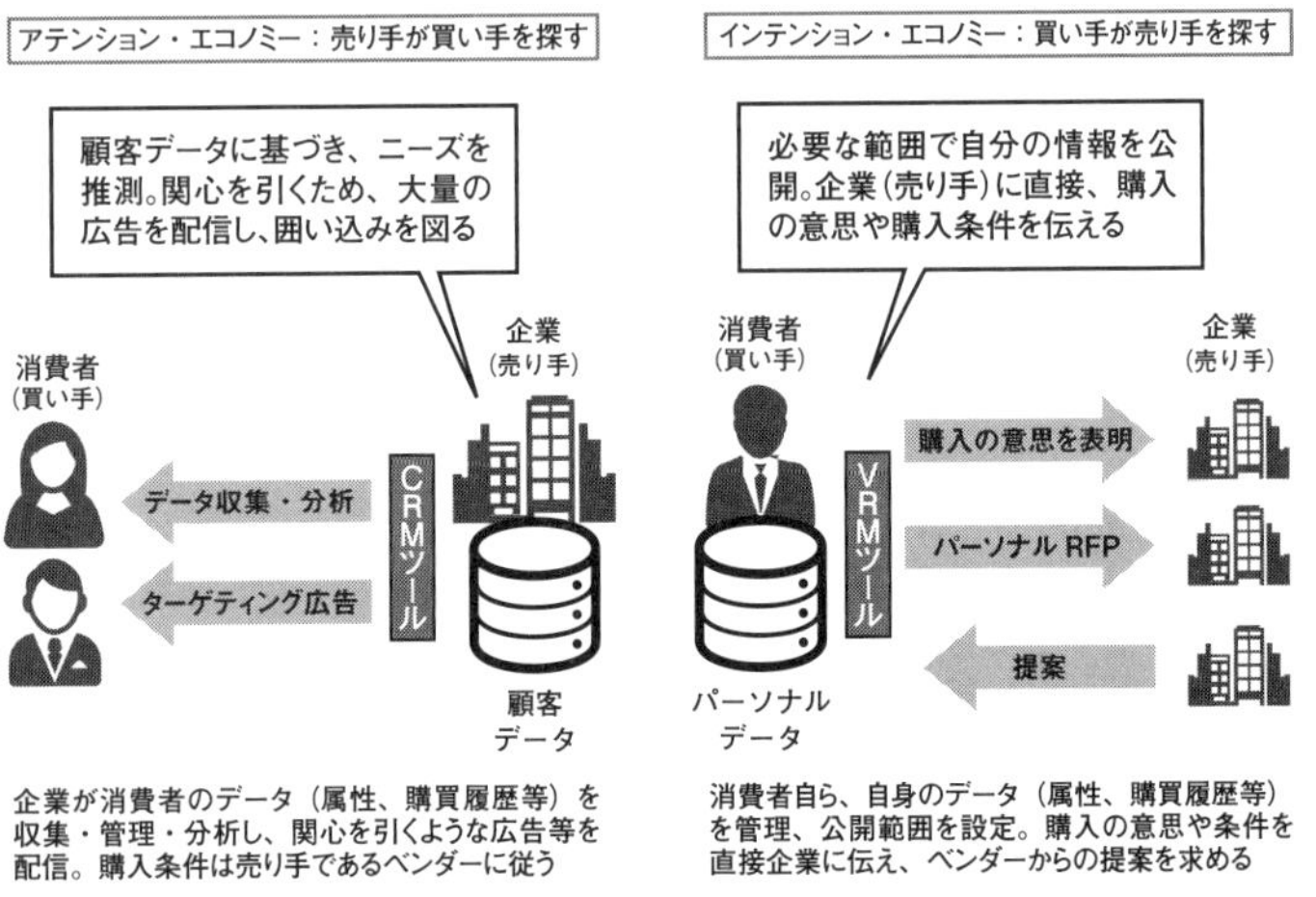

インテンション・エコノミーのコンセプトは非常に興味深いものであるが、すべての取引に当てはまるものではないことには注意が必要だ。たとえば、前述したアップルのｉＰｈｏｎｅのように、買い手が商品を買いたくても買えないほど、完全に売り手市場である場合だ。このように圧倒的に売り手のパワーが勝っているケースでは、従来通り、売り手の契約条件に従うしかない。インテンション・エコノミーが真価を発揮するのは、少なくとも売り手と買い手のパワーバランスが対等か、むしろ買い手のパワーが勝っているようなケースだろう。

インテンション・エコノミーを実装したサービス

では、具体的にどのようなケースでインテン

図表 4-25 オファーズ・バイ・ミーのオファー検索画面例

予算と検索対象を指定する

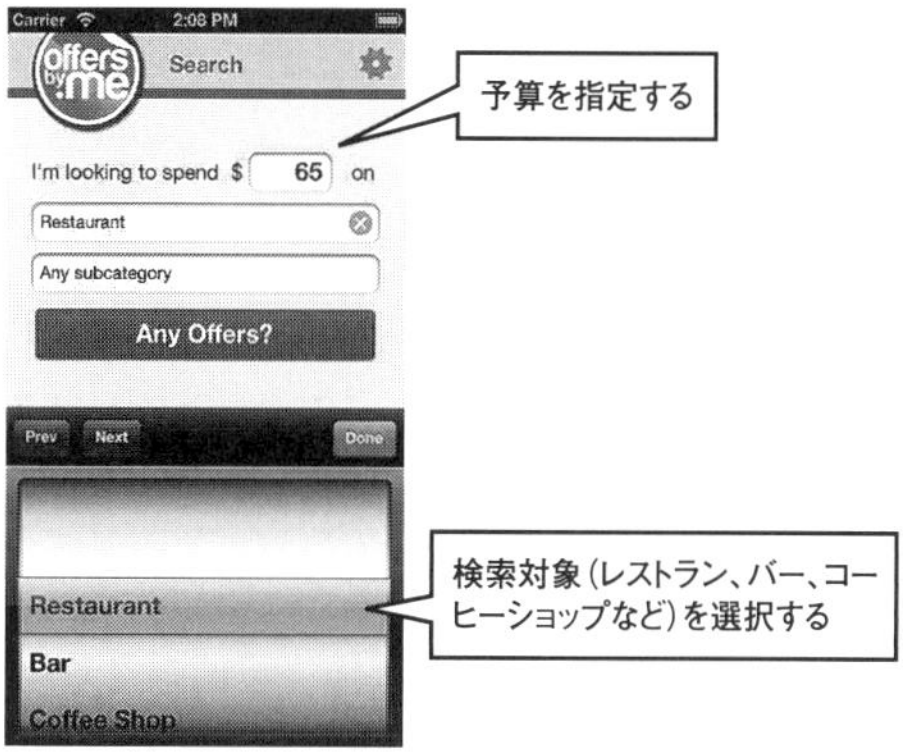

出所）https://itunes.apple.com/us/app/offersbyme/id555099887?mt=8&ign-mpt=uo%3D4 に筆者加筆

ション・エコノミーが機能するのだろうか。すでに海外では、インテンション・エコノミーのコンセプトを実装した画期的なサービスが登場している。ここでは、2つほど紹介しよう。

（1）オファーズ・バイ・ミー（OffersBy.me）

2012年11月に正式にサービスインとなった「オファーズ・バイ・ミー」は、レストランやショッピング、レジャーなどに使用可能な、割引等の特典を提供するサービスである。

このように説明すると、ごくありふれたサービスのように感じるかもしれないが、そうではない。オファーズ・バイ・ミーでは、グルメ情報サイトやクーポン共同購入サイトのように、あらかじめ利用条件や割引額が決まっているクーポンを自分で探すわけではない。では、どのようなものなのか。

図表 4-26　オファーズ・バイ・ミーのオファー検索結果例

指定した条件に合致したレストランのオファーが表示される

出所）https://itunes.apple.com/us/app/offersbyme/id555099887?mt=8&ign-mpt=uo%3D4

まず、ユーザーは欲しい商品やサービスなどの条件を指定する。たとえば、「65ドル以内のレストラン。ただし、ジャンルは問わない」といった条件である（図表4－25）。

すると、その条件に合致したオファーをオファーズ・バイ・ミーが探し出して、ユーザーに提示してくれるというものだ（図表4－26）。

実際の仕組みは、あらかじめユーザーが指定しそうな条件を想定し、オファーズ・バイ・ミーと提携するレストランやショップが条件に合わせたオファーの提示ルールを決めておく。たとえば、「予算5000円以内」という条件の場合に、「オファーを出す／出さない」をまず決めておき、オファーを出す場合は、「食事金額の10％オフ、ただし土日は除く」というような内容と条件を設定する。

オファーズ・バイ・ミーが優れている点は、

ユーザーが自分で条件を指定できるため、個別に店のサイトやグルメ情報サイトを検索する必要がないことだ。また、ユーザーが希望価格を設定するため、オファーはあくまでも客と店が納得した上での、一定の枠内での取引となることである。このため、クーポンのばら撒き・安売りによって、店側のブランド価値を損ねることもない。

また、店側が盲目的にクーポンをばら撒くわけではなく、ユーザーが自分の購入意思を広く配信するため、店側が客層を選べる点もポイントだ。会員登録時にある程度の属性を入力してもらうようになっているため、客層に合わないと判断した場合は、オファーを出さなければよい。結果的に、消費者であるユーザー側もお店側もＷｉｎ‐Ｗｉｎの関係を構築できる。

ビジネス的にはどれだけ多くのパートナー企業（レストランやショップなど）を集められるかという点がポイントとなる。しかし、オファーズ・バイ・ミーの設立者は既存のクーポン共同サイトを徹底的に研究した上で、満を持してサービスを開始しただけに、パートナー企業の取り分などの面もよく考慮されており、成功する可能性は十分だ。

(2) ウボキア (Ubokia)

通常のオンライン・マーケットプレースでは、売り手が売りたい商品の詳細と価格等を投稿し、その中から買い手が欲しい商品を探し出し、取引を行う。これに対し、ウボキアでは買い手が欲しいものと取引条件、希望金額等を投稿し、希望する商品を持っている売り手が手を上

図表 4-27 買い手中心のオンライン・マーケットプレース「ウボキア」

買い手が欲しいものと取引条件、希望金額等を投稿し、
希望する商品を持っている売り手が手を上げるのを待つ

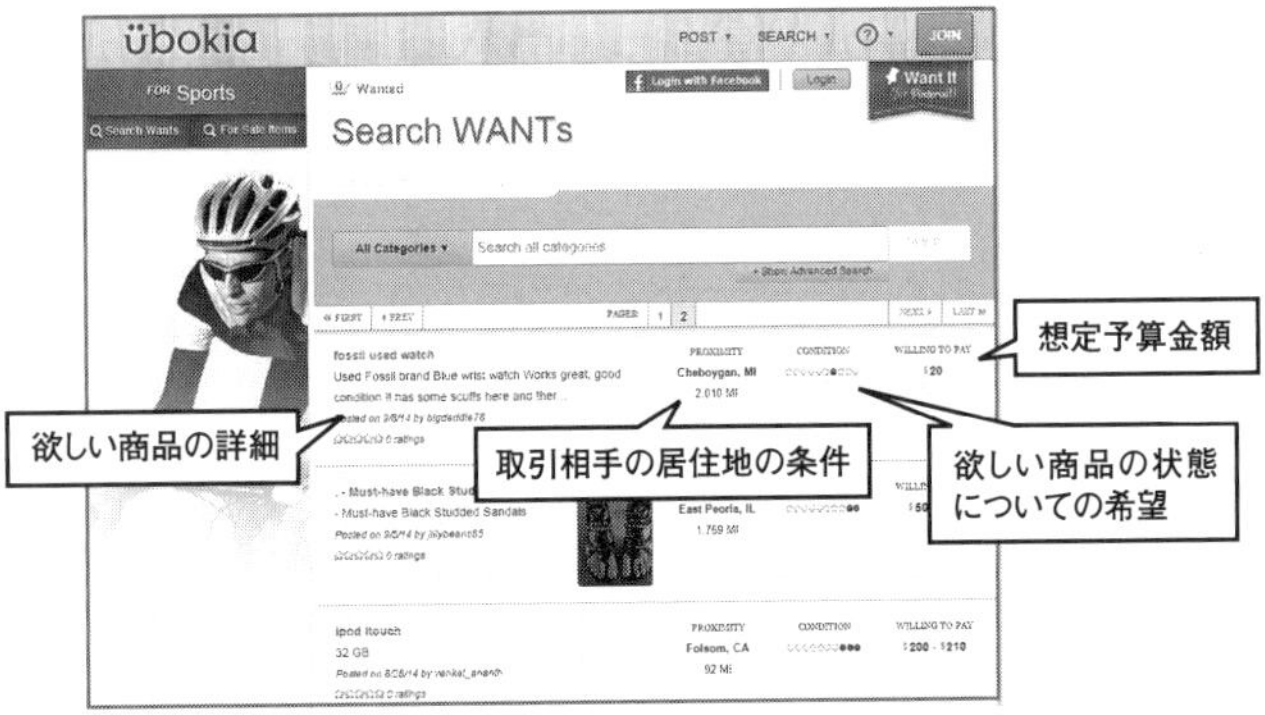

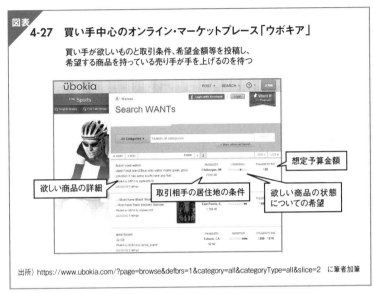

出所）https://www.ubokia.com/?page=browse&defbrs=1&category=all&categoryType=all&slice=2 に筆者加筆

げる。いわば、VRMのコンセプトを忠実に実装した「買い手中心のオンライン・マーケットプレース」だ。（図表4-27）。

通常のマーケットプレースと異なり、ウボキアにおける買い手は、膨大な商品の中から自分の欲しい商品を検索する手間が省ける。

ウボキアのサービスは一見するとリバースオークション（逆オークション）に近い印象を受ける。しかし、リバースオークションでは「商品の買い手が、売り手に価格入札を行わせて、最も安い価格を入札した者から購入する」というように価格面に重点が置かれており、ウボキアとはやや異なる。ウボキアでは価格だけでなく、「取引相手は自分が住むサンフランシスコから50マイル以内に住む人」といったように居住地などの条件も指定できる。ただし、目指している方向性はリバースオークションと

同じといってよいだろう。

ウボキアの最大の特徴は、自分が欲しい商品の内容を詳しく指定できる点である。たとえば、「うまく言葉では説明できないが、欲しいものがある」といった場合には、提携している画像共有サービスの「ピンタレスト（Pinterest）」の中から画像を指定し、取引条件を決め、マーケットプレースに「欲しいもの」として投稿できる。あとは、その画像に合致した商品のオファーを待つだけでよい。名前のわからない商品の検索に時間を費やす必要がなくなるという優れたメリットがある。

本章のまとめ

◆自分の知らないところで、パーソナルデータが収集され、知らない間に売買が繰り返される現状から脱するためには、誰が自分のパーソナルデータを保有しているのかを可視化し、その使用方法を自分でコントロールできることが必要である。

◆アマゾンで表示されるおすすめ商品やフェイスブックで表示されるターゲティング広告の内容を自分でコントロールできるようになるなど、ネット企業も消費者によるパーソナルデータのコントロールを許可するようになりつつある。

◆データブローカーも、収集しているパーソナルデータとその収集元を可視化し、誤りがあれば、消費者が自分で訂正できるウェブサイトを開設するなど、「透明性」と「説明責任」を果たすと同時に、消費者によるパーソナルデータのコントロールを可能にする取り組みを開始している。

◆パーソナルデータに関する主導権を消費者に取り戻し、消費者と企業との新たな関係構築を目指す取り組みとして「プロジェクトVRM」がある。

◆VRMは、買い手中心の世界観である「インテンション・エコノミー」を実現するためのプロジェクトであり、売り手中心の世界観である「アテンション・エコノミー」を実現するCRMと対をなす。

◆すでに海外では、VRMツールである「パーソナルデータストア」の商用サービスが提供されているほか、インテンション・エコノミーのコンセプトを体現したサービスも生まれている。

第5章

集めたデータを消費者サービスに変える

情報を取り戻すには政府の介入が不可欠

ここまで説明してきたように、消費者のパーソナルデータを基にして表示される広告内容を消費者自身で変更できるようにしたり、パーソナルデータを自分自身で管理できるようにして、その提供先をコントロール可能にしようとする取り組みが始まっている。消費者にとって望ましい方向性は、パーソナルデータに関するコントロール権を消費者自身が握ることである。

つまり、これまでは企業によるパーソナルデータの収集が進むあまり、その精度は別にしても、企業側が消費者よりも多くの情報を保持するという「情報の非対称性」が発生していた。こうした状態を是正し、企業と消費者間のパワーバランスを適正なものとするためには、政府が適切に介入し、リードしていくことも必要である。

欧米では数年前から、英国と米国を中心に、政府主導で消費者の権限を強化しようという〝消費者エンパワーメント政策〟が推進されている。

英国政府が推進するマイデータプロジェクト

英国の行政機関の一つで、国際競争力強化を担う「ビジネスイノベーション・職業技能省（The Department for Business, Innovation and Skills：以下、ＢＩＳ）」は２０１１年４月13日、「よりよい選択、よりよい取引――消費者が成長の原動力となる（Better Choices：Better Deals――Consumers Powering Growth）」と題したレポートを内閣府と共同で公表した。これは、英国の成長戦略の一つである「消費者強化戦略（Consumer Empowerment Strategy）」を説明したものであり、消費者の権限を拡大し、商品やサービスの購入時に消費者がよりよい選択・よりよい取引を行えるようにすることを提言している。消費者が企業に自ら働き掛け、よりよい商品やサービスを求めるようになれば、それが企業にイノベーションや競争を促し、長期的には自国の経済成長につながるという考え方である。

「よりよい選択、よりよい取引」では、「情報の力」「群衆の力」「弱者に対する一層のサポート」「企業と政府の新たな役割」という４つの政策を提言している。とりわけ注目を集めることとなったのが、一番目の「情報の力」である。

「情報の力」では、企業が保持しているパーソナルデータに消費者がアクセスできるようにし、さらに電子的にダウンロードできるようにするという「**マイデータ（midata）**」プログラムの推進を大々的に打ち出した。マイデータは、「企業が消費者に関する情報を握り、コントロールしてきた世界から、消費者が自分自身、あるいは企業との相互利益のために情報を利用できる世界への転換」を意味する。これは、従来の企業と消費者の関係に抜本的な見直しを迫るものであり、企業に大きなインパクトを与える。

マイデータが提唱された背景には、企業が消費者の行動履歴を収集し、ＣＲＭシステムなどによってきっちりと管理を行うようになった結果、消費者以上に企業が消費者に関する情報を把握しているという「情報の非対称性」に対する懸念がある。英国政府は、この情報の非対称性により、消費者が不利益を被る可能性を危惧したのである。

たとえば、携帯電話の利用履歴を考えてみると、通信会社は消費者の月々の通話時間やデータ通信量の詳細な履歴データを保持している。このデータを通信会社が悪意を持って利用すれば、消費者に対して一見すると得に思える料金プランを説得力ある形で提案できるだろう。実は落とし穴があったとしても、それに気づく消費者はほとんどいないはずだ。

マイデータは、英国政府が熱心に推進している「オープンデータ」[1]政策の次のステップとして位置付けられている。つまり、これまでは「オープンデータ」といえば、「透明性の向上」という目的のもと、政府や自治体など公共団体が保持しているデータを指すことがほとんどであった。しかし、英国政府は次のステージとして、企業が保有するパーソナルデータに「透明性の向上」を求めたのである。

マイデータのビジョン

「マイデータ」が目指しているのは、従来、企業が保持してきた、スーパーやオンラインショップでの購買履歴、電力や携帯電話の利用履歴等のパーソナルデータに消費者が安全な方法でアクセスし、コントロールできるようにすることである。

たとえば、携帯電話の利用履歴が電子データとしてダウンロードできれば、過去の通話時間やデータ通信量から、自分の利用傾向を分析し、最適な料金プランの検討に役立てることができる。料金プランの検討は、必ずしも自分で行う必要はない。ダウンロードした電子ファイルを信頼できる第三者（コンサルタント等）に転送し、自分の使い方に合った最適なプランを検討してもらえばよい。つまり、企業から自分の手元に購買履歴や利用履歴等のパーソナルデータを取り戻し、取り戻したデータへのアクセス権限は消費者自身が決められるようになるとい

(1) コンピュータが読み取り可能なデータ形式、かつ二次利用できるルールで公開されたデータのこと。現状では、行政機関が保有する地理空間情報、防災・減災情報、統計情報などの公共データを指すことが多い。

図表 5-1 TACTの概要

Transparency（透明性）	Access（アクセス）	Control（コントロール）	Transfer（譲渡）
プロバイダは、顧客のどのようなデータを保持しているのかについてオープンかつ透明である	プロバイダは、個々の顧客がプロバイダが保持しているデータに安全かつ個人的にアクセスできるようにしなければならない	プロバイダは、消費者自身でデータの修正・更新・設定の変更・選好・許可などをできるようにしなければならない	データは再利用できるよう個人に返還される。データは分析可能で消費者は行動を起こすことができる

うことだ。

英国の消費者はこれまでも「データ保護法」によって、自己データへのアクセス権、つまり企業が保有するパーソナルデータの写しの提供を受ける権利が法的に認められてきた。しかし、写しの提供を受けるためには、企業に対し書面で請求を行わなければならず、手数料も必要となるなど、手間がかかっていた。しかも、請求を受けた企業は、最長で40日以内に応じればよいことになっているため、リアルタイムにデータにアクセスできるわけではない。まして電子ファイルとしてデータをダウンロードできるわけでもない。

近年は、クレジットカードや携帯電話のように、利用明細や通話明細をウェブで確認できるサービスが一般的になってきたものの、画面上で確認できるだけというものがほとんどである。稀にダウンロードできるようになっていても、PDF形式のため、CSV[2]あるいはエクセルファイルのように、PCに読み込んで二次利用できる形式では提供されていない。

英国政府はこのようなマイデータのビジョン実現に向けて、TACT（Transparency, Access, Control, Transfer）という4つのステージ（図表5-1）を定義している。

また、マイデータのビジョンに則り、マイデータ・プログラムにおけるデータは次の9つの原則に従うことを宣言している。

1　消費者に開放されるデータは、オープンで標準的なフォーマット、かつ再利用できるようコンピュータが読み取り可能な形式で消費者に提供される。

2　消費者は自分自身のデータに安全にアクセスしたり、検索したり、保存したりできる。

3　消費者は自分自身のデータを自由に分析したり、手を加えたり、他のデータと組み合わせたり、シェアしたりできる。

4　異なる業界間であっても、できるだけ用語やフォーマットの標準化を図り、データの共有を追求していく。

（2）値をカンマ「,」で区切って書いたテキストファイル。多くの表計算ソフトでCSVファイルを取り込む機能がサポートされているため、アプリケーション間のデータのやり取りに使われることが多い。

5　要望が寄せられたら、できるだけ早くデータを提供する。

6　特定の意思決定プロセスに役立つ、実用的な情報やデータの提供にフォーカスする。

7　企業はデータの保存や再利用を妨げるような制限を課してはならない。

8　企業はデータ漏えいが起こらないよう適切な対策を行い、個人はデータ共有と活用にはチャンスとリスクの双方があることを理解し、自分の思うようにコントロールする権利を行使できる。

9　企業は消費者に対して、データの収集方法とデータの意味するところをわかりやすく説明し、問題が発生した際の相談先も明記しなくてはならない。

なかでも重要なのが、異なる業界であってもデータ形式をできるだけ標準化し、共有を図ろうとしている点だ。これは、通信会社、エネルギー会社、銀行、クレジットカード会社などに、通信履歴や利用履歴、取引履歴のデータがバラバラに存在する現状から脱却し、個人がデータの「ハブ」となる新たな消費者中心のデータ資産の形成を目指すものである（図表5−2）。消費者のもとにデータが集まれば、これまでは「食費」「光熱費」「通信費」のようにカテゴリごとに管理していた家計簿を、「休日」「仕事」など目的別に作成することも容易にできるようになる。

こうしたマイデータのビジョンを達成するためには、民間企業の協力が不可欠である。開始時

図表5-2 英国政府が推進する「マイデータ（midata）」におけるパーソナルデータの流れ

マイデータでは、企業によってパーソナルデータがバラバラに管理されるのではなく、消費者自身がハブとなって、自ら管理を行う

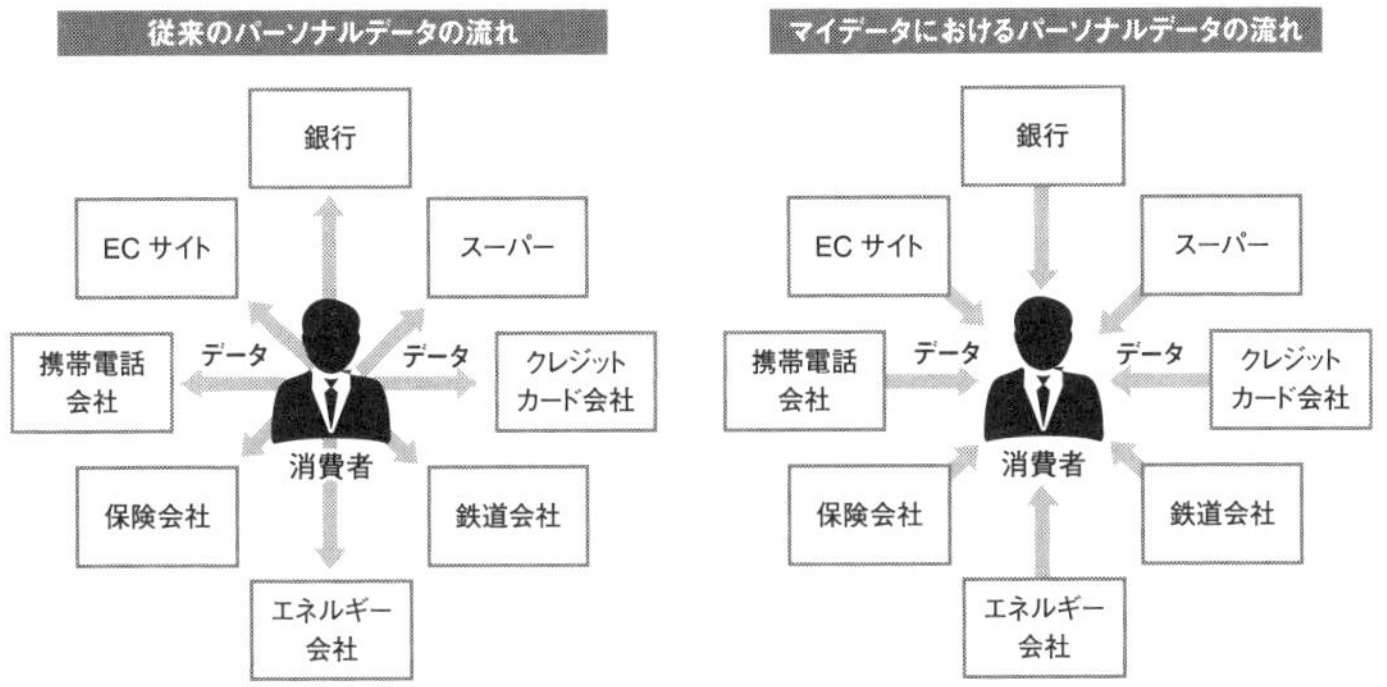

出所）筆者作成

点では、26の企業・団体がマイデータのビジョンに賛同し、協力することをコミットした（以下、一部抜粋）。

- **ブリティッシュガス（エネルギー）**
- **EDFエナジー（エネルギー）**
- **ロイズ・バンキング・グループ（銀行・保険グループ）**
- **グーグル（検索サービス）**
- **マスターカード（クレジットカード）**
- **ロイヤルバンク・オブ・スコットランド（銀行）**
- **VISAカード（クレジットカード）**
- **スリー（通信キャリア）**
- **コンシューマ・フォーカス（消費者団体）**
- **シチズン・アドバイス（消費者団体）**

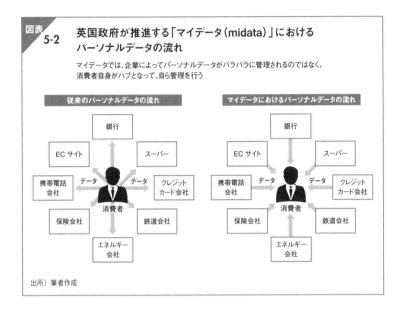

民間企業のメリット

民間企業にとって、マイデータ・プログラムへの参加はあくまで任意である。しかし、これまで企業が一方的に保持していたデータを再利用できる形式で消費者の手に返還することで、消費者との信頼関係の改善が見込める。英国政府は企業に対し、マイデータ・プログラムへの参加によって、次のようなメリットが期待できると説明している。

（1）**透明性の向上**：企業が保持しているデータを消費者に返還することによって、「誠実でオープンな企業」であるという評判が高まる。逆に、参加しない企業は「何か悪さをしているのではないか」と痛くもない腹を探られることになりかねない。

（2）**データ品質の向上**：企業が保持しているデータに消費者がアクセスすることを許可し、間違っている情報を修正してもらうことによって、データ品質が向上する。企業が自分でデータのメンテナンスを行う場合に比べて、低コストで済む。

（3）**イノベーション**：消費者が自身のデータを保持すると、今度はそれを信頼できる第三者（企業）に限り共有することも可能になる。パーソナルデータへのアクセスを許可された企業は、従来では得られなかった正確なデータを活用した新サービス提供の可能性が高まる。

政府は当初、エネルギー、[3]銀行、クレジットカード、携帯電話サービスの4つの産業セクターをマイデータ・プログラムの重点分野に定めた。理由は長期に渡り契約(利用)すること、頻繁に取引を行うこと、料金体系が複雑で競合との比較が難しいため、マイデータのコンセプトに合うと考えたためだ。

マイデータ・イノベーションラボの設立

マイデータの取り組みをさらに加速させるため、2013年7月4日には「マイデータ・イノベーションラボ」が設立された。このラボは、「実際の消費者のデータを使って、マイデータの有効性を検証する時期に差し掛かった」として、マイデータ・プログラムを通じて消費者に返還されたパーソナルデータを活用して、政府や民間企業、消費者団体などが協力して、消費者中心のアプリケーションやサービスを開発しようというものだ。

(3) 英国のエネルギー業界は、ほぼ地域独占となっている日本の電力・ガス会社と異なり、競争原理が働いている。

ラボの立ち上げに際しては、実データが必要となるため、パーソナルデータを寄付してくれる消費者ボランティア1000人を募った。提供を依頼したのは次のようなデータである。

（1）**個人に関するデータ**：生年月日や子供の有無、パスポート情報や運転免許証情報、自家用車の車種や居住している住宅の形態（持家か借家か）など。

（2）**取引データ**：銀行やクレジットカード会社、エネルギー会社、通信会社など、口座を開設、もしくは契約している企業との取引履歴（請求書情報）。

（3）**個人の考え方や意向に関するデータ**：旅行や自動車購入の予定の有無等。

2013年7月〜10月までの約4カ月の実験期間中、消費者ボランティアは先のデータをラボに提供した。銀行やクレジットカードの取引履歴などセンシティブな情報を含むため、データはラボの設立パートナー（図表5-3）にもなっている3社（Mydex, Paoga, Allfiled）が運営するPDS（パーソナルデータストア）で厳重に管理された。

ベライゾンやテレフォニカ（いずれも通信会社）、BBC（英国放送協会）、Nパワー（ガス／電力会社）等の他の設立パートナー企業は、消費者のデータに自由にアクセスできる代わりに、消費者が納得するような革新的なアプリケーションの開発を求められた。この活動を通じて開発されたアプリケーション（プロトタイプ）には次のようなものがある。

図表 5-3 マイデータイノベーションラボの設立パートナー

出所）http://www.midatalab.org.uk/founding-partners/

(1) マイ・ファイナンス

銀行の当座預金のデータ、クレジットカードの取引履歴、収入と支出データを入力すると、ローンなど個人の借入金が返済不可能とならないように毎月の支出金額や返済計画作成のアドバイスを行ってくれるアプリケーション。コンピュータ版のフィナンシャルアドバイザーのようなイメージである。消費者に役立つだけでなく、銀行やクレジットカード会社などにとっては貸倒れリスクの軽減に役立つと考えられる。

(2) マイ・エナジー

英国では低所得者等の社会的弱者は、政府から電気やガスなどのエネルギー使用料金の補助を受けられるようになっている。しかし、補助を受ける権利があるにもかかわらず、それに気づかず、冬の寒さに耐えきれず亡くなってしまう人もいる。

このアプリでは、家族構成や環境、収入と年金、住宅のタイプ・構造などのデータを入力すると、補助を受けられる最適なエネルギーをアドバイスしてくれる。

(3) マイ・ムーブ

引っ越した際に、新住所の連絡が必要な相手（電力会社、通信会社、銀行、クレジットカード会社など）に自動で通知してくれるアプリケーション。

(4) マイ・ヘルス

かかりつけ医師や医療施設とネットワークで接続し、長期に渡り、チャットやメールなどで健康に関するアドバイスを受けられるサービス。治療履歴や投薬履歴、体重や睡眠、運動などのさまざまなデータを提供することにより、ライフスタイルの変化も踏まえた総合的なアドバイスが受けられる。

(5) マイ・リラティブ・カーム

銀行の取引履歴や住宅内のスマートメーターのデータから、「不自然な金銭の出し入れがないか、室内が安全な温度に保たれているか」等を離れた家族や自治体の介護担当者が確認できるようにする、高齢者宅向けの見守りアプリケーション。

ＢＩＳは、マイデータ・イノベーションラボの活動を通じ、来るべき「パーソナルデータ・エコシステム」において、消費者の保護と権限強化を両立可能な、世界でもベストの方策を生み出せるようになったと述べている。そして、活動を開始した7月４日を「英国消費者独立記念日」と命名している。

エネルギー会社が先行、大手銀行が追従

前述した通り、２０１１年11月の開始以来、マイデータ・プログラムへの民間企業の参加は任意とされてきた。しかし、ＢＩＳは、企業に消費者へのデータ返還を促すには法的な強制力も必要と考え、２０１３年に「企業・規制改革法（Enterprise and Regulatory Reform Act）」を制定し、必要に応じて、個人情報保護制度の監督機関である「情報コミッショナー」が顧客データの開放を企業に要求できるようにした。対象となったのは前述した４つの産業セクター（エネルギー、銀行、クレジットカード、携帯電話サービス）である。

このような取り組みの結果が、どこまで企業に浸透しているのかが気になるところである。

２０１４年７月にＢＩＳが公開したマイデータ・プログラムの進捗報告によると、エネルギー業界が最も進んでおり、英国の大手エネルギー会社６社はすでにマイデータに対応したデータのダウンロードサービスを提供していることが明らかになった。

エネルギー業界に比べ、金融業界の動きは鈍かったものの、２０１４年６月にはバークレイズ、ＨＳＢＣ、ロイズ、ネーションワイド、ＲＢＳ（ロイヤルバンク・オブ・スコットランド）、サンタンデールの大手銀行６行がマイデータへの賛同を発表した。これにより、２０１４年末までに消費者は自分の銀行口座のデータを電子ファイルとしてダウンロードできるようになる。口座情報は非常にセンシティブな情報であるため、容易に個人を特定できる情報は削除される。しかし、利用した店の名前（たとえば、テスコ、セインズベリー〈いずれもスーパーマーケット〉など）と利用金額は含まれる。これは、消費者自身が自分の支出を確認し、見直しに役立ててもらおうという政府の意向を反映したものだ。また、消費者がベストな取引を行えるよう、銀行間の比較を可能にするツールも第三者から提供される予定となっている。

クレジットカード業界や通信業界は、ＰＤＦによる取引履歴や請求書のダウンロードサービスは実施しているものの、コンピュータが読み取り可能な形式でのファイルのダウンロードサービスは提供していない。今後の進展が期待される分野となっている。(4)

ＢＩＳは進捗が思わしくなければ、前述した「企業・規制改革法」を執行することで、現在任意となっているマイデータ・プログラムへの参加を企業に義務付ける腹づもりであった。しかし、一定の進捗が見られたため、「今のタイミングで法を執行する必要はない」という見解を示している。同省は今後も適宜、進捗確認を行い、マイデータ・プログラムを確実に浸透させる姿勢を見せている。

このような消費者エンパワーメント政策を熱心に推進しているのは、英国政府だけではない。次に紹介する米国の「スマート・ディスクロージャ」は「米国版マイデータ」と呼べるものである。

米国連邦政府が推進する「スマート・ディスクロージャ」

米国連邦政府が推進する「スマート・ディスクロージャ」とは、政府機関や企業が保有するデータをコンピュータが読み取り可能な電子形式でユーザーに提供しようとする一連の取り組みであり、目的は主に2つある。一つは、電気やガスなどの使用量や自身の金融資産データなどを消費者が電子的にダウンロードできるようにし、加工しやすくすること。もう一つは、こ

(4) いずれも2014年7月現在の状況。

うしたデータを基にして、消費者がサービスや商品を選択する際の意思決定に役立つ新しいインターネットサービスの開発を企業に促すことだ。

スマート・ディスクロージャは、医療、教育、エネルギー、金融など、米国連邦政府の複数の省庁で開始されており、消費者のよりよい意思決定をサポートする仕組みとして期待されている。たとえば、エネルギーの場合、消費者は電力の使用履歴データを電力会社のホームページからダウンロードする。そのデータを自分が信頼している企業に提供すると、電気代の節約につながる使用方法や料金プランのアドバイスが受けられるというものだ。

日本でも、自分の年齢や車名、車の使用目的、年間の走行距離などの個人情報に加えて、必要とする補償内容（車両保険など）を入力すると、自動車保険会社各社から見積りが届く「自動車保険の一括見積りサービス」が存在するが、考え方としてはこれに近い。このコンセプトをエネルギーや教育などさまざまな分野へ拡大し、さらに手入力でなく、電子データの受け渡しにより、コンピュータ・プログラムがそのままデータを読み込み、分析できるよう「スマートに」実現しようとする取り組みが「スマート・ディスクロージャ」である。

また、政府・自治体が保有するデータをコンピュータが読み取り可能な形式で公開しようとする「オープンデータ」をオープンガバメントのファーストステップとすれば、民間企業が保有するデータも含めて、同様の形式で公開を促す「スマート・ディスクロージャ」がセカンドステップということになる。

米国政府はスマート・ディスクロージャにより、国民が大学や保険、エネルギープラン、金融商品など、日々の生活のあらゆるシーンで適切な選択ができるようになれば、それが国家としての競争力の向上につながると目論んでいる。目指す方向性は、前述した英国政府のマイデータとほぼ同じであることがわかるだろう。

「スマート・ディスクロージャ」実現に向けた連邦政府の取り組み

スマート・ディスクロージャ実現に向けたタスクフォースが国家科学技術委員会の下に結成されたのは、2011年7月である（2012年11月に終了）。2011年9月には、「オープンガバメント・ナショナル・アクションプラン」の中で、スマート・ディスクロージャを連邦政府として推進していくことを宣言した。オバマ大統領は、ニューヨーク市で行われたオープンガバメント・パートナーシップの記念式典で次のようなスピーチを残している。

「われわれは〝スマート・ディスクロージャ〟と呼ぶ新しいツールを開発した。われわれが公開していくデータは、国民の医療サービスの選択を手助けし、ベンチャー企業のイノベーションの芽を育み、科学者の新しいブレークスルーの実現を後押しするだろう。われわれはこれまでも政府データの公開を大いに推進し、国民の政治参加の新たな道を切り開いてきた。今後も、健康に関するデータや食の安全性に関するデータ、環境に関するデータなど、さらに多くのデータを有用な形式で公開していく。なぜなら、情報は力だからだ。データ公開は国民の意思決定を手助けし、起業家はデータを新しい商品へと変え、新しい雇用を創出するだろう」

2013年3月には、ホワイトハウスが「政府の情報については、『オープン』と『マシンリーダブル（機械可読性）』を新しいデフォルトとする」とする行政令を発表し、大きな話題を呼んだ。

オバマ政権は、スマート・ディスクロージャを推進・補完する政策も打ち出している。その一つが、各省庁が保有する価値あるデータセットを公開するように促す「オープンデータ・アジェンダ」である。また、個人が自分自身のデータに安全にアクセスできる環境を整備しようとする「ブルーボタン」「グリーンボタン」「マイデータ」の各イニシアティブもその一つである（詳細は後述）。

「スマート・ディスクロージャ」がターゲットとする4つのデータカテゴリ

スマート・ディスクロージャが対象とするデータは、その保有者と対象（何に関するデータか）によって、大きく4つに分類できる。まず、データの保有者は各省庁などの「公的機関」

図表 5-4　スマートディスクロージャが対象とするデータ

	製品 / サービス	個人
公的機関	②公的機関が保有する製品やサービスに関するデータ ・製品のリコールデータ、病院や医者の質に関するデータ、航空機の定時運行実績データ等	①公的機関が保有する個人に関するデータ ・退役軍人の健康管理データや学生に対する政府奨学金データ等
民間企業	③民間企業が保有する製品やサービスに関するデータ ・自社の製品やサービスに関する仕様情報、価格情報等	④民間企業が保有する個人に関するデータ ・電力 / ガスの使用履歴、医療データ（治療 / 投薬履歴など）

出所）Executive Office of the President National Science and Technology Council『Smart Disclosure and Consumer Decision Making : Report of the Task Force On Smart Disclosure』に筆者加筆

とそれ以外の「民間企業」の２つに、対象は価格や品質データなどの「製品やサービス」と各種サービスの使用履歴データなどの「個人」の２つである（図表５－４）。

①公的機関が保有する個人に関するデータ

退役軍人の健康管理データや学生に対する政府奨学金データなどが該当する。米国では、「１９７４年プライバシー法（Privacy Act of 1974）」によって、政府機関が収集・保有している自分自身のデータにアクセスしたり、間違いがあれば修正したりする権利が認められている。スマート・ディスクロージャでは、この法律に従い、適切に認証された個人が人手を介さずに安全にパーソナルデータにアクセスできる仕組みが提供される。一方、政府機関からしてみれば、こうした仕組みが整備されることにより、プライバシー法に基づく情報開示請求に対する対処コストが軽減されるというメリットがある。

②公的機関が保有する製品やサービスに関するデータ

このカテゴリには、製品のリコールデータ、病院や医者の質に関するデータ、ブロードバンドサービスのカバーエリアのデータ、航空機の定時運行実績データ、電化製品のエネルギー効率に関するデータ、大学の進学実績などの多種多様なデータが該当する。

連邦政府は従来からこのようなデータの収集を長年に渡って行ってきた。スマート・ディスクロージャは、蓄積したデータをコンピュータが読み取り可能なファイル形式で公開することにより、国民が自由に活用できるようにするものである。

③民間企業が保有する製品やサービスに関するデータ

民間企業が販売している自社の製品やサービスに関する仕様情報や価格情報が該当する。企業がこうした情報をコンピュータが読み取り可能な標準的なフォーマットで公開するようになれば、価格比較サイトなどが容易にデータを取り込める。このため、国民の賢い商品選択に寄与すると考えられる。政府の役割は、スマート・ディスクロージャに関する民間企業の取り組みを後押しすることと、普及させるためにデータ形式の標準化を行うことである。

④民間企業が保有する個人に関するデータ

エネルギーの使用履歴や教育（成績）データ、医療データ（治療履歴、投薬履歴）など、民間の企業や団体が保持している個人に関するデータが該当する。個人がこうしたデータを活用できるようになれば、信頼できる第三者に提供することで、個々のエネルギー使用状況に基づいた個別アドバイスを受けることができる。オバマ政権は政策の浸透を図るため、法律の制定も視野に入れている。

なかでも、パーソナルデータの観点で重要になるのが、①と④の公的機関、あるいは民間企業が保有する個人に関するデータである。近年、米国連邦政府はヘルスケア、エネルギー、教育分野を中心として、コンピュータが読み取り可能な標準的な形式で、消費者が自分自身のデータにアクセスできるようにしている。それが次に説明する「ブルーボタン」「グリーンボタン」「マイデータ」の各イニシアティブである。

図表5-5 高齢者向けの公的医療保険制度「Medicare」のWebサイト内に設置されているブルーボタン

出所）https://mymedicare.gov/

ブルーボタン・イニシアティブ

ブルーボタン・イニシアティブは患者が自分の医療情報をウェブサイトからワンクリックで簡単にダウンロードできるようにし、信頼している医療機関や介護士と共有できるようにする取り組みである。2010年8月にオバマ大統領が創設を宣言し、高齢者保険(5)を担当する社会保険庁がまず退役軍人省と保険福祉省を対象にサービスを開始した。

具体的には、退役軍人省が退役軍人向けのサイト「My HealtheVet」、保健福祉省が高齢者保険受給者向けのサイト「Mymedicare.gov」を開設し、ブルーボタン（図表5-5）のアプリケーション経由で、自分の医療情報をテキスト

図表 5-6 ブルーボタンのアカウント作成画面（Mymedicare.govの場合）

健康保険請求番号、姓、生年月日、性別、郵便番号などを入力し、アカウントを作成する

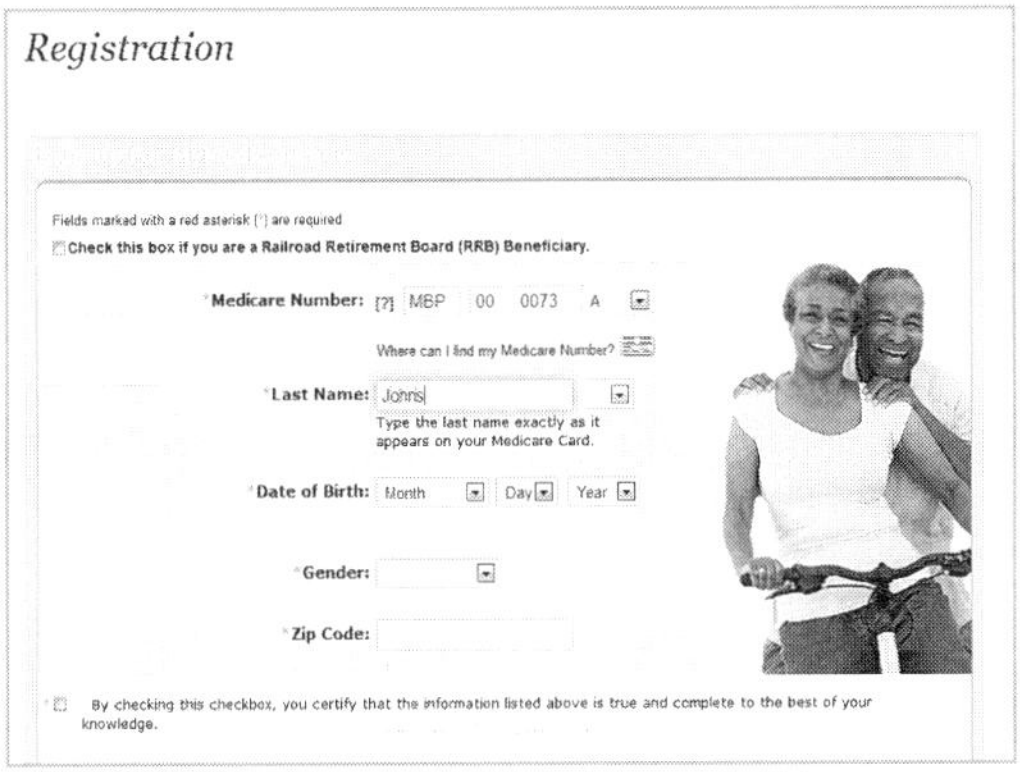

出所）https://mymedicare.gov/registration.aspx

ファイルやＰＤＦ形式で自分のＰＣにダウンロードできるようにした。

ブルーボタンを利用するためには、まず、アカウントを作成する必要がある。「Mymedicare.gov」の場合は、健康保険請求番号、姓、生年月日、性別、郵便番号などを入力し（図表５‐６）、あとは、一般的なインターネットサービスと同様にユーザーネームやパスワードを設定すれば、アカウントの作成が完了する。申し込みは非常に簡単だ。

ブルーボタンでダウンロードできる医療情報には、以下のようなデータが含まれている（図表５‐７）。

（５）米国では、「メディケア（Medicare）」という名の高齢者向けの公的医療保険制度を維持している。メディケアカードには、健康保険請求番号が記載されている。

図表5-7 ブルーボタン経由でダウンロードできるデータサンプル（テキストファイル）

```
--------------------------- VA APPOINTMENTS ------------------------

Source: VA
Last Updated: 02 Dec 2011 @ 0706

VA Past Appointments are limited to two years from the date of your
download request.

FUTURE APPOINTMENTS:
--------------------
Date/Time:       13 Oct 2012 @ 1100
Location:        DAYT29 TEST LAB
Status:          NOT APPLICABLE
Clinic:          C&P CHRISTIE
Phone Number:    3929
Type:            Compensation and Pension Appointment


PAST APPOINTMENTS:
--------------------
Date/Time:       13 Oct 2011 @ 1600
Location:        DAYT29 TEST LAB
Status:          NOT APPLICABLE
Clinic:          C&P CHRISTIE
Phone Number:    3929
Type:            Compensation and Pension Appointment

Date/Time:       07 Sep 2011 @ 1100
Location:        DAYT29 TEST LAB
Status:          NOT APPLICABLE
Clinic:          TELEPHONE CALLS/GERIATRICS
Phone Number:    3742

-------------------------- VA MEDICATION HISTORY ----------------------

Source: VA
Last Updated: 11 Apr 2011 @ 1737

VA Medication History includes up to two years of medication history
unless you select a different date range in your download request.

Medication: AMLODIPINE BESYLATE 10MG TAB
Instructions: TAKE ONE TABLET BY MOUTH TAKE ONE-HALF TABLET FOR 1 DAY --AVOID
GRAPEFRUIT JUICE--
Status: Active
Refills Remaining: 3
Last Filled On: 20 Aug 2010
Initially Ordered On: 13 Aug 2010
Quantity: 45
Days Supply: 90
Pharmacy: DAYTON
Prescription Number: 2718953

Medication: IBUPROFEN 600MG TAB
Instructions: TAKE ONE TABLET BY MOUTH FOUR TIMES A DAY WITH FOOD AS NEEDED
Status: Active
Refills Remaining: 3
Last Filled On: 20 Aug 2010
Initially Ordered On: 01 Jul 2010
Quantity: 240
Days Supply: 60
Pharmacy: DAYTON
Prescription Number: 2718960
```

出所）http://www.va.gov/BLUEBUTTON/docs/VA_My_HealtheVet_Blue_Button_Sample_Version_12_All_Data.txt

- **氏名、住所、連絡先**
- **医療機関、かかりつけ医院と連絡先、病院名**
- **加入している健康保険**
- **過去の受診日**
- **退役軍人病院の病歴**
- **処方医薬品名**
- **保険薬剤調剤データ**
- **OTC(一般用医薬品)**
- **アレルギー歴**
- **医療処置**
- **予防接種歴**
- **バイタルサイン、検査歴**

ブルーボタン・イニシアティブの狙いは、自分の医療情報の提供先を自分でコントロールできるようにすることだ。手にした医療情報を、どの医師や医療機関、介護士に開示するのかを決めるのはあくまで個人である。

自分の医療情報を電子的にダウンロードできるようになった背景には、米国における電子カルテシステムの急速な進展がある。従来のように紙で情報が管理されていては、とてもブルーボタン・イニシアティブのような試みを実現することは不可能だったはずだ。

データを見える化し、有効活用を促進するアプリケーション

図表5−7に示したように、ブルーボタン経由でダウンロードできるデータは非常にシンプルなテキストファイルである。これは、人間が見ても意味が理解できて、なおかつコンピュータでも読み取り可能という点を考慮したものである。しかし、素っ気ないASCIIテキストファイルであるために、そこから意味を見出し、有効活用するには一工夫必要である。

そこで盛んに行われているのが、ブルーボタン経由でダウンロードしたデータを使用するアプリケーション開発コンテストである。オバマ大統領がブルーボタン・イニシアティブの創設を宣言してから約2カ月後の2010年10月、ブルーボタンは正式に開始され、同時にアプリケーション開発コンテスト「ブルーボタン開発チャレンジ」の受賞者も発表された。

応募した18社の中から、優勝賞金2500ドルを受け取ったのは、アドビ社の「ブルーボタン健康アシスタント（Blue Button Health Assistant）」というアプリケーションだ。このアプリケーションは、免疫、アレルギー、処方されている医薬品名、家族健康歴などのデータを一日

図表5-8 アドビ社の「ブルーボタン健康アシスタント」

免疫、アレルギー、処方されている医薬品名、家族健康歴などを一覧表示するほか、必要に応じて、医師や医療機関等と情報共有もできる

出所）https://my.adobeconnect.com/vabluebutton

でわかるように表示し、必要に応じて、医師や医療機関等と簡単に情報共有したり、コミュニケーションを図れるようにしたものである（図表5－8）。

さらに、自宅で計測した日々の健康管理データ（体温、血圧、心拍数など）も入力できるため、これまでの病歴や治療歴に加え、日本でいうところの人間ドックの検査結果、さらに毎日の健康管理データを合わせて管理できる。つまり、健康管理データのワンストップポータルが完成するというわけだ。これを利用すれば、引っ越しなどでかかりつけ医を変更しなければならない場合でも、引っ越し先の医師がアクセスできるようにすれば、既往歴を含め、健康状態を把握した上での診察を受けられる。

もう一つ紹介するのは、2012年6月から9月にかけて開催された「ブルーボタン・マッ

シュアップ・チャレンジ」である。このコンテストは、米国厚労省内に設置されたONC（The Office of the National Coordinator for Health Information Technology：医療ITに関する連絡調整室）がスポンサーとなり、「マッシュアップ（組み合わせる）」の名前の通り、個人の医療情報と他の2つ以上のデータを組み合わせ、現在の健康状態の把握、よりよい治療方法の選択、医療費の削減につながるようなアプリケーションを一般募集するものである。

応募されたアプリケーションは、「患者中心の設計・ユーザービリティを備えているか」「広く普及させるためのマーケティングやプロモーションプランが練られているか」等の観点から審査が行われた。2012年10月に発表された審査結果によると、優勝賞金4万5000ドルを受け取ったのは、カリフォルニア州サンディエゴに本社を置くモバイルテクノロジー企業ヒューメトリクス（Humetrix）が開発した「iBlueButton」というモバイル用のアプリケーションであった。

このアプリケーションは、処方された薬品名を入力すると、自動的にパブリックなデータベースからその薬に関する情報を検索してくれるほか、副作用が出る恐れがある場合はアラートを発して教えてくれるというものだ。また、ブルーボタン経由でダウンロードしたデータを自身のモバイル端末から医師の端末へ安全に送信したり、CTスキャンなどの画像をスマートフォンのカメラから取り込む機能も備えている。これを利用すれば、初めてかかる病院でも、病歴や検査結果、現在服用している薬、スキャン画像などを、自分のモバイル端末から目の前

図表 5-9 ヒューメトリクス社の「iBlueButton」のイメージ

医師 / 患者間で、病歴や検査結果、現在服用している薬、
スキャン画像などのデータを安全に交換できる

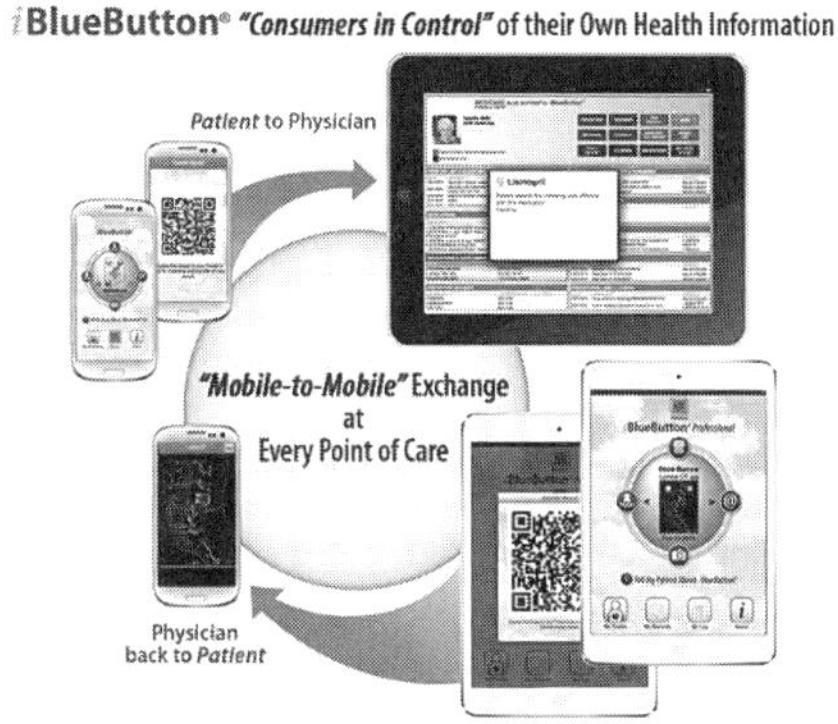

出所）http://www.humetrix.com/ibb.html

にいる医師のiPadなどに転送できる。このため、初診であっても、適切な診察を受けたり、副作用を招く薬の処方を回避したり、あるいは、無駄な検査やレントゲン撮影を実施しないことで、医療費の無駄を抑えるといったことが期待できる（図表5-9）。

このようなアプリケーション開発コンテストを開催する背景には、ダウンロードしたデータを有効活用できるようにし、ブルーボタンの利用促進を図るという目的のほか、アプリケーション開発ベンダーの育成を図る「産業振興」という狙いもある。

こうしたアプリケーションの効果もあり、ブルーボタンは着実に米国民の間に浸透しつつある。2013年6月にワシントンDCで開催された「ヘルスプライバシー・サミット」において、米国連邦政府のCTO（チーフ・テクノ

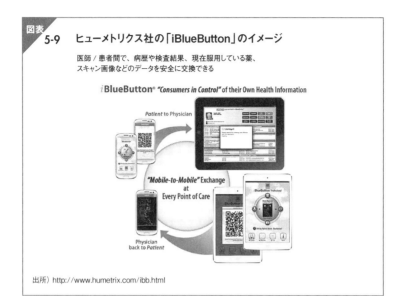

ロジー・オフィサー）であるトッド・パーク氏は８８００万人以上の米国人がすでにブルーボタン経由で自分の医療データにアクセスしていることを明かした。その数は、その後もさらに増加し、２０１４年2月には1億５０００万人にまで達している。

グリーンボタン・イニシアティブ

グリーンボタン・イニシアティブは電力会社の顧客が自分のエネルギー消費データ（電力・ガスなど）を、電力会社のウェブサイトから安全かつ容易にダウンロードできるようにする取り組みである。２０１１年9月、当時米政府のＣＴＯであったアニーシュ・チョプラ氏が消費者の権限強化を図る「オープンコラボレーション原則」の一環として、グリーンボタンの設計を電力業界に要請したことを契機として検討が始まった。２０１２年1月にはカリフォルニア州の3大エネルギー会社のうちの2社、パシフィックガス＆エレクトロニックとサンディエゴガス＆エレクトロニックが実装したのを皮切りに、全米のエネルギー会社に広がり、すでに米国内の約50のエネルギー会社が参加している。

データをダウンロードするには、契約しているエネルギー会社のウェブサイトを訪問し（グリーンボタン・イニシアティブに参加していることが前提）、設定したＩＤ／パスワードでロ

図表 5-10 グリーンボタン

出所）https://www.data.gov/energy/page/welcome-green-button

グインを行った上で、サイト上に表示されている〝Green Button〟という文字通り緑色のボタン（図表5−10）をクリックするだけである。後は待っていればダウンロードが始まる。ダウンロードしたデータに含まれるのは、過去13カ月分のエネルギー使用量や料金である。

データ形式は2011年秋に北米エネルギー規格委員会（NAESB）によって標準化された「エネルギー・サービスプロバイダ・インターフェース（ESPI）」をベースとしており、消費者が手軽に扱えて、なおかつコンピュータが読み取りやすいフォーマットとなっている。このESPIの標準フォーマットは、「エネルギー使用情報が格納される共通のXMLフォーマット」「エネルギー会社から消費者が承認した第三者への自動データ転送を可能とするデータ交換プロトコル」の2つの部分から構成される。各エネルギー会社は、外部のアプリケーション開発者（後述）が効率よくアプリケーションを開発できるよう、この標準フォーマットを実装する必要がある。

グリーンボタン経由で自分のデータをダウンロードできるのは、必ずしもスマートメーター(6)を設置している家庭や企業に限らず、従来型のアナログの電力メーターでも申し込める場合がある。しかし、スマートメーターを設置している場合は、15分ごと、あるいは30分ごとの詳細なデータが提供できるのに対して、アナログのメーターの場合は1カ月単位のデータに限定されるといった制約がある。

広がるエコシステム

データフォーマットが標準化されたことによって、グリーンボタンの場合もブルーボタン同様、ダウンロードしたデータを有効活用するためのアプリケーション開発がエネルギー会社外のサードパーティによって盛んに行われている。

たとえば、毎月のエネルギー消費量を管理し、省エネのアドバイスをしてくれたり、最適なサイズのソーラーパネルを推奨してくれるアプリケーションなどである。米エネルギー省が管轄するエネルギー関連の情報を集約したウェブプラットフォーム「ＯｐｅｎＥＩ（Open Energy

図表 5-11 OpenEIで公開されているグリーンボタン用アプリケーション

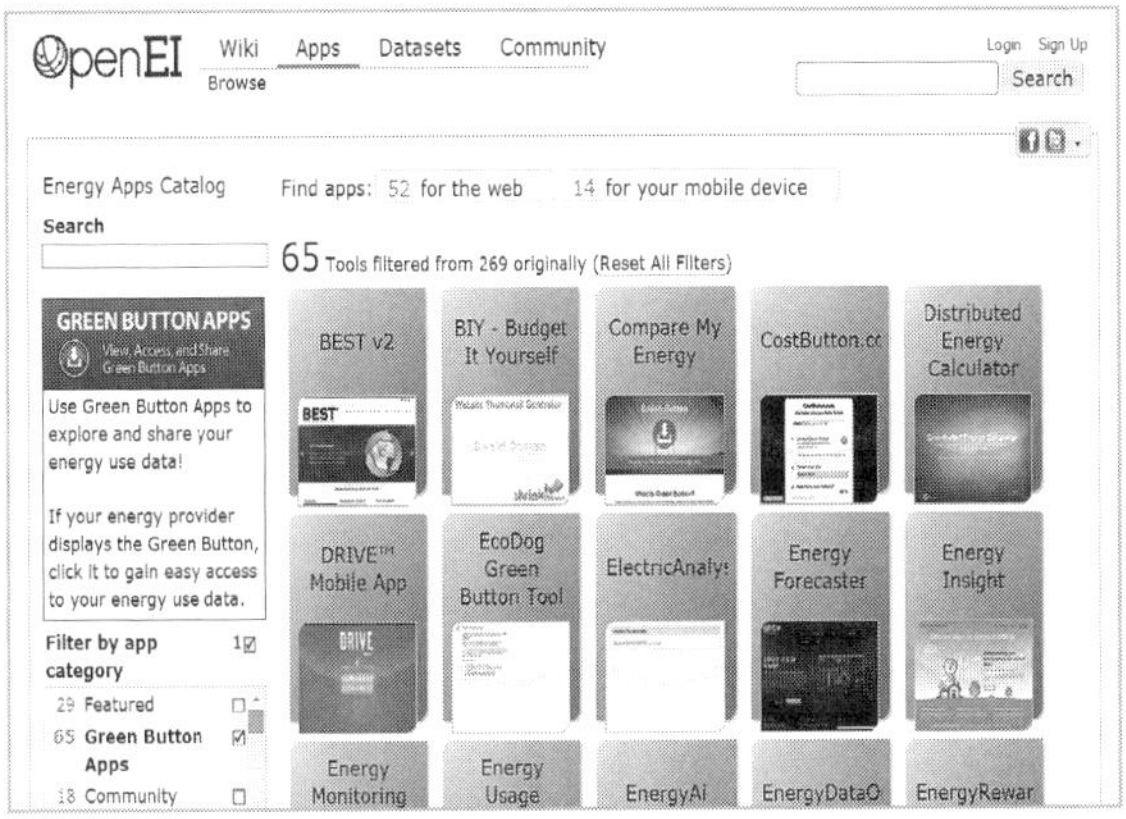

出所）http://en.openei.org/apps/?keyword=Green%20Button%20Apps

Information)」には、グリーンボタンデータを前提としたアプリケーションが60以上も公開されている（図表5−11）。いうなれば、「グリーンボタン用アプリケーションのマーケットプレイス」といったところだ。

公開されているアプリケーションの一つ、「プロットワット（PlotWatt）」は各家庭の日々の電気料金の総額に加えて、家電機器ごとの料金も可視化してくれる（図表5−12）。

また、月ごとの電気料金や曜日ごとの電気料金も一日でわかるほか、同じ地域に住む他世帯、あるいは同じサイズの家に住む他世帯との比較ができる。たとえば、自分が100㎡の一戸建に住んでいる場合、同じ100㎡の一戸建

(6) 従来のアナログ式の電力量計と異なり、電力をデジタルで計測し、メーター内に通信機能を持たせた次世代の電力量計。

図表 5-12　プロットワット社のグリーンボタン用アプリケーション（1）

毎日 / 毎週 / 毎月の電気料金の他、家電機器ごとの電気料金も
一目でわかるようになっている

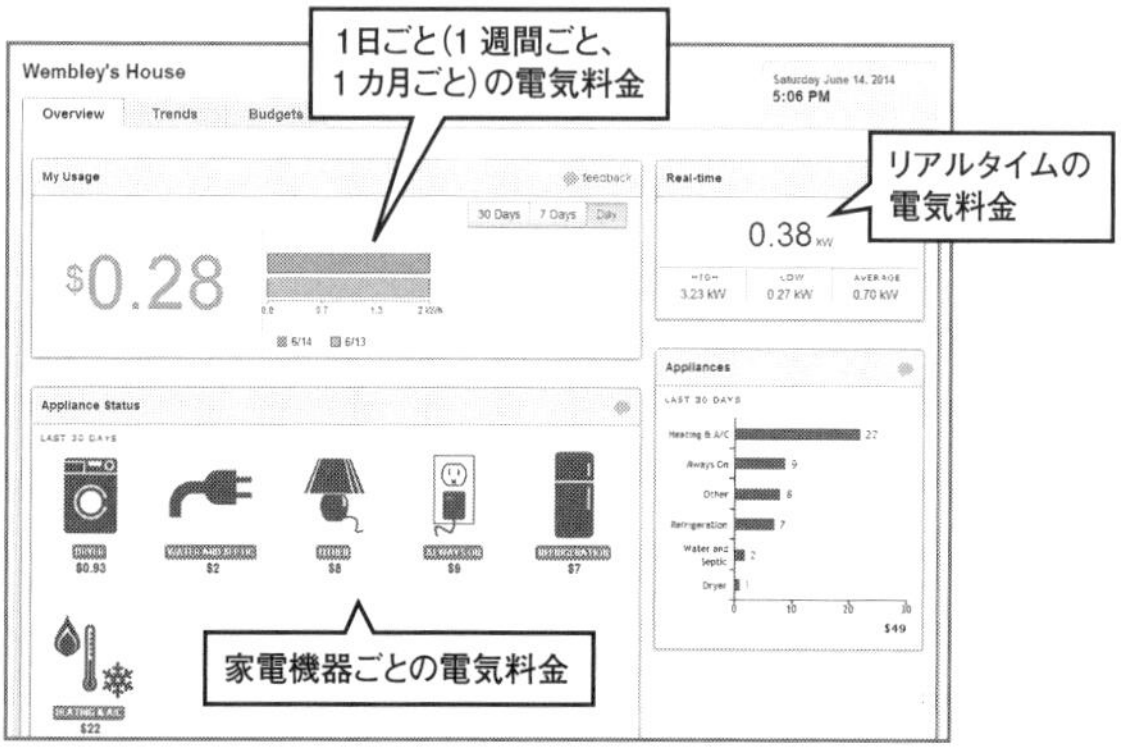

出所）https://plotwatt.com/houses/11　に筆者加筆

に住む世帯に比べて著しく電気料金が高くないかといった比較ができる（図表5―13）。

同時に、こうした電気料金の分析結果を踏まえた、具体的な節電アドバイスも受けられる（図表5―13の下部）。このサンプルの場合は、「ここ数日、24時間通電中の機器があります。このままいくと、毎月15ドルが電気料金に加算されます」「サーモスタット（温度自動調節器）の設定温度を1度変えれば、明日は0・3ドル節約できます。来月はおよそ10ドル節約できるでしょう」といったアドバイスが記載されている。

当たり前のことだが、グリーンボタン向けに開発されたアプリケーションを活用するには、各自のグリーンボタンデータを入力する必要がある。つまり、自分が契約している電力会社のホームページからグリーンボタン経由でデータをダウンロードし、いったん自分のP

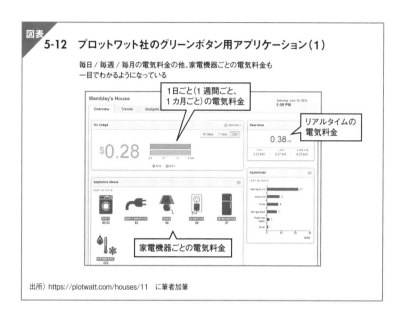

図表 5-13 プロットワット社のグリーンボタン用アプリケーション（2）

月ごとの電気料金や曜日ごとの電気料金が一目でわかるほか、
同じ地域に住む他世帯や同じ規模の家に住む他世帯との比較ができる
また、節電のためのアドバイスも受けられる

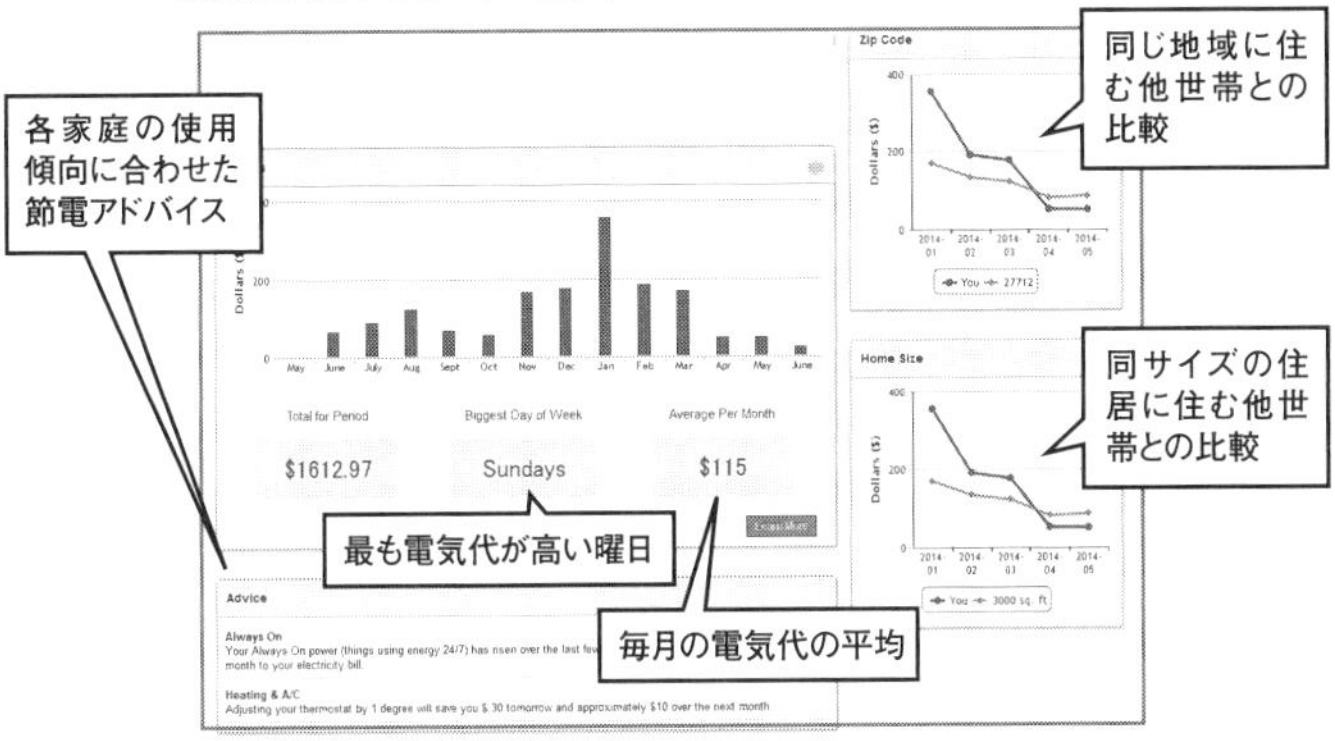

出所）https://plotwatt.com/houses/11

Ｃにファイルとして保存した後、外部のアプリケーションにデータをアップロードしなければならない。

この「自分のＰＣにファイルとしてデータを保存する」という一手間をなくすための工夫も行われている。それが、「グリーンボタン・コネクト・マイデータ（Green Button Connect My Data）」である。実はグリーンボタンには「グリーンボタン・ダウンロード・マイデータ（Green Button Download My Data）」と「グリーンボタン・コネクト・マイデータ（Green Button Connect My Data）」の2種類が存在する。前者は、先に説明したように、一度自分のＰＣにデータをダウンロードした後、必要に応じて、外部のアプリケーションにデータをアップロードして使用するものである。後者は、あらかじめ自分で許可したアプリケーションの

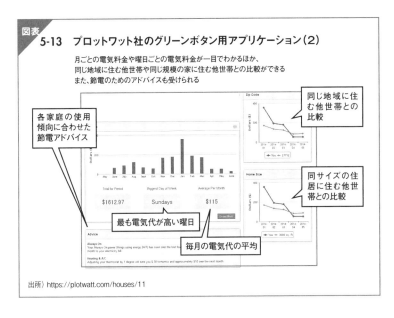

図表5-14 サンディエゴ　ガス&エレクトロニック社HPのグリーンボタン

「グリーンボタン・ダウンロード・マイデータ」と
「グリーンボタン・コネクト・マイデータ」の2種類が提供されている

出所）http://www.sdge.com/green-button　に筆者加筆

開発者が直接電力会社の保有する自分のデータにアクセスできるようにするものである。アクセスを許可する期間の設定や許可の取り消しはいつでもできる。つまり、自分のデータの提供先をコントロールする権利は消費者自身にあるということだ。

単に自分のデータをダウンロードするだけなら「グリーンボタン・ダウンロード・マイデータ」、外部のアプリケーションの使用を前提とするなら「グリーンボタン・コネクト・マイデータ」が便利である（図表5―14）。

マイデータ・イニシアティブ

マイデータ・イニシアティブ[7]は、すべての学生（または学生の親）がシンプル、かつコン

図表 5-15 マイデータボタン

出所 http://www.ed.gov/edblogs/technology/mydata/

ピュータが読み取り可能な形式で自分自身の成績データや教育関連データをダウンロードし、「個人の学習プロファイル」を作成できるようにする取り組みである。

ブルーボタン、グリーンボタンに倣い、教育省主導で2012年1月に開始された。データをダウンロードするには、ブルーボタン、グリーンボタン同様、学校や教育機関のウェブサイト上の「マイデータボタン（MyData Button）」をクリックすればよい（図表5−15）。含まれるデータは、出欠記録、過去の成績、テスト結果に加えて、連邦政府による学生援助（奨学金、補助金、学資ローン等）の記録などである。

（7）英国政府が推進している「マイデータ（midata）」と紛らわしいが、直接の関係はないダウンロードしたデータは有用なツールやオンラインサービスを提供している第三者（企業）とシェアし、進学先の選択や奨学金の検索、学資ローンの返済方法等のアドバイスを受けられる。この第三者へのデータ提供の可否を自分自身の意思で決定できる点は、ブルーボタン、グリーンボタンとまったく同じである。

自分の教育関連データを自分自身で管理できることは、奨学金の申し込みや転学時の手続きをスムーズに行う点でも有効である。従来であれば、データを管理している高校や大学の窓口に成績証明書等の発行を申し込まなければならないが、マイデータの仕組みを利用すれば、この一手間がなくなる。自分で管理している電子ファイルを、奨学金の申し込み先のウェブサイトにアップロードするだけで済むためだ。

消費者——企業間のパワーバランスの是正に向けて

考えてみれば、現状の消費者と企業とのパワーバランスは非常にいびつなものだ。消費者のネット上での行動履歴、それこそマウスをクリックする挙動一つ一つがデジタルデータとして記録され、店舗での購買履歴はＰＯＳシステムと連動し、いつどこで何を買ったのかが企業に丸わかりだ。一方、企業が自分に関するどのようなデータを収集しているのか、消費者が把握する術はないに等しい。仮にあったとしても、忘れた頃に郵送で送られてくる紙切れがせいぜいである。

改めて、適切なパワーバランスとはいかなる状態なのかを考えてみると、企業が消費者の行動を逐一追いかけ、デジタルデータとして記録するのであれば、消費者は企業が収集した自分のデータにワンクリックでアクセスできて、すぐにPCに読み込ませて利用できるように（独自形式でない）標準的なファイル形式（XMLやCSVなど）で、データをダウンロードできて然るべきだろう。

パーソナルデータの収集をすでに行っている企業であれば、こうした形式で消費者にデータを還元することは、比較的簡単にできるはずだ。

英国のマイデータ、米国のスマート・ディスクロージャは、本来は個人のものであったはずのパーソナルデータについて、消費者−企業間で崩れてしまったパワーバランスを正常な状態に戻そうとする取り組みといえるだろう。

本章のまとめ

◆企業によるパーソナルデータの収集が進んだ結果、企業が消費者よりも多くの情報を保持し、場合によっては消費者が不利益を被る「情報の非対称性」を生んだ。

◆欧米では、数年前から企業と消費者間のパワーバランスを適正なものとするため、政府主導による〝消費者エンパワーメント政策〟が推進されている。

◆消費者エンパワーメント政策の代表例は、英国政府が推進する「マイデータ」と米国政府が推進する「スマート・ディスクロージャ」である。

◆これらはいずれも、消費者が自分の金融取引データやエネルギーデータ、医療データ、教育データなどを、ＰＣで読み込んで再利用できるように、標準的なデータ形式でダウンロードできるようにするものである。

◆ダウンロードしたデータを消費者が有効活用できるようにするため、サードパーティによるアプリケーション開発も盛んに行われている。

◆消費者は、自分のデータを電子ファイルとして所有できるため、「データの提供先を自分で決められる」ことがポイントである。

第6章

常識を覆す究極の個人情報QS

クォンティファイド・セルフとは何か

ここまでは、すでに企業に収集されてしまった後のパーソナルデータを、いかに自分の手に取り戻し、コントロールしていくかという点について主に説明してきた。しかし、最初から自分に関するデータを自分自身で計測・収集し、有効活用できる手段を提供してくれる相手に限って、データを提供するという逆転の発想もある。それが本章で紹介する「クォンティファイド・セルフ（Quantified Self：自分自身の定量化〈数値化〉）」という新たなムーブメントである。

クォンティファイド・セルフ（以下、ＱＳ）とは、ウェアラブル（身につけることができる）デバイスなどのガジェット類を活用して、自分の活動や状態に関する定量的なデータを収集し、生活習慣の見直し等へ積極的に活用していこうとするコンセプトである。簡単にいえば、自分自身のあらゆる面を数値で把握することでモチベーションを高め、よくない点を改善したり、よい点はさらに伸ばしていこうということだ。

身近なところでは、健康チェック機器を利用して、心拍数、血圧、睡眠、活動量などのデータを収集し、健康管理に役立てるといったものが挙げられる。

ＱＳを実現するガジェットで恐らく最も有名なのは、スポーツメーカーのナイキが開発し

図表 6-1　ナイキプラス　フューエルバンド

加速度計が組み込まれており、手首に装着することで、
時間・カロリー・歩数・NikeFuel（活動量）の４つの情報が表示される

出所）http://nike.jp/nikebiz/news/other_120120.html

た「ナイキプラス フューエルバンド（Nike+ FuelBand）」（図表6−1）だろう。

ナイキ社は、ナイキプラス フューエルバンドを次のように説明している（２０１２年１月20日付け、同社プレスリリースより一部抜粋）。

「一日中装着することを想定して、人間工学に基づき使い手に優しく設計されたNIKE+ FuelBandには、加速度計が用いられています。LEDドットマトリクス表示で手首の動きによって異なる活動の動きの情報が提供されます。時間、カロリー、歩数とNikeFuelの４つの情報が提供されますが、性別や体型に基づいて測定されるカロリーとは異なり、NikeFuelはその人の体型などにかかわらず同じ活動を同じポイントとして一定に加算します。

ユーザーはその日の活動の目標や、獲得したいNikeFuelの量を設定します。NIKE+

FuelBandディスプレイには20のＬＥＤライトがあり、ユーザーの目標達成に近づくにつれてその色が赤から緑に変化していきます。FuelBand は内蔵しているＵＳＢ、またはブルートゥース経由で無料のｉＰｈｏｎｅアプリを使用して無線でNike+ウエブサイトにつなぎ、毎日の活動を記録します。アプリのインターフェイスもゴール達成を目指すユーザーを励まします」（出所：http://nike.jp/nikebiz/news/other_120120.html）

　簡単にいうと、リストバンドがセンサーになっており、装着している人の活動時間、活動量、燃焼カロリー、歩数などを常に計測するというものだ。フューエルバンドは内蔵しているＵＳＢ、またはブルートゥース経由で無料のｉＰｈｏｎｅアプリを使用して無線でナイキプラスのウェブサイトにつなぎ、毎日の活動量を記録する。記録された活動量データはアプリケーション上でグラフ化され、さらにフェイスブックで友達になっている他のフューエルバンドユーザーと比較することもできる。

「クォンティファイド・セルフ」という言葉は、米ワイヤード・マガジンの編集者であるゲイリー・ウォルフ（Gary Wolf）氏とケビン・ケリー（Kevin Kelly）氏の二人によって２００７年に提唱された。２０１０年６月にフランスのカンヌで開催された「ＴＥＤ」カンファレンスでは、ゲイリー・ウォルフがＱＳについて講演しているので、興味のある方はインターネット上に公開されているビデオを視聴されたい[1]。

ＱＳを支えるウェアラブルデバイスとアプリケーション

ＱＳという大きなムーブメントの原動力となっているのは、スマートフォンに接続可能な（ウェアラブル）デバイスとゲーミフィケーション的要素（ゲームの要素）を含んだアプリケーションの登場である。

米国では、ナイキプラス フューエルバンド以外にも、ＱＳを実現するデバイスが次々と生まれている。比較的有名なサービスとしては、「フィットビット（Fitbit）」（ワイヤレス活動量計、睡眠計）、「ジョウボーン・アップ（Jawbone UP）」（活動量計、睡眠計、食事内容の記録）、「ウィジングス（Withings）」（無線ＬＡＮ接続機能付きの体重計）、「ゼオ（Zeo）」（睡眠計）などがある。血圧や心拍数を記録するといった比較的単純なものから、ストレスレベルや日々の食生活を計測するものまで５００以上のツールがあるとされる。

やや変わったところでは、フォークを口に運ぶスピードや1分間にフォークを口に運ぶ回数、食事にかかった時間を計測できるセンサー内蔵のフォーク「ハピフォーク（HAPIfork）」があ

（1）http://www.ted.com/talks/gary_wolf_the_quantified_self.html 参照。

図表 6-2　センサー内蔵のフォーク「ハピフォーク」

フォークを口に運ぶスピードや１分間にフォークを口に運ぶ回数、
食事にかかった時間を計測できる

出所）https://www.hapi.com/product/hapifork

る（図表6－2）。99ドルで販売されているこのフォークを使って食事を取れば、フォークを口に運ぶスピードが早過ぎると、LEDライトやバイブレーションで注意を促してくれるというものである。収集したデータはUSBまたはブルートゥース経由でPCやスマホに送信し、専用のダッシュボード、もしくはアプリで管理できる。

　一般的に、食事のスピードが早過ぎると、食べ過ぎや消化不良、胃液逆流を招く可能性が指摘されている。ハピフォークでは収集したデータに基づき、食習慣を改善するための21日間のコーチングプログラムも用意している。

　いずれのツール／サービスも、直接、あるいはスマートフォンなどを経由して、インターネットに接続し、個人ごとに用意されたポータル画面から自分自身のデータを継続的に管理し、ライフスタイルの改善を目標とする点が共通である。

ますます広がるＱＳの世界

現在のところ、ＱＳは、血圧や心拍数、活動量や睡眠の深さなどを計測する健康チェック機器の分野にスポットが当たることが多いものの、自分の行動や状態を定量的に観測し、新たな知見を得るという意味でとらえれば、もう少し幅広に解釈することも可能だ。

たとえば、自分の購買行動を定量的に観測するという点では、レシートをスマートフォンのカメラで撮影するだけで支出管理ができるという「レシート家計簿アプリ」もＱＳに該当するといってよい。日本でもすでに多くのアプリがリリースされており、代表的なアプリの一つ「Zaim」では、読み取ったデータを「食費」「通信費」「交通費」などカテゴリ別に分類した上で自動的にグラフ化してくれる機能などがある。「何に一番お金を使っているか」「予算以内に収まっているか」等が可視化されるため、節約しようとする意識が高まる。また、「居住エリア、家族構成、職業、性別、生年月日」を登録すると、自分と似た属性のユーザーと出費総額の比較や食費・通信費など支出カテゴリ別の比較ができるソーシャル機能も併せ持つ。

一方、自動車運転時における運転傾向の定量的な観測もＱＳに該当する。たとえば、無料で

図表 6-3　損保ジャパン日本興亜の「Safety Sight」

前方車両接近アラート、ドライブレコーダー、安全運転診断、
走行ルート表示などの機能でドライバーの安全運転を支援する

出所）https://play.google.com/store/apps/details?id=jp.co.sompo_japan.safetysight

運転傾向の把握ができるアプリとして人気を博している、三井住友海上火災保険の「スマ保」やソニー損保の「ドライバーズナビ」、損保ジャパン日本興亜の「Safety Sight」（図表6―3）など、国内大手損保会社からリリースされている「安全運転診断アプリ」である。

これらは、スマホをダッシュボードに取り付け、スマホに内蔵されている加速度センサーやGPSを利用し、運転中感知した揺れや位置情報、前方映像の解析により、速度、急加速、急ブレーキ、急ハンドル、車間距離、コーナリングの安定性等のデータを検知し、安全運転診断を実施するものである。三井住友海上火災保険が提供するアプリ「スマ保」のように、急発進、急ブレーキ、急加速の回数をカウントし、「エコ運転度」の診断機能を持つものもある。

ＱＳにはどのようなサービスがあるか

個人が自ら計測した自分自身の健康データ（血圧、心拍数、体重、睡眠など）の推移や運動の履歴をデジタルデータとして所有し、自分で管理するようになれば、当然その公開先や提供先もコントロールできるようになる。必要に応じて、専門家にデータを基にしたアドバイスを求めることも当たり前となるだろう。

たとえば、病院にかかる場合でも、患者が数カ月分の健康データを持参すれば、かかりつけの医師でなくとも効率よく診察を行うことができ、医療品質の向上に役立つであろうことはイメージしやすい。

もっとも、米国ではさらに画期的なサービスも生まれている。ここではいくつか興味深いサービスを紹介する。

（1）オブライン（Ovuline）

「オブライン」は、ハーバード大学の科学者と不妊治療の専門家によって開発された、データ活用によってカップルの早期妊娠を支援するサービスである。女性の基礎体温の変化、血圧、睡

図表 6-4　データ活用によって、カップルの早期妊娠を支援するオブライン

基礎体温、血圧、体重、生理日などのデータを入力し、妊娠し易い日を教えてくれる

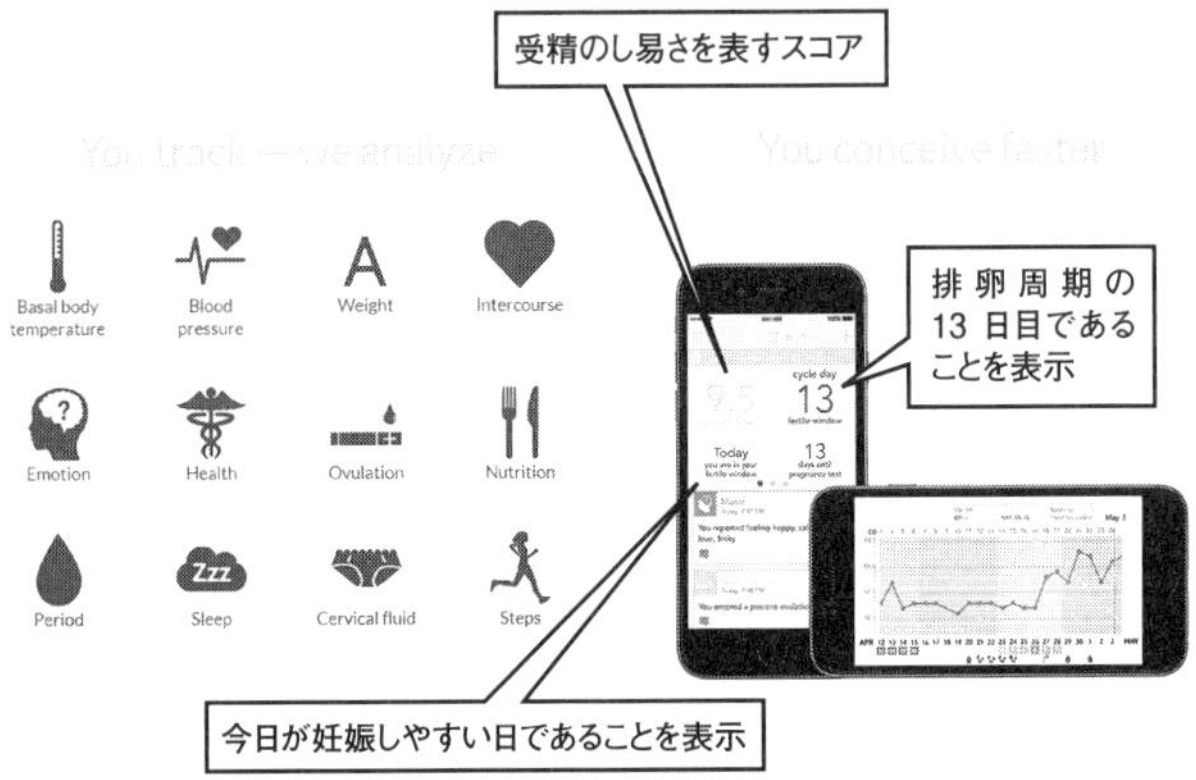

出所）http://www.ovuline.com/ovia-fertility#features　に筆者加筆

眠時間、体重の変化、生理の状況、性交日、さらには子宮頸管粘液などのデータをオブラインに記録していくと、機械学習技術とオブライン独自のアルゴリズムによって排卵日を正確に予測し、最も妊娠しやすい日を教えてくれる（図表6―4）。

先に紹介したフィットビットやウィジングスをサポートしており、アカウントを連携させれば、各種データの入力はこれらのデバイス経由で自動で行うことができる。

同社によると、同サービスの利用者は米国平均より3倍早く妊娠し、これまでに100万人以上の女性をサポートしてきたということだ（ちなみに、オブラインという社名は、ovulate＝排卵する、という単語からとったものである）。

生理日や性交日など、入力が必要なデータは

女性にとって極めてセンシティブな情報であり、抵抗もあるはずだ。しかし、不妊に悩む女性にとって、相応のメリットがあるからこそ、１００万人以上もの女性が利用してきたといえるだろう。

（2）ペイシェンツ・ライクミー（PatientsLikeMe）

「ペイシェンツ・ライクミー」は、患者同士の情報交換を目的としたＳＮＳである。単に自分の日記や写真を公開する既存のＳＮＳとは異なり、自分の健康状態に関するデータとそれに対する治療内容、症状などをウェブサイトに継続的に入力していく。「健康状態に関するデータ」と一口にいっても、体重や血圧などの比較的単純なデータだけではなく、血液検査によるアルブミンやアラニンアミノトランスフェラーゼの数値（肝機能を調べる）など、病院で実施する本格的な検査結果のデータ入力が求められる（どこまで詳細に入力するかは、あくまで任意）。入力する症状も、「唾が飲み込めない」「上肢の知覚障害がある」など、自分が抱える病気によって管理できる内容が変わるという本格的なものだ。

ウェブ上に蓄積したデータは、自分自身の健康管理に活用するほか、同じ病気や症状に苦しむ人と比較したり、情報交換ができる。たとえば、「多発性硬化症の30～50代の男性で、ビタミンＤを投与しており、腹痛の症状ある人」を検索し、ヒットした該当者の詳細なプロフィールを確認後、メッセージを送ったり、その人をフォローし、なんらかのアップデータがあった場

図表6-5 健康管理データをシェアすることで同じ病気に悩む人と情報交換ができる「ペイシェンツ・ライクミー」の利用イメージ

Track Your Health
By openly tracking your health within the community, you can learn more about yourself while helping other patients like you.
Answer a few questions about your condition, treatments & symptoms...
to create a profile charting your health over time...
so you can see how you're doing, and compare yourself to others.
疾患名や治療内容、症状等に関する質問に回答していく
プロフィールを作成し、健康状態に関するデータをグラフ化する
自分の状態が見える化できるほか、同じような病気 / 症状に悩む人と比較もできる

出所）https://www.patientslikeme.com/ に筆者加筆

合に通知を受け取ることもできる。

つまり、PatientsLikeMe（＝私と同じような患者）というサイト名通り、定量的なデータに基づき、自分の病状に近い人と実体験を共有したり、情報交換ができるコミュニティということになる。このサービスは、実の弟を平均余命3年といわれる難病「ALS（筋萎縮性側索硬化症）」で亡くした女性が、一番下の弟とマサチューセッツ工科大学時代の同僚と協力して立ち上げたものであり、弟の闘病中の記録をヒントに構築したものだ。

すでにこのサービスには、30万人以上が登録しており、1万7000人以上が自分の情報を一般公開しているというから驚きである。同時に、サイト上に蓄積された膨大なデータは医療関係者にとって非常に価値ある「症例データベース」となっており、医師や研究機関の研究

図表 6-6　遺伝子の解析結果が確認できる個人用のホームページ

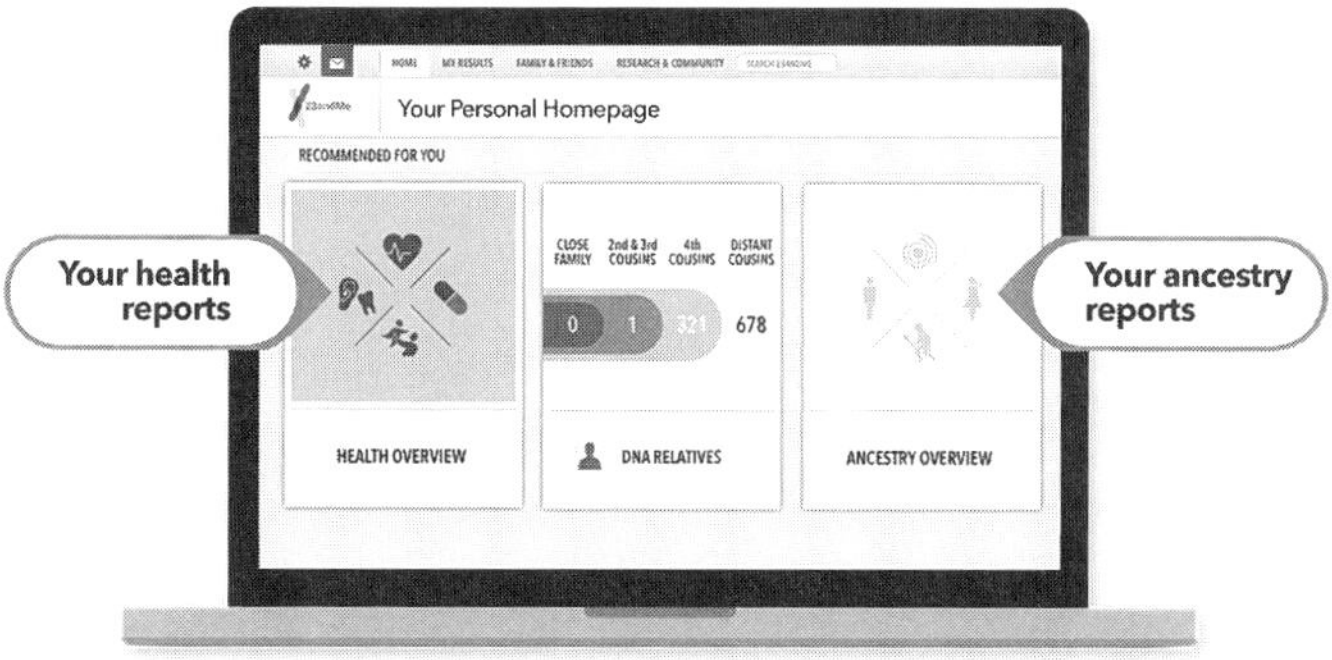

出所）https://www.23andme.com/howitworks/

者に限り、利用できるようになっている（利用に際しては、医師のライセンス所有者や大学等の研究機関に所属していることを証明する必要がある）。

（3）23アンドミー（23andMe）

23アンドミーは、究極の個人情報ともいえる遺伝子の分析サービスを個人向けに提供している。２００６年に創業した同社は、グーグルの共同創設者であるセルゲイ・ブリン氏の妻であるアン・ウォジツキ氏が共同創設者として経営に携わる。

日本国内でも２０１４年に入り、ヤフーやＤｅＮＡなどのネット企業が相次いで同様のサービスを開始しているが、その先鞭をつけたのが23アンドミーである。

サービスの利用は非常に簡単だ。同社のウェブサイトから「order now」のボタンを押して、住所、氏名、メールアドレス、電話番号など必要な情報を入力すると申し込みは完了し、1〜2営業日以内に遺伝子検査用の「DNAキット」が郵送されてくる（現時点では、日本はサービスの提供エリア外のため、あくまで米国の場合）。DNAキットが届いたら、説明書に従い、同梱されている唾液採取用の容器に自分の唾液サンプルを入れ、23アンドミーに送り返す。

その後、約4〜6週間後には解析結果がウェブで確認できるようになる（図表6-6）。

ただし、23アンドミーが提供するサービスは、約30億の塩基対から構成されるといわれる個人のゲノム（全遺伝情報）をすべて対象とするわけではない。これまでの研究から、特定の健康上のリスクや身体的特性の原因となる遺伝的変異の位置がわかっている一部分（一塩基多型〈single nucleotide polymorphism：SNP〉100万カ所）だけを分析する。

2006年のサービス開始直後に1000ドルだった検査費用は、現在99ドルにまで下がっており、比較的気軽にサービスが利用できる。解析結果から判明する項目も当初はわずか14項目にすぎなかったが、2013年10月時点では、アルコール依存症や前立腺がんなどの疾病リスク（120項目）や薬物等に対する反応の傾向（24項目）など、約250項目に増加している[2]（図表6-7）。

判明する内容としては、「耳垢のタイプ（耳垢が湿っている／乾燥している）」や「お酒を飲める体質か否か」など、比較的他人に知られても気にならないものから、「寿命」や「男性不

図表6-7 遺伝子解析の結果、23アンドミー社から提供される健康診断書の内容

遺伝子解析の結果、判明する内容	項目数	具体的な項目
遺伝子上の病原体などの保持の傾向	50	ブルーム症候群、末梢神経障害、脳梁欠損症、家族性高インスリン血症、嚢胞性線維症、テイ・サックス病、カナバン病、家族性自律神経失調症、サラ病、βサラセミアなど
薬物に対する反応	24	アバカビル過敏反応、アルコール消費量、喫煙と食道がんのリスク、C型肝炎治療の副作用、抗うつ剤、経口避妊薬、βブロッカーなど
（遺伝的な）形質	60	出生時の体重、耳垢のタイプ、瞳の色、身長、髪の色・太さ・カール、血糖、善玉コレステロール値、悪玉コレステロール値、筋力、喫煙習慣、読解力、ノロウイルスに対する耐性、寿命など
（遺伝的な）形質	120	アルコール依存症、円形脱毛症、アルツハイマー病、喘息、アトピー性皮膚炎、痛風、高血圧、乳がん、大腸がん、胃がん、胆石、片頭痛、肥満、関節リウマチ、ニコチン依存症、男性不妊など

出所）https://www.23andme.com/health/all/　より筆者作成

妊」、各種癌のなりやすさのような非常にセンシティブな情報まで多岐に渡る。

また、自分の祖先の起源（東アジア系、ヨーロッパ系など）を辿ることもできる。同一民族で構成される日本人の場合、あまり面白みはないが、ヨーロッパ系であれば、スカンジナビア、イタリア、イギリス諸島など、アメリカであれば、アフリカ系アメリカ人、ラテン系、ネイティブアメリカンのように、細かく分析ができる。さらには、もっと深い自分のルーツ、たと

（2）米食品医薬品局（FDA）は2013年11月22日、23アンドミーに対して、診断精度に疑いがあるとして簡易診断キットを直ちに販売中止とする命令を出した。同社はこの命令を受けて、2013年11月22日以降の新規申込者分からは健康リスク判定をやめ、遺伝子解析の生データと祖先に関する分析情報のみを提供している。このため、本稿の情報は2013年11月21日以前の情報を基に執筆している。

図表6-8 自分のDNAはネアンデルタール人に近いのか現代人に近いのかも判別

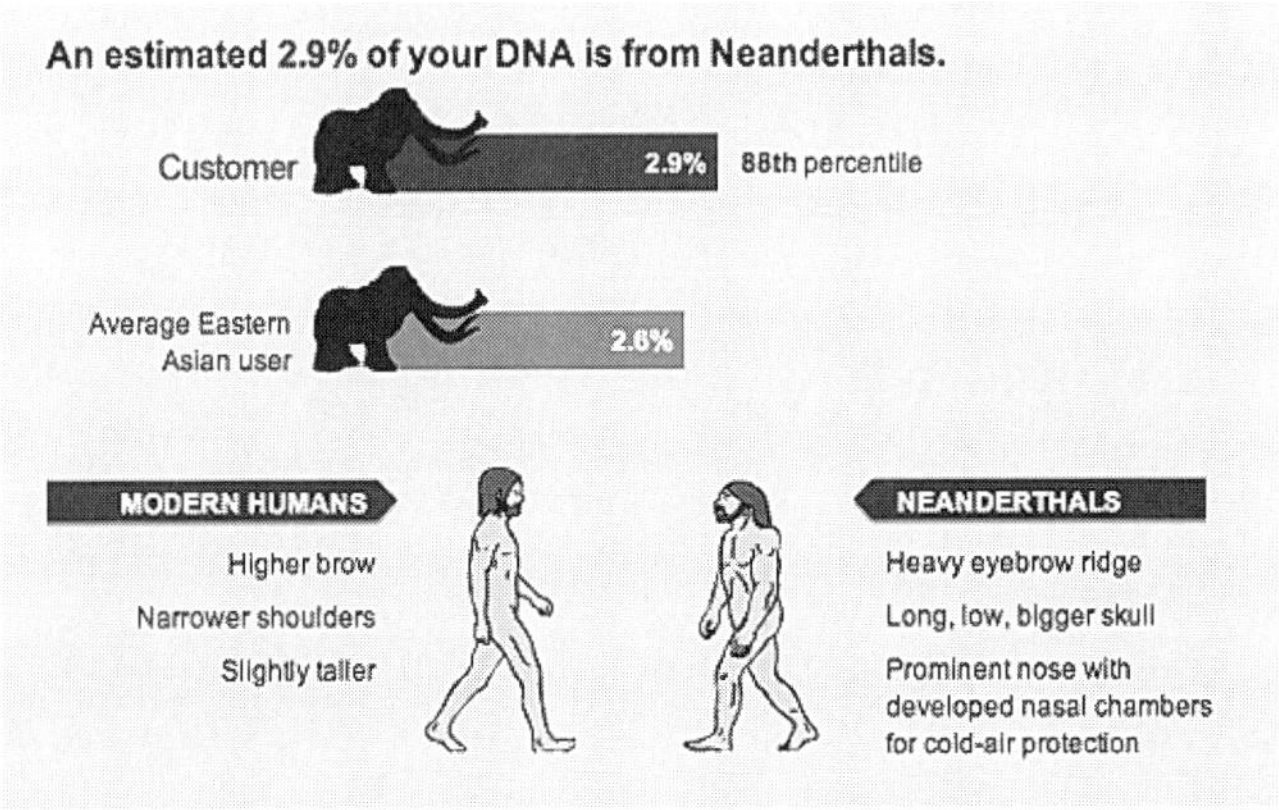

出所）https://www.23andme.com/ancestry/

えば「自分のDNAの何%がネアンデルタール人から来ているのか」といったことも教えてくれる（図表6-8）。

分析結果の公開・非公開の選択

23アンドミーのサービスでもう一つ注目すべき点は、遺伝子の解析結果の公開・非公開が選べる点だ。利用者は、解析結果を受け取ると、その内容を公開するか、非公開とするかのオプションを選択できる。「公開」を選択すると、情報は同社が運営するデータベースに格納される。

公開を選択した場合、その利用目的は2つある。一つは自分のDNA情報を積極的に公開し、（氏名や住所などの個人を特定可能な情報は保護される）ソーシャルネットワーク上で他のユーザーとつながることだ。たとえば、自分の〝ひいひいひいひいおばあさん〟を共有すると推定される人、つまり、これまでは知りえなかったような遠い親戚だと推定されるユーザーを探すことができる（相手もこのサービスを利用していることが条件）。プライバシー保護のため、相手の承認なしには遠い親戚であるという情報は表示されないものの、リクエストして相手の承認が得られれば、メッセージの交換ができる。

もう一つの目的は、解析結果を研究機関と共有することで、遺伝学の研究に寄与することだ。2015年1月時点では、米国内外で約85万人が同社のサービスを利用しており、解析結果の公開を承諾した利用者は、結果を受け取るだけでなく、身体に関するオンライン・サーベイに回答していく。同社は利用者の遺伝子解析情報とこのサーベイの回答を組み合わせて、世界で最大規模の遺伝子データベースを構築している。このデータベースは医者や科学者などの研究者が利用可能なほか、2012年9月からAPIを外部の開発者向けに公開しており、権限を付与された開発者も利用できるようになっている。

遺伝子情報という、いわば究極の個人を公開するには抵抗もあると思われるが、同社によれば、利用者の80％が情報の公開を選択するという。個人にとってのメリットもさることながら、将来的な遺伝学の研究に寄与できるかもしれないといった面が人々の情報公開を後押ししていると思われる。

図表6-9 国内の主な遺伝子検査サービスの概要と遺伝情報の研究機関等への提供の選択権の有無(2014年11月時点)

事業者名	開始時期	料金	検査項目数	第三者提供の選択権
ジーンクエスト	2014年1月	49,800円	約200	有
エバージーン	2014年4月	9,800円/19,800円	15/26	無
DeNA	2014年8月	9,800円/19,800円/29,800円	30/100/280	有
ファンケル	2014年11月	14,800円/29,800円	4~8	無
ヤフー	2014年11月	49,800円	290	有

出所)各社ホームページより、筆者作成

ＤｅＮＡやヤフーなどが提供している国内の遺伝子検査サービスの場合、ヤフーのように、当初は研究目的での遺伝子情報の第三者提供を必須とするサービスが多かった。しかし、ＤｅＮＡが第三者提供を選択できるようにしたことが契機となり、ヤフーも方針を変更し、現在では選択できるようになっている(図表６-９)。ただし、エバージーンやファンケルのサービスでは、依然として研究機関への提供は必須である(２０１４年11月現在)。自分自身の情報のコントロールという観点では、たとえ提供先が研究機関であっても、情報の所有者である個人が、第三者への提供可否を選択できるようになっていることが望ましい。

ＱＳではその名の通り、自分の手で血圧や体温、体重、活動量、さらには唾液などの自分自身に関するデータを記録する。記録したデータ

図表 6-10 クォンティファイド・セルフの進展の方向性

データに基づく自己管理から、同じ悩みや関心を持つ知人やコミュニティでの情報交換、さらにはビジネス課題、社会問題の解決へ

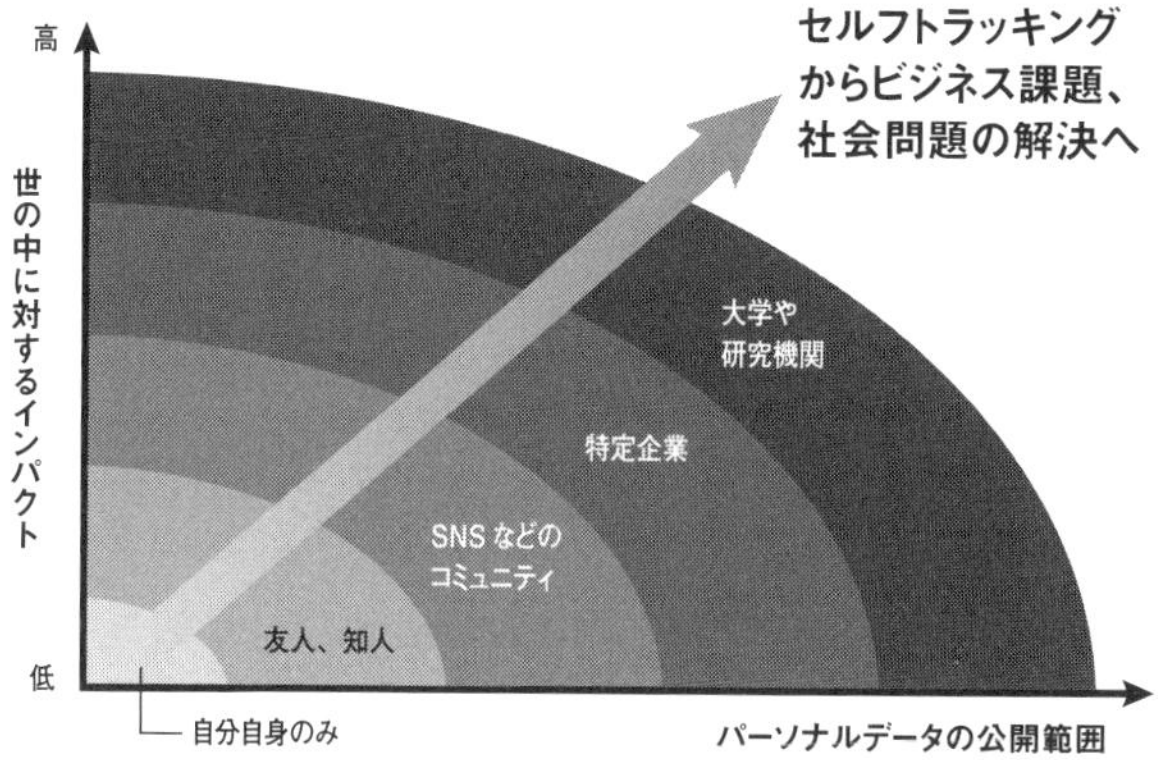

出所）筆者作成

は、デバイスに付属するアプリによって、グラフ化するなど可視化して、生活習慣の見直し等に役立てることができる。

次のステップとしては、親しい友人に限って公開し、競い合うことで毎日運動するためのモチベーションとしたり、同じ悩みを抱える知人やコミュニティ間で情報交換することが考えられる。さらには、自分に役立つアドバイスやサービス（たとえば、早期妊娠のサポート）を提供してくれる企業に限って公開したり、社会問題の解決のために、大学や研究機関等に積極的に提供していくといった方向性がある（図表6―10）。

ただ、いずれの場合も、自分に関するデータを公開したり、第三者に提供したりする権利を持つのは消費者自身であることがポイントである。

始まるＱＳのビジネス活用

一般的に、ＱＳは、ウェアラブルデバイスを用いて、毎日の活動量や睡眠時間、血圧や血糖値など自分自身のデータを自ら管理し、運動や食生活など日々の暮らしを一層健康的にするためのモチベーションアップを目的とすることが多い。

一方で、個人に何らかのインセンティブを与えることによって、ＱＳから得られる正確で詳細なデータや個々人のモチベーションをビジネスに活用していこうという機運も高まっている。

ここでは、ＱＳによって大きな変化が訪れることが予想されるビジネスをいくつか取り上げ考察していく。

（1）損害保険会社

すでにＱＳのコンセプトを取り入れているのが、欧米の損害保険（自動車保険）会社が提供している、契約者の運転特性に応じて保険料をディスカウントする運転行動連動型保険（ＰＨＹＤ：Pay How You Drive:）である。

１９９８年からＰＨＹＤを提供し、ＰＨＹＤの草分け的存在である米国の自動車保険会社、プログレッシブ保険の「スナップショット」は、契約者の運転頻度、速度、走行距離、運転時間帯、急ブレーキ頻度などの運転の仕方に関わるデータを収集する。契約者は、同社にこうしたデータ収集を許可する代わりに、データ分析の結果、事故リスクが低いと見なされれば、保険料金の優遇が受けられる。契約者からしてみると、運転行動というパーソナルデータを保険会社に引き渡す代わりに、掛け金のディスカウントを受けていることになる。

運転頻度や運転時間帯というデータがあれば、自宅を留守にしている頻度や時間帯も明らかになってしまうため、当初は保険会社による契約者の〝監視〟を懸念する声も多かったが、すでに１００万人以上がこの保険商品を契約している。結局のところ、「保険料金が安くなる」というわかりやすいインセンティブがあれば、パーソナルデータの提供を厭わない層が一定数存在することを示唆しているといえる。

日本では、ソニー損保が急発進・急ブレーキの少ない「やさしい運転」をすると保険料がキャッシュバックされる自動車保険の販売を２０１５年2月中旬から開始する。この保険は、同社が無料で貸与する同社オリジナルの小型計測器（ドライブカウンタ）で計測した、加速・減速の発生状況（運転特性）を保険料に反映させるというものである。キャッシュバックを受けるためには、ドライブカウンタをダッシュボードの上やシフトレバー付近などに１８０日間以上設置し、走行状況を10日間、20時間以上有効に計測することが条件となる。契約者は、計測結果に応じて、最大で年間保険料の20％のキャッシュバックが受けられるというものだ。

ソニー損保の場合は、急発進・急ブレーキの発生状況（加速・減速のスムーズさ）のみを計測し、保険料に反映させるものであり、プログレッシブ保険のように、運転頻度や速度、運転時間帯までも加味したものではない。しかし、将来的にはプログレッシブ保険と同じ方向に向かうと考えられる。

（2）医療／生命保険会社

医療保険や生命保険会社は、ウェアラブルデバイスによって計測された契約者の日々の運動量や摂取した食事のカロリー、睡眠時間などに応じて、保険料率をきめ細かく設定するようになるだろう。端的にいえば、健康的な生活を送っている契約者は病気にかかる可能性が低いと判断し、掛け金を安くするといった具合だ。

筆者の知る限り、掛け金のディスカウントまで実行している保険会社はまだ存在しないものの、準備を進めている企業はある。フランスの大手保険会社アクサ（ＡＸＡ）である。同社は、歩数や心拍数、血中の酸素濃度、睡眠サイクルなどの記録ができるウィジングス社製のデバイス（99・95ユーロ相当）を希望者１０００名に無償配布し、毎日の歩数を記録してもらうキャンペーンを実施している。これは1カ月間継続して1日の歩数が７０００歩を超えたユーザーには50ユーロ分、1万歩を超えたユーザーには１００ユーロ分の代替医療（リラクゼーションセラピー、スパ、ホメオパシーなど）を受けられるチケットが与えられるというものだ。

ＷＨＯ（世界保健機関）では、健康維持のために毎日１万歩以上歩くことを推奨している。実際、フランスの保険業界の調査[(3)]によると、適度な運動を行うことによって、脳卒中のリスクは25％、糖尿病のリスクは34％、乳がんのリスクは16～39％、それぞれ軽減できるとしている。アクサは契約者にインセンティブを与えることで、毎日１万歩以上歩いてもらい、病気による保険金の支払い額を減らすことを目論んでいる。

一方、一般企業の中にはこの仕組みを逆手に取り、ウェアラブルデバイスを従業員に配布し、日々の運動を奨励・記録することで病気のリスクを低減することを条件に、保険会社に団体保険料金の引き下げを交渉するところも出てきている。

クラウド関連のアプリケーションの開発やコンサルティングサービスを提供するＩＴ企業のアピリオ（Appirio）は、２０１３年６月に保険会社のアンセム（Anthem）と契約し、ウェアラブルデバイスを用いたウェルネスプログラム「クラウドフィット（CloudFit）」を開始した。全従業員約１０００名のうち、希望者２００人にウェアラブルデバイス「ジョウボーン・アップ」を配布（その後、不具合があり、フィットビットに変更）すると同時に、法人向けにフィットネスサービスを提供するスパイア・ウェルネス（Spire Wellness）とも契約し、フィットネ

(3) Assureurs Prévention, Enquête sur le niveau d'activité physique ou sportive (APS) et de sédentarité de la population française adulte 2013.

ストレーナーのライブセッションを受けられるようにするなど、プログラムの推進をサポートした。また、従業員間で情報交換を行ったり、目標を共有して切磋琢磨できるように、社内SNS内にユーザーグループを設置し、そこに各人のデータを集約して、比較できるようにしている。

「デバイスを無償提供する代わりに、従業員の活動は全部監視する、というような『ビッグブラザー』にはなりたくない」と語る同社では、ユーザーグループへの参加やデータの公開はあくまで任意としている。

データ公開を承諾した場合でも、公開するデータは参加者が自由に選択できるようにしている。同社によると、「歩数を公開するユーザーは多いが、睡眠データを公開するユーザーは少ない」ということだ。

当初200人だった利用者は現在400人となり、そのうち100人がユーザーグループに参加し、情報交換を行っている。同社では蓄積したデータを盾にとって、本プログラムの開始から1年後の保険契約の更新タイミングで保険会社と交渉し、見事5%オフの契約を勝ち取った。金額に換算すれば、28万ドル（日本円で2800万円）にもなる計算だ。

米国では、通称「オバマケア」と呼ばれる「医療保険制度改革法（The Patient Protection and Affordable Care Act）」の施行により、ウェルネスプログラムを導入し、従業員の健康増進に取り組んでいる企業には、報奨金などのインセンティブが与えられるようになっている。アピリオのようにコスト削減に成功する企業が出てくれば、同様のプログラムを実施しようとする企業はさらに増えるだろう。

日本では、コナミスポーツが法人向けのトータル健康管理サービスとして提供している「ケンコウマイ手帳」など、同様のサービスがいくつかある。「ケンコウマイ手帳」は、コナミスポーツオリジナルの歩数計で、毎日の運動量や消費カロリーなどを記録し、インターネット上で記録を管理すると同時に、歩数ランキングやウォークラリーなどのコンテンツを用意し、従業員の健康維持に対するモチベーションを向上させようとするものだ。

ただし、あくまで健康づくり事業の一環として、健康保険組合（健保組合）が従業員に提供するもので、間接的には医療費の削減に役立っていると思われるが、保険料率との直接の関係はない。これは、「1日何歩歩けば、病気になる確率を下げられるのか」といった点が定量的に証明されていないためで、実際の保険料率へ反映するためには、規制当局による規制緩和が必要であり、一筋縄ではいかない。

ただ、政府が音頭を取り、本人の了解を得た上で運動データ等を収集し、病気のかかりやすさとの相関が科学的に分析・証明できれば、将来的には保険料率への反映も可能になるかもしれない。こうした考え方を利用し、従業員の健康増進のため、大企業の健保組合を中心に、ウェアラブルデバイスを無償で従業員に配布するケースが今後増加すると予想される。

一方で、アピリオが懸念していたように、会社によるＱＳの「強制」も危惧される。希望者にのみウェアラブルデバイスを配布するのではなく、会社として医療費・保険掛け金の削減を目的としてデバイスを配布し、日々の運動を従業員に強制してしまうケースである。悪い方向に進むと、「運動をしない社員は医療費が高い分、給与を抑える」といったことにもなりかねない。ＱＳの本来の目的は、個人の自発的な意思によるセルフトラッキング（自己計測）であり、雇用主によるトラッキングの強制は本末転倒である。

（３）消費材メーカー

近年、消費者の行動を深く理解するための調査手法として、「エスノグラフィ」が注目を集めている。エスノグラフィは日本語で「民俗誌」と呼び、もともと文化人類学において未開の民族の調査を行うために用いられていた手法である。具体的には、その民族が住む地域に長期間滞在し、フィールドワークによって現地の人たちの行動様式を調査・記録することで、価値観や文化を深く理解しようとするアプローチである。

一方、マーケティングや新商品開発など、ビジネスで用いられるエスノグラフィは、アンケートなどで消費者のニーズを統計的にとらえる定量分析とは異なる。消費者が生活している場面、製品を使っている場面などをつぶさに観察することで、行動を流れでとらえ、行動の理由や背景、その人の置かれている環境、文化などを把握し、消費者に関する洞察やユーザー目線でニーズを取り出す定性的な分析手法である。

最近はアンケート調査やグループインタビューなど従来の調査手法の限界が囁かれていることもあり、とくに注目が集まっている。つまり、アンケート調査は、回答者が日頃から困っていて、すでに顕在化しているニーズの抽出や仮説の検証には有効であるものの、よく理解していない事柄や潜在的なニーズの掘り起こしには不向きである。また、回答内容と実際の行動が一致しない（とくに社会正義に反するような行動については、事実を語らない傾向がある）ことも課題である。

グループインタビューは、他者との会話がきっかけとなって刺激を受け、新しいニーズが抽出される可能性がある一方で、他者の意見に引きずられて、自らの体験を脚色してしまい、真実と乖離してしまうことが多々ある。また、自身の過去の記憶をたどりながら発言するため、ややリアリティに欠けるという面もある。

エスノグラフィはこうした従来手法の限界を打ち破り、対象者が意識していない潜在的なニーズやリスクを抽出できる調査手法として期待されている。

通常、エスノグラフィを行う際には、「エスノグラファー」と呼ばれる専門家が対象となる集団に入り込み、観察やインタビューを実施する。しかし、このエスノグラフィがＱＳによって大きく変わる可能性がある。つまり、センサーやウェアラブルデバイスによって、消費者の行動や製品の使われ方をリアルタイムかつ正確に捕捉できれば、消費者が直接使用する製品を開発している消費財メーカー等にとっては、極めて価値の高いマーケティングデータとなる。

スポーツ用品メーカーのナイキはこの数年、ランニングシューズやバスケットボールシューズなどにセンサーを組み込み、走ったルートや距離を記録できる「ナイキプラス（Nike+）」シリーズを精力的に展開している。この製品シリーズにより、同社は年齢・性別・体重別にユーザーが自社の製品をどのように使っているのかを把握できる（ランニングしている場所や時間帯、1回当たりの平均ジョギング距離、ペース、消費カロリー等）ほか、ユーザーの足のサイズや足型といったデータまで手に入れることができる。

ナイキではこうして入手したデータを、「マイフィットネスパル（MyFitnessPal）」（カロリー管理アプリ）、「ランキーパー（RunKeeper）」（フィットネスアプリ）などのパートナー企業と共有し、アスリートに役立つアプリを共同開発する「ナイキプラス　フューエルラボ（Nike+ Fuel Lab）」というパートナープログラムも開始している。

マーケティングの常識を破壊するＱＳ

ＱＳがもたらす最大のインパクトは、推測ではない正確に計測されたデータを消費者自身が直接手に入れるということだ。第5章までの議論は、企業や団体が消費者から収集し、保有しているデータをいかにコントロールするか、あるいはそのデータをいかに消費者自身の手に取り戻すかという点が中心であった。

しかし、QSでは、データは最初から消費者自身の手の中にある。しかも、そのデータはこれまで企業が手に入れてきた、どのデータよりも正確で詳しい。なにしろ、もともと自分のライフスタイルを改善する目的で収集しているデータだけに、間違いがあっては自分自身が困る。

本章でここまで説明してきた通り、消費者と企業・団体双方にとって、これらのデータの価値は極めて高い。たとえば、急病で倒れ、病院に担ぎ込まれた場合でも、毎日の血圧、心拍数、体重などに加えて、運動量、睡眠時間とその質、食事時刻とその内容、摂取カロリーなどがデータとして正確に記録されていれば、本人の曖昧な記憶に頼るよりも、よほど役に立つだろう。最近では、薬の服用時間を自動で記録してくれる錠剤ケースもあり、あわせて使用すれば一層効果的である。ダイエットのために、スポーツジムでパーソナルトレーナーを依頼するようなケースでも、こうしたデータを事前に共有しておけば、効果的なトレーニングメニューや食事メニューの作成に大きく貢献してくれるだろう。

ヘルスケア分野だけではない。日本でもスマホアプリとして多数提供されている「レシート家計簿アプリ」を使えば、スマホのカメラでレシートを読み込むだけで支出管理ができる。このデータを企業が入手できれば、ポイントカードで把握している自社における購買履歴だけではなく、他社での購入履歴も含めた消費者の支出の全体像を把握できる。BtoC企業のマーケッターであれば、喉から手が出るほど欲しいデータだろう。

わかりやすい「価値交換」のメカニズムが必要

ただし、半ば一方的にデータを吸い取られてきたこれまでの反動もあり、消費者がこれらのQSデータを簡単に手放すとは考えづらい。企業がデータを手に入れるためには、消費者と企業間でわかりやすい「価値交換」が行われることが必要である。価値交換の例としては、従来からポイントや割引クーポン、無料サービスの提供などがあるものの、QSがもたらすデータの価値からして、これだけでは不十分だ。

たとえば、米フロリダ州オーランドのウォルト・ディズニー・ワールドでは、2013年1月より、新しい顧客サービス「マイマジック・プラス（MyMagic+）」を段階的に導入している。これは、ICタグが組み込まれた「マジックバンド」（図表6-11）と呼ばれるリストバンドをゲストに配り、パーソナルデータを収集する代わりに、ゲスト一人ひとりの嗜好に合わせたサービスを提供するものである。

マジックバンドの利用によって、ゲストが収集されるデータには、次のようなものがある。

図表6-11 ウォルト・ディズニー・ワールドで展開されている「マジックバンド」

チケット代わりになるほか、ショップでの決済やオフィシャルホテルのルームキーとしても使える

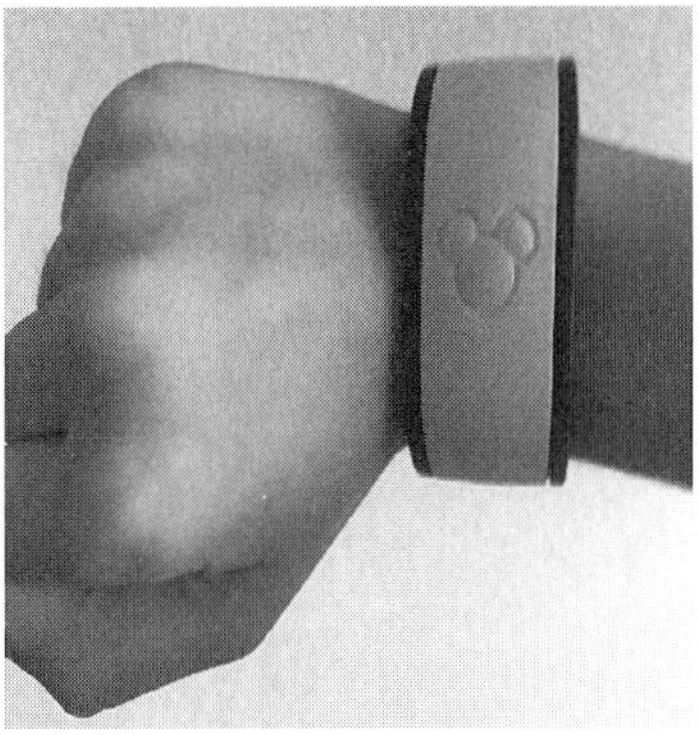

出所）ウォルト・ディズニー・ワールドにて筆者購入

○入園前（ウェブサイトから）

・名前
・誕生日
・お気に入りのキャラクター名
・ファストパス（優先入場券）を利用したいアトラクション名

○入園後（マジックバンドから）

・売店で購入した商品
・あるアトラクションで遊んだ時刻
・現在地情報
・アトラクションやレストランで待った時間
・握手したキャラクター（ミッキーマウス、ミニーマウス、クマのプーさんなど）

パーソナルデータを収集される代わりに、ゲストには次のようなメリットがある。

・事前に登録したお気に入りのキャラクターが、自分の名前を呼んでグリーティングしてくれる（たとえば、「○○ちゃん、8歳の誕生日おめでとう！」など）。
・自宅からファストパスによるアトラクションの事前予約ができる。
・ショーやパレードの鑑賞場所の予約ができる。
・これらの予約時間になると通知してくれるほか、予約時間の変更もスマホアプリからいつでも可能。

ディズニーワールドからしてみれば、年齢や性別ごとに人気のあるアトラクションやキャラクター、レストラン、商品などを把握できるほか、園内でのゲストの動線や各種の待ち時間も把握できるというメリットがある。

本サービスの提供にあたり、ディズニーワールドでは、収集するデータの種類、収集目的、オプトアウトの方法、第三者提供の有無、ICタグの動作の仕組みなどをホームページ上で詳しくFAQ（よくある質問）として説明している。ゲストは本サービスへの参加を強制されるわけではない。説明を読んだ上で、「価値交換」に納得できれば、参加すればよい。

一方、消費者の日々の食事内容を入手しようと考える食品メーカーであれば、単純に割引クーポンを配布するだけでなく、レシピサイトやスポーツジムと提携し、パーソナライズされたダイエットメニューやトレーニングメニューの推奨を行うといったことが考えられる。また、医療機関と連携し、血圧、体重、運動量、睡眠時間などのデータも入手できるよう消費者に働きかけを行うことで、栄養摂取データと健康データを基に日々の健康的な（食）生活のアドバイスを行う、総合的な「健康サービスプロバイダ」へと転身することも可能だろう。

企業にとっての差別化要因は「消費者の信頼の有無」

データを自ら収集し、その管理や簡単な分析までを自分自身で行うＱＳの時代には、企業と消費者の立場は逆転する。企業が消費者のパーソナルデータを手に入れたいのであれば、本人の同意が必要不可欠となるだろう。

その際、個人の同意が得られるか否かは、消費者にわかりやすいメリットを提示することに加えて、消費者の信頼の有無が大きなポイントとなる。単に「（個人情報保護）法に触れないから大丈夫」という考えでは成功はおぼつかない。パーソナルデータを基にしたビジネスを行う企業にとって、法に触れないことは必要条件であって、決して十分条件ではないことは強く自覚するべきである。法に触れないこと自体が目的であれば別だが、多くの消費者に受け入れられるサービスとなるためには、消費者のプライバシーを尊重し、最大限の敬意を払う必要がある。収集しているデータの種類・目的を曖昧にし、無断で第三者にデータを提供してしまうような企業は論外だ。

企業からは反発が起こるかもしれない。これまでの慣習では、「個人に関するデータを収集し、分析を行う企業がそのデータの所有権を持つ」ということが暗黙のうちに認められてきたからだ。POS（point of sale）データは小売店が、ウェブのクリックストリームデータはウェブサイトの運営者が所有権を持つことに異議を唱えるものは少なかった。

しかし、時代は着実に変わりつつある。消費者と企業の立場が逆転し、消費者がデータを自ら収集・管理し、その流通までもコントロールできるようになると、消費者の信頼の有無こそが企業にとっての差別化要因となる。消費者の信頼を勝ち得た企業のみが、これまでのような推察ではない、消費者に関する誤りのない詳細なデータを手に入れることができるはずだ。

本章のまとめ

- クォンティファイド・セルフ（QS）とは、ウェアラブルデバイスなどのガジェット類を利用して、自分の活動や状態に関する定量的なデータを収集し、積極的に活用していこうとするコンセプトである。

◆すでにＱＳのコンセプトを実装した興味深いサービスがいくつも生まれている。単に自分で収集・分析するだけでなく、ＳＮＳに公開したり、企業に提供することで大きなメリットが得られる場合がある。

◆ＱＳによって、損害保険（自動車保険）会社や医療／生命保険会社、消費材メーカーなどが大きな影響を受ける可能性がある。

◆ＱＳから得られるデータは正確かつ詳細であるため、その価値は極めて高い。しかし、最初から消費者が所有しているだけに、企業が手に入れるためには、わかりやすい「価値交換」の仕組みが必要である。

◆消費者と企業の立場が逆転し、消費者がデータを自ら収集・管理し、流通もコントロールできるようになると、消費者の信頼の有無こそが企業にとっての差別化要因となる。

終章 パーソナルデータが通貨になる世界

パーソナルデータで料金を支払っている

「あなたがそれにお金を支払わないなら、あなたはもはや客ではなく、あなたが商品として売られるだけだ」

第3章の冒頭で紹介したこの言葉は、次のように解釈すると理解が進む。

「あなたがそれにお金を払わないのなら、代わりにあなたのパーソナルデータで払っていただきます」

確かにわれわれはグーグルやフェイスブックの利用にお金を払ってはいない。しかし、そろそろ認識を改める時期に差し掛かっている。つまり、属性データや検索履歴、クリック履歴、動画の視聴履歴などの「パーソナルデータ」で利用料を払っていると考えるべきではないだろうか。彼らがわれわれのデータを行動ターゲティング広告に変え、巨額の富を築いている以上、そろそろはっきりと意識する必要がある。

共通ポイントプログラムの場合も同様だ。100円あるいは200円買い物するごとに、1ポイントずつポイントが貯まっていく。しかし、それはタダではない。われわれのプロフィールに紐づけられた購買履歴というパーソナルデータの対価と考えるとすっきりするだろう。ポイントプログラムの参加企業（加盟店）は、プログラム運営企業から消費者のパーソナルデータの提供を受ける代わりに、売上の数パーセントを手数料として運営企業に支払う。結局のところ、原資は消費者のパーソナルデータなのだ。

100円あるいは200円の買い物をするたびに1ポイント貯まるポイントは、使う際には1ポイント1円相当である。2万円の買い物をして100円相当となるポイントの対価として、自分の属性（住所、年齢、職業など）に紐づく購買履歴の提供が十分に釣り合うと思うのなら、ポイントカードを使えばいい。釣り合わないと考えるなら、使わなければよいだけだ。ただ、この際、購買履歴の提供先は十二分に確認しておく必要がある。自分が実際に買い物をした店だけではなく、ポイントプログラムに参加している企業すべてに渡る可能性があるからだ。

EUのクッキー法では、消費者の同意が必須条件に

2012年5月から施行されたEUの通称「クッキー法（E-Privacy Directive）」では、EU加盟国の企業や団体が開設するウェブサイトでクッキー[1]を使用する場合は、事前にユーザー

（1）広告ネットワーク会社がブラウザに埋め込む行動追跡用のファイル。クッキーには、ブラウザをユニークに（一意に）識別できる識別子が含まれている。

図表 7-1　「クッキー法」に対応した、ブリティッシュ・エアウェイズのサイト

サイトにアクセスするとトップ画面に「サイトを使い続けるためには、クッキーやプライバシーポリシーに同意していただく必要があります」といった趣旨のメッセージがポップアップとして現れる

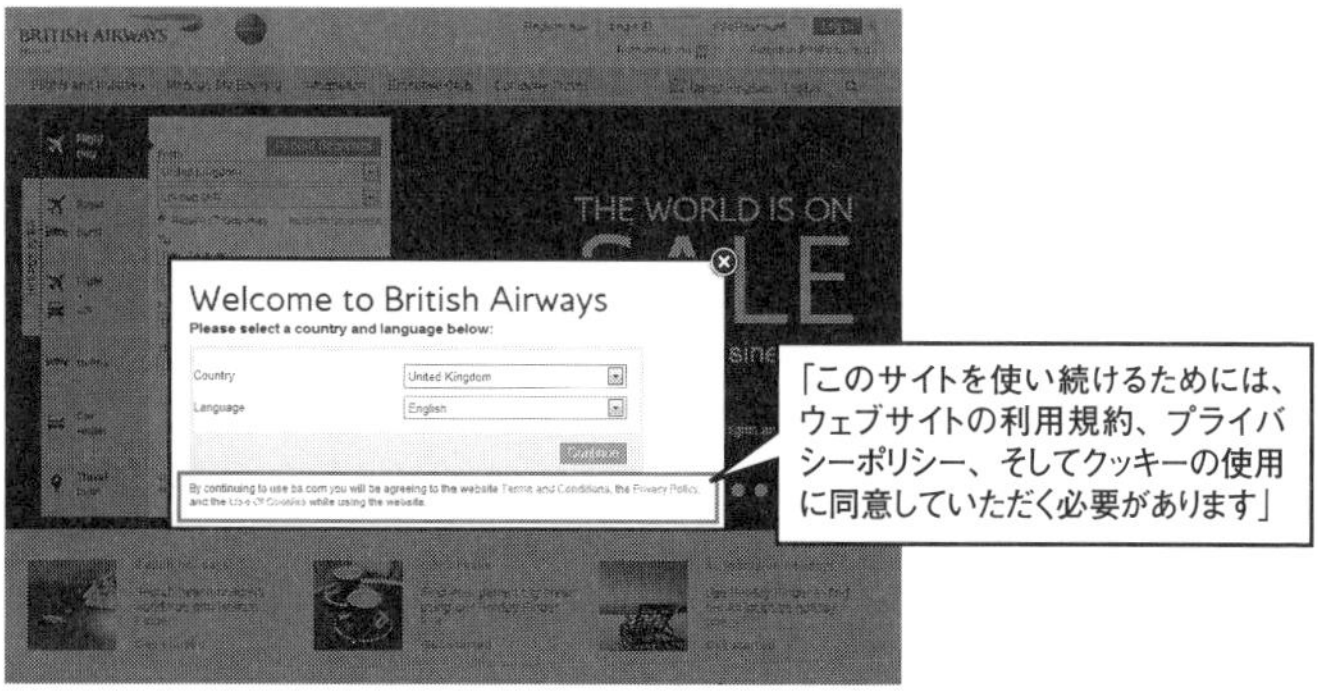

出所）http://www.britishairways.com/travel/home/public/en_gb　に筆者加筆

（ウェブサイトの訪問者）から〝明示的な同意〟を取得することを義務付けた。

各国で国内法に反映した段階で微妙に解釈が異なったため、実装はウェブサイトによってバラつきがあるが、サイトにアクセスするとトップ画面にクッキーの利用を通知し、同意を求めるポップアップ画面が現れる場合が多い（図表7―1）。

ユーザーの多くは、そのまま「続ける」や「同意する」ボタンをクリックすると思われるが、詳しく知りたいユーザーのために、サイトで利用されているクッキーの具体的な内容（用途、内容、期間等）を説明するページへのリンクも用意されている。

クッキー法の対象は商業サイトだけでなく、政府や公益法人など公的機関のサイトにまで及ぶ。また、一言でクッキーといっても、主に

行動ターゲティング広告に使用されるサードパーティクッキーだけでなく、セッションの維持（毎回ログインせずに済む）等に使われるファーストパーティクッキーもある。しかし、クッキーの使用に対して、明示的な同意の取得を義務付けるEUの姿勢は、極論すれば「パーソナルデータ（行動追跡されること）の対価として、ユーザーはウェブサイトの使用を許可される」ことを強くユーザーに意識させようとしているといえるのではないか。

料金の「行動履歴払い」を可能にするプラットフォーム

パーソナルデータが通貨になる——これを実現したサービスが、米シアトル発のベンチャー企業エンリケンが2012年12月に開始した「データウォール（Datawall）」である。同社はまず、有料のコンテンツ販売を手掛けるメディア企業をターゲットにビジネスを開始した。メディア企業とは、たとえば「毎月一定数の記事は無料で読めるが、それ以上は有料」あるいは「最初の1カ月の購読は無料、それ以降は月額○○円」といった会員制のメディアサービスを提供している新聞社や出版社である。

通常、読者はクレジットカードやペイパル等で購読料金を支払うが、エンリケンと契約しているメディア企業に料金を支払う場合は、「自分の行動履歴」で料金の支払いができる。これは、

図表7-2　「行動履歴払い」を可能にする米エンリケンの「データウォール」

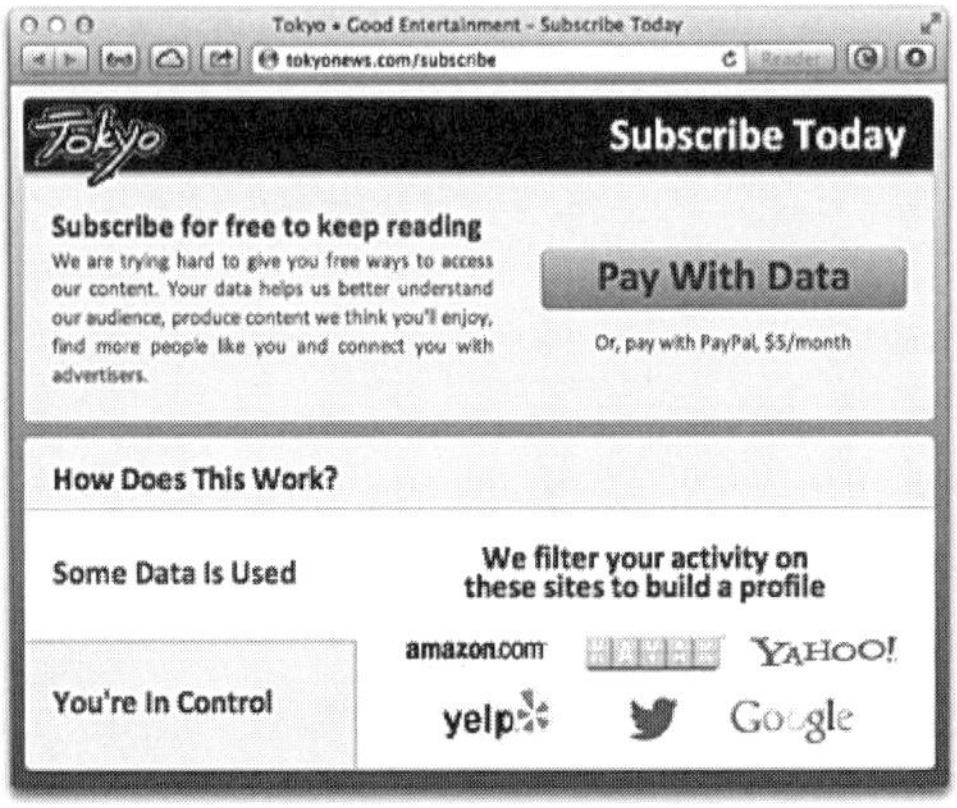

出所）http://blog.enliken.com/post/37840836605/a-better-paywall-the-enliken-datawall

エンリケンに対し、アマゾン、ヤフー、グーグル、ツイッター、イェルプ[2]（Yelp）などのウェブサイト上での行動履歴の追跡を一定期間、許可する代わりに、有料コンテンツにアクセスできるというものだ。読者は、各メディアの購読申し込みページで「Pay With Data（データで支払う）」を選択すれば（図表7-2）、クレジットカードの代わりに、データで購読料金の支払いができる。

同社は多数の読者の行動履歴データを集約し、「読者が最も頻繁に訪れているサイトはどこか？」「読者が最も頻繁に買い物しているブランドは何か？」といったレポートを作成し、メディア企業に販売するというビジネスモデルである。

メディア企業は、自社の読者が他のサイトでどのようなコンテンツに関心を持っているのかという情報を詳細に把握できるようになり、コンテンツ開発に役立てられる。また、より正確にターゲティングした広告も打ちやすくなる。すなわち、広告収入の増加が期待できることになる。残念ながら、現在はサービスの提供を中止しているものの、「パーソナルデータが通貨になる世界」を実装した発想自体は、非常にユニークなものであった。

ゲノム解析料金は自分の遺伝情報で支払う？

第6章で紹介したヤフーの個人向け遺伝子検査サービス「HealthData Lab」は、2014年11月からの正式サービスに先立ち、同年6月と8月の2回に渡り、無料でゲノム解析を受けられる先行モニター（各回5000人）を募集した。

モニターに応募するためには、調査・研究への協力が前提条件とされ、具体的には次の2つの事項に同意することが求められた。

- **遺伝情報や Yahoo! JAPAN ID に紐づく属性情報を、研究に活用させていただきます。**

（2）世界最大級の口コミレビューサイト。日本の「食べログ」に近い。

・2年以上、継続的におこなう健康調査（アンケートなど）にご協力いただきます。

正式サービス開始後の価格が4万9800円であることを踏まえると、消費者は約5万円のゲノム解析料金を「自分の遺伝情報とYahoo! JAPAN IDに紐づく属性情報の提供、2年以上の健康調査への協力」で支払っていることになる。

ヤフーからしてみると、合計1万人の無料モニターのゲノム解析料金約5億円を負担することになる。一見すると、重い負担のようにも感じるが、実は遺伝情報はそれだけの価値がある〝金脈〟なのだ。

第6章で紹介した遺伝子検査ビジネスのパイオニアである23アンドミーは、2015年1月、製薬大手ロシュグループ傘下のバイオベンチャー、ジェネンテック社と6000万ドルもの巨額契約を締結し、これまでに同社が蓄積してきた85万人の遺伝情報のうち、研究目的での第三者提供に同意したパーキンソン病患者3000人の遺伝情報をジェネンテックに提供することを発表した。単純に計算すれば、パーキンソン病患者1人当たりの遺伝情報は6000万ドル÷3000＝2万ドルの価値があることになる。

さらに数日後には、世界最大の製薬企業ファイザーとの提携も発表（契約金額は非公表）している。つまり、遺伝子検査ビジネスの真の狙いは、「消費者に対する検査キットの販売と分析サービスの提供」ではなく、「大規模な『遺伝子データベース』の構築とそのデータベースに対するアクセス権の販売」であるといえるだろう。

同社は製薬企業、バイオ関連企業とのさらなる提携もほのめかしている。言葉は悪いが、消費者から遺伝情報を安価に調達し（同社は消費者に対して、99ドルで遺伝子検査サービスを提供している）、それを企業数社に高値で販売できれば、元が取れるばかりか、多大な利益を生むというわけだ。

パーソナルデータの収集を堂々と宣言するベライゾン・ワイヤレス

欧米企業の中には、パーソナルデータの収集を堂々と宣言した上で、その対価としてポイントを付与したり、割引クーポンを送付したりする企業も出てきている。たとえば、米国最大の携帯電話事業者であるベライゾン・ワイヤレスが２０１２年に開始した「ベライゾン・セレクト」というプログラムである。このプログラムは、同社のスマートフォン、タブレット端末等の契約者を対象に、性別、年代などの属性情報に加え、趣味や関心事、位置情報やウェブサイトの閲覧履歴、アプリの利用履歴、検索キーワードなどの行動履歴情報の収集と引き換えに、本人が関心を持ちそうなお店やレストラン、ホテルなどからＤＭやメールマガジン、モバイル広告などを配信するプログラムだ。

もっとも、これだけでは消費者にとって魅力が乏しく、「価値交換」が成立しなかった（参加者が集まらなかった）と思われ、ベライゾン・セレクトは2014年7月にポイントプログラム「スマートリワード」へと進化した。スマートリワードでは、毎月の利用料金の支払いなどでポイントを貯めることができ、貯まったポイントは同社のギフトカードやNFL（ナショナル・フットボール・リーグ）の試合観戦チケットなど、さまざまな特典に交換できる。

収集する情報が情報だけに、同社は利用者のプライバシー保護に最大限の注意を払っている。このプログラムへの参加はあくまで任意であり、オプトイン（利用者の事前承諾）で行われる。携帯電話の利用契約を交わしたからといって、本人の知らない間に個人情報が収集され、嫌ならオプトアウト（参加除外）の手続きをしてくれというものではない。

ベライゾン・セレクトへの参加を希望する契約者は、自分のアカウント管理画面からFAQ（よくある質問）などを確認し、収集される情報の内容、クーポンや広告の配信形態（電子メール、テキストメッセージ、モバイル広告など）、退会手続きなどについて納得した上で申し込み手続きを行う必要がある。

消費者に提供するサービス内容だけ見れば、日本でもよく見かけるポイントプログラムとほとんど変わらない。しかし、違うのは企業側の姿勢だ。とくに、「透明性」と「説明責任」の面では格段の違いがあるように思える。

同社のホームページ上の「ベライゾン・セレクト」のトップ画面では、このプログラムを次のように説明している。

「ベライゾン・セレクトは、お客様が任意で参加可能なプログラムであり、お客様が、当社もしくは他の企業がアプローチしたい顧客層にフィットするか否かを判断するため、位置情報、ウェブの閲覧履歴、アプリの利用データ等のお客様のデータを利用します。

お客様がベライゾン・セレクトへの参加を選択されますと、お客様が現在受け取っているマーケティングメッセージやオファーよりも、さらに関心を持っていただけるコンテンツを受け取れるようになります。当社はお客様を個別に識別可能な情報を、当社以外の企業と共有することはありません」

日本企業が展開するポイントプログラムでは、「買い物をするたびにポイントが貯まります、貯まったポイントはさまざまな商品と交換できます」というように、消費者にとってのメリットばかりが強調された説明となっている。このため、購買履歴等のパーソナルデータの収集が行われることは利用規約を読まなければわからないことが一般的だ。このベライゾン・ワイヤレスの説明と比べると、その違いがはっきりとわかるだろう。

ベライゾン・セレクトのＦＡＱ（よくある質問）には、収集するパーソナルデータの種類、第三者提供の有無、収集した個人情報の保有期間、収集した個人情報の削除方法が平易な文章で書かれている。虫眼鏡を使わないと読めないような小さな文字で利用規約にひっそりと書かれているわけではない。そこには、「できることなら契約者に気づかれないように、こっそりと個人情報を収集してやろう」といった意図は微塵も感じられない。契約者に選択肢を用意し、すべては契約者の同意の上で行うという真摯な姿勢が見てとれる。たとえば、クーポンの受け取り方法を選択できたり（メール or テキストメッセージ）、一度同意してプログラムに参加しても、ウェブサイトのアカウント管理画面からいつでも同意を取り消すことができる。収集された位置情報やウェブの閲覧履歴の削除も要求できる。紙の退会届に氏名・住所等を記入し、郵送で退会の申し入れを行うといった煩わしさはない。こうした消費者に対する真摯な姿勢は日本企業も大いに見習うべきであろう。

コラム

消費者のパーソナルデータを収集しないことを高らかに宣言したアップル

「われわれは顧客のウェブ閲覧履歴を広告主に売るようなことはしない」

米国では、パーソナルデータの収集を堂々と宣言する企業がある一方、パーソナルデータの収集を行わないことをはっきりと宣言する企業もある。偉大なるカリスマであったスティーブ・ジョブズ氏亡き後のアップルだ。

スティーブ・ジョブズ氏が後継者に選んだ現アップルＣＥＯのティム・クック氏は、

2014年9月、「顧客のプライバシーに関するアップルのコミットメント」というタイトルのメッセージを同社のホームページに掲載した。その一部を抜粋する。(3)

「数年前、インターネットサービスのユーザーは、オンラインサービスが無料であるとき、自分たちが顧客ではなく、商品だということに気づき始めた。しかし、アップルにおいては、素晴らしい顧客体験が顧客のプライバシーを犠牲にして得られるようなことがあってはならないと信じている。

われわれのビジネスモデルはとても単純だ。素晴らしい製品を販売することである。われわれは広告主に販売するために、顧客の電子メールの内容やウェブの閲覧履歴に基づき、プロファイルを作成するようなことはしない。顧客のiPhoneやiCloudに保管されている情報を金に換えるようなことはしない。われわれは顧客に売り込みをかけるために、顧客の電子メールやメッセージを読んで、情報を収集するようなことはしない」

グーグルやフェイスブックに代表されるネット企業のビジネスモデルを強烈に皮肉ったこのメッセージは、「より多くのパーソナルデータを集めたもの勝ち」の風潮に逆行するも

(3) 原文は、http://www.apple.com/privacy/ 参照。

のとして大きな注目を集めた。

収益の観点だけでいえば、このアップルのスタンスが正しいのかどうかはわからない。しかし、消費者の信頼を得るという観点では、グーグル、フェイスブックとアップルのどちらに軍配が上がるのか、答えは明らかだろう。

いずれにしろ、今後の企業にとっては、パーソナルデータを収集する／しないにかかわらず、消費者のプライバシーに対する自社のスタンスを明確にすることが求められる。

〝パーソナルデータ経済圏〟の誕生

国内では、今やありとあらゆる業種の企業が、楽天（楽天スーパーポイント）やCCC（Tポイント）、ロイヤリティマーケティング（ポンタ）などが運営する共通ポイントプログラムに参加している。楽天の場合、本丸の「楽天市場」で薬品や化粧品、家具、カー用品などの幅広い商品を扱うほか、楽天トラベル、楽天銀行、楽天不動産、オーネット（結婚相談）、楽天仕事紹介（就職・転職の仲介）など、多岐に渡る事業をグループ内に抱える。2014年10月に開

図表 7-3 楽天グループとCCC/ヤフーが収集しているパーソナルデータ

		楽天	CCC/ヤフー
属性情報等		●氏名 ●生年月日 ●性別 ●住所 ●電話番号 ●電子メールアドレス ●携帯メールアドレス ●クレジットカード番号 ●会社名・団体名●部署名・役職 ●勤務先所在地 等	●氏名 ●生年月日 ●性別 ●住所 ●電話番号 ●電子メールアドレス ●銀行口座番号 ●クレジットカード番号 ●運転免許証番号 等
ウェブサイトにアクセスした際に収集する情報		●閲覧したページ ●広告の履歴 ●検索商品履歴 ●IP アドレス●ブラウザの種類・バージョン ●端末のOS ●クッキー情報 ●端末の固体識別番号等の情報 等	●閲覧したページ ●広告の履歴 ●検索キーワード ●ブラウザの種類・バージョン ●端末の OS ●クッキー情報 ●モバイル端末による位置情報 ●端末の固体識別番号等の情報 等
遺伝情報			遺伝情報、健康情報
購買履歴、サービス利用履歴等の収集元 グループ企業／主要加盟店	ネットショップ	楽天市場	Yahoo! ショッピング
	コンビニ	サークル K サンクス、ポプラ	ファミリーマート、スリーエフ
	スーパーマーケット	大丸	マルエツ、マミーマートなど
	旅行代理店	楽天トラベル	Yahoo! トラベル、エクスペディアなど
	本	楽天ブックス	蔦屋書店、Honya Club With など
	DVD レンタル	楽天レンタル	TSUTAYA
	薬品	楽天市場	ウエルシア、ドラッグイレブン、金光薬品など
	レンタカー	楽天トラベル	ニッポンレンタカー
	ガソリンスタンド	出光	ENEOS
	カー用品	楽天市場	オートバックス
	引っ越し	日通、アリさんマークの引越社	アート引っ越しセンター
	銀行	楽天銀行	
	結婚相談	オーネット	Yahoo! お見合い、Yahoo! パートナー
	不動産	楽天不動産	Yahoo! 不動産
	就職・転職	みんなの就職活動日記、楽天仕事紹介	インディバル求人
	終活		Yahoo! エンディング（生前準備、葬儀手配など）

あらゆるジャンルでパーソナルデータが収集されている

出所）各社ホームページより、筆者作成

始した「Rポイントカード」事業では、日通や出光等の外部企業と提携している。

CCC傘下の「Tポイント・ジャパン」が運営するTポイントも、ファミリーマートやマルエツなどのコンビニエンスストア、スーパーマーケットに加え、アート引っ越しセンター、ENEOS、ニッポンレンタカー、オートバックス、ウエルシア、ドラッグイレブン（共に薬品）等、さまざまな業種の企業と提携している。2013年7月からは、かねてから提携していたヤフーの「ヤフーポイント」を統合できるようになり、ヤフーが運営する各種サービスの利用でもポイントが貯まるようになった。

消費者にとっては、日常生活のあらゆるシーンでポイントが貯められるというメリットがある反面、裏を返せば、あらゆる場面で行動情報が収集されることになる（図表7–3）。

つまり、楽天の「オーネット」やヤフーの「Yahoo! お見合い」「Yahoo! パートナー」といったサービスを利用すれば、交際相手や結婚相手を探していると知られることになる。同様に、不動産の仲介サービス「楽天不動産」「Yahoo! 不動産」にアクセスしていれば、住宅を探していることが知られる。楽天やCCCは、頃合いを見計らって、提携している引っ越しサービス「日通」や「アート引っ越しセンター」を紹介し、楽天市場やYahoo! ショッピングで扱っている家具や雑貨の広告を表示させれば、グループ内および提携企業へ送客できる。共通ポイントにより、顧客の囲い込みを図ると同時に、提携企業間で相互送客ができるというのが、共通ポイントプログラムに参加する企業のメリットでもある。

図表 7-4　楽天経済圏の概要

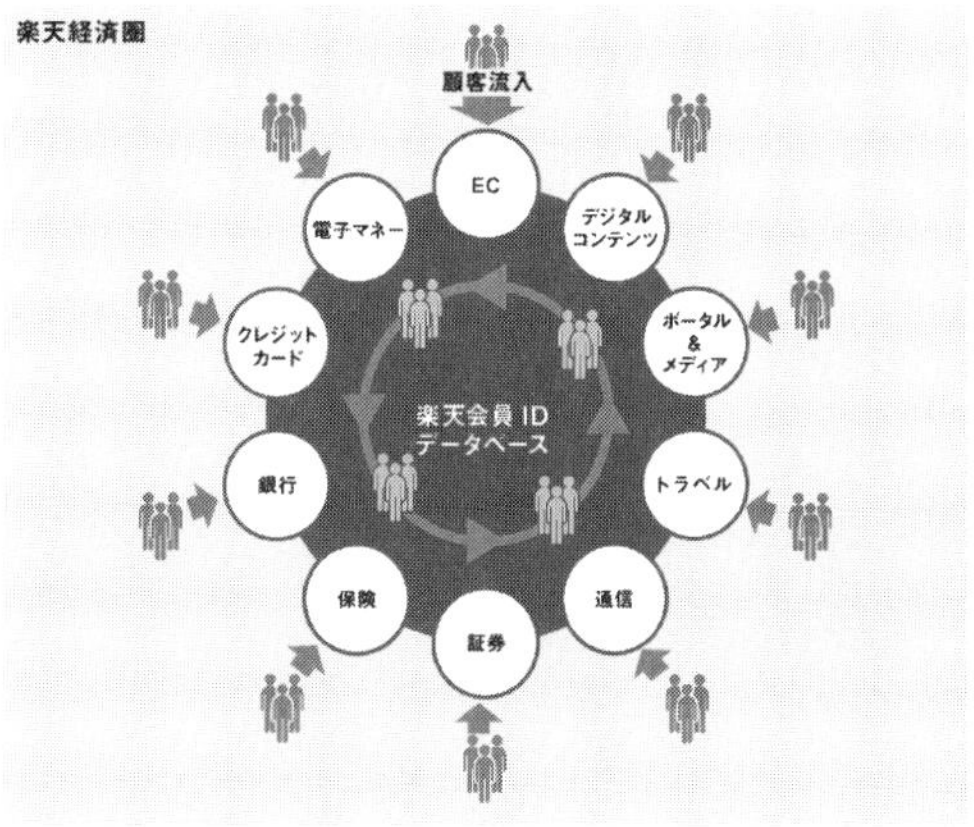

出所）http://corp.rakuten.co.jp/about/strength/business_model.html

楽天では、自社のビジネスモデルを「世界でも類のないビジネスモデル〝楽天経済圏〟（図表7―4）」と呼び、ホームページで次のように説明している。

「『楽天経済圏』とは、楽天グループが提供する様々なサービスにより形成される経済圏で、この中で貯めて使える『楽天スーパーポイント』というロイヤルティプログラムを通じ、楽天会員となる顧客の流入拡大および経済圏内でのサービス利用や回遊性を促進するビジネスモデルです。

楽天グループが提供するいずれかのサービスから入会した楽天会員は、ＥＣ（電子商取引）や金融等の様々なグループ内サービスで利用可能な共通のＩＤを持つことになります。また、この共通ＩＤで管理できる『楽天スーパーポイント』は、『楽天経済圏』内での買い物やサービス利用時に貯めたり使ったりすることができ、楽天会員のグループサービス内での回遊的・継続的な利用を促しています。さらに、クレジットカードの『楽天カード』や電子マネーの『楽天Ｅｄｙ』といった利便性の高い決済ツールが楽天グループサービスに加わり、経済圏におけるネットとリアルの融合が進んでいます。

このように『楽天経済圏』は、ビジネス資産である会員データベースを基盤に、楽天会員にとって楽しく便利なサービスを提供し、流通総額（取扱高）の増大や、会員一人当たりの生涯価値（ライフタイムバリュー）の最大化等の相乗効果を目指しています」

簡単にいえば、グループ内サービスで利用可能な共通ＩＤによって、消費者一人ひとりを識別し、ＩＤに紐づくパーソナルデータを会員データベースで一元管理し、楽天グループ内で共有するということだ。最近では、「Ｒポイントカード」により、ネットだけでなく、リアルの世界へ進出し、提携するグループ外企業の購買履歴等も収集できるようになった。

グループ内企業とグループ外企業の比率は異なるものの、ＣＣＣの場合も同様だ。提携する各社の購買履歴に加えて、２０１４年6月から開始したヤフーとの情報連携（Ｔカードで収集した商品購入履歴と、ヤフーが収集したウェブ閲覧履歴の相互共有）によって、ヤフーが提供している各種サービスの膨大な利用履歴も手に入ることになった。

つまり、現在、ポイントプログラムの運営各社が目指しているのは、消費者のＩＤとそれに紐づく属性、購買履歴等を相互に融通し合う「**パーソナルデータ経済圏**」の構築と言い換えることができる。楽天は「楽天経済圏」ならぬ「楽天パーソナルデータ経済圏」、ＣＣＣ／ヤフー連合は「Ｔポイントパーソナルデータ経済圏」、ロイヤリティマーケティングは「ポンタパーソナルデータ経済圏」だ。

この新たな経済圏は、次第に規模を拡大し、巨大なものとなりつつある。楽天の会員数は９５５６万人[4]、ＣＣＣ／ヤフー連合は７９４０万人[5]（Ｔカード５１１１万人、ヤフー２８２９万人）、ポンタは６６３５万人[6]だ。ポンタは２０１５年春に、リクルートが運営する「リクルートＩＤ」との統合が予定されており、さらに拡大する見込みである。

各パーソナルデータ経済圏は、広範な提携戦略により、「ネット＋リアル」双方の世界のデータをカバーする。そして、コンビニエンスストアやスーパーマーケットなどの日常の購買行動に加えて、就職・転職、結婚、出産、住宅購入などの人生に数回しかないライフイベントの情報も把握する。「Ｔポイントパーソナルデータ経済圏」に至っては、ヤフーが運営する生前準備、葬儀手配等の「終活」サービス「Yahoo! エンディング」によって、われわれがこの世から消えてしまうタイミングまでも把握可能である。大げさな言い方かもしれないが、パーソナルデータ経済圏の運営企業は、ポイントカードによって、ゆりかごから墓場まで、人生のほぼ完

（４）２０１４年９月末時点。
（５）ＣＣＣは２０１４年10月末時点、ヤフーは２０１４年９月末時点。
（６）２０１４年10月末時点。

全な「デジタル投影図」を手に入れる可能性がある。このことをわれわれはどのように考えればよいのだろうか。

パーソナルデータの価値の見極めが求められる時代へ

現在、われわれが通貨代わりに企業に差し出しているパーソナルデータは、検索履歴やクリック履歴、購買履歴、あるいは位置情報といったものであるが、次第にそれはセンシティブなデータへと近づいていく。どんな些細なデータでも収集されるのは嫌だと感じる人もいれば、データの価値に見合ったインセンティブが手に入るのであれば、データ提供を厭わない人もいるだろう。

後者の場合、自分のデータが金になるのなら、金額はいくらでもかまわないという考えもあるかもしれない。しかし、本書で繰り返し述べてきた通り、正当な「価値交換」が行われること、そして、自分の意思でデータの提供先や用途をコントロールできることが望ましい。

だが、改めてよく考えてみてほしい。それが「究極の個人情報」「個人情報の宝庫」と呼ばれる遺伝情報だとしても、本当に金銭と引き換えに提供してしまってよいのだろうか。しかも、提供先の利用目的が、遺伝学の研究という公益に寄与する目的ではなく、マーケティングという商業目的であったとしたら。

日本では、ヤフーが提供する遺伝子検査サービス「HealthData Lab」が、将来的には遺伝情報を広告表示に活用する可能性を示唆し、物議を醸している。

一方、遺伝子検査ビジネスで先行する米国ではすでに自分の遺伝情報をマーケッターに販売し、商品の推奨などの広告を受けることを前提としたマーケットプレースも登場している。

ミネアポリスを拠点とするベンチャー企業、マイノーム社が運営するオンライン・マーケットプレースは、自分の遺伝形質を研究機関に加え、マーケティング会社にも販売できる。販売価格は遺伝形質の価値、つまり需要によって決まる。たとえば、アルツハイマーやパーキンソン病患者の遺伝形質はどのようなものなのか、研究に必要なデータの絶対数は不足しており、遺伝学の研究者にとっては非常に価値の高いデータである。このため、高値で売れる。

一方、マーケティング会社に販売する場合、ユーザーがフェイスブックやツイッターなどのSNSのIDも合わせてマイノームに公開すれば、同社は独自のアルゴリズムにより、遺伝子構成に加えて、SNSの投稿内容も合わせて分析を行う。

たとえば、検査の結果、「男性型脱毛症のリスクが高い」と判定された男性がいるとしよう。同社は男性のソーシャルメディアの投稿内容も解析し、「ストレスや喫煙などの環境要因が脱毛を促進している可能性が高い」と推測する。男性がこのようなプロファイリング結果の第三者提供を許諾するなら、同社の提携企業から男性型脱毛症の治療薬、ニコチンパッチ（禁煙補助剤)、ヨガ、スパサービス(ストレス解消のため)などの広告が配信される。

マイノームがとくに力を入れているのは情報の提供先を本人が確実にコントロールできるようにしている点だ。つまり、自分の遺伝情報にアクセスできるマーケティング会社、製薬会社、研究機関などを自分で選択できるようになっている。この点は個人にとって非常に大きい。前述した23アンドミーの場合、研究用途に限定して、自分の遺伝情報を第三者に提供するか否かを選択できるものの、消費者は提供先まではコントロールできない。このため、ジェネンテック、ファイザーへの提供が実現したのである。両社との提携は、パーキンソン病に対する治療法の確立など、確かに研究目的ではある。しかし、消費者の同意を取り直すことなく、営利企業に遺伝情報を提供することに対しては、プライバシー擁護団体を中心に疑問の声も上がっている。

マイノームのように情報の提供先をコントロールできる場合でも、遺伝情報は「究極の個人情報」と呼ばれる一方で、われわれの両親や子供、いとこなど血縁者すべてに影響を及ぼす「家系情報」でもある点には注意が必要だ。極めてセンシティブな情報であることを鑑みると、その取り扱いには当然、高いモラルが求められる。

このように考えると、倫理規定がある医療機関ではなく、営利の追求を目的とするマーケティング会社に遺伝情報を公開するリスクをわれわれはどのように見積もればいいのだろうか。正当な「価値交換」が行われるのであれば、パーソナルデータを提供してもよいと述べてきたが、遺伝情報の場合はその価値と付随するリスクの見極めが非常に難しい。それを見誤ったばかりに、不適切な第三者に遺伝情報がわたるようなことがあっては、末代にまで影響が及ぶ。

たとえば、ヤフーの遺伝子検査サービスでは、脳梗塞や脳卒中、肺癌や膵臓癌など約110項目の病気発症リスクがわかるとしているが、こうした情報が医療保険や生命保険会社に知られることになれば、自分だけでなく、子供、孫までが保険に加入できなくなる恐れがある。就職時に不利になる可能性も否定できない。

米国では、このような可能性を危惧し、2008年に遺伝情報に基づいた健康保険に関する差別や雇用者による差別（雇用、職場配置、昇進の決定など）を禁ずる「遺伝情報差別禁止法（Genetic Information Non-Discrimination Act：ＧＩＮＡ）」が成立しているが、日本では未整備である。

「パーソナルデータは新たな資産である」という共通認識が芽生え始めた今、遺伝情報に限らず、ポイントや何らかのサービスの見返りとして、企業からパーソナルデータの提供を求められるシーンは今後も増加するだろう。パーソナルデータが通貨になる時代を迎えるにあたっては、われわれ一人ひとりがその価値とリスクの見極めを適切にできるような「鑑識眼」を養っていく必要がある。

謝辞

本書執筆の機会を与えてくださり、構成・執筆に関する的確なアドバイスをいただいたダイヤモンド社書籍編集局第二編集部の田口昌輝氏にこの場を借りて心より御礼を申し上げる。

また、貴重な情報、資料を惜しみなくご提供いただいた株式会社インテージ／オープン・ナレッジ・ファウンデーション・ジャパンの伊藤直之氏に感謝を申し上げたい。

そして、本書の執筆を温かく見守っていただいた株式会社野村総合研究所の綿引達也常務執行役員、基盤ソリューション企画部の青山慎部長、古明地正俊グループマネージャ、校正作業全般をサポートしてくれたアシスタントの村上由子氏にも謝意を表する。

最後に、休日返上で執筆に追われる私を後方支援してくれた家族にもありがとうと言いたい。

２０１５年１月

城田　真琴

参考文献

第1章

1. Derek Thompson,"Google's CEO: 'The Laws Are Written by Lobbyists',"*Atlantic*, Oct 1, 2010.(http://www.theatlantic.com/technology/archive/2010/10/googles-ceo-the-laws-are-written-by-lobbyists/63908/)
2. Charles Duhigg,"How Companies Learn Your Secrets,"*NEW YORK TIMES*, February 16, 2012.(http://www.nytimes.com/2012/02/19/magazine/shopping-habits.html)
3. Kashmir Hill,"You Can Hide Your Pregnancy Online, But You'll Feel Like A Criminal,"*Forbes*, April 29, 2014.(http://www.forbes.com/sites/kashmirhill/2014/04/29/you-can-hide-your-pregnancy-online-but-youll-feel-like-a-criminal/)
4. Bob Quinn,"Our Updated Privacy Policy,"*AT&T Public Policy Blog*, June 28, 2013.(http://www.attpublicpolicy.com/privacy/our-updated-privacy-policy-2/)
5. DoctorBeet,"LG Smart TVs logging USB filenames and viewing info to LG servers,"*DoctorBeet's Blog*, November 18, 2013.(http://doctorbeet.blogspot.jp/2013/11/lg-smart-tvs-logging-usb-filenames-and.html)
6. 佐々木宏「『楽天スーパーDB』のすごさがわかる! ビッグデータ活用を阻む『データ構造』と『消費者行動』の複雑さ」『MarkeZine』(2013. 4. 12)(http://markezine.jp/article/detail/17490)
7. World Economic Forum,"Personal Data: The Emergence of a New Asset Class,"*World Economic Forum*, February 17, 2011.
8. Steve Hawkes,"Barclays to sell on data from savers and track mobile phones,"*Telegraph*, June 23, 2013.(http://www.telegraph.co.uk/finance/personalfinance/10137785/Barclays-to-sell-on-data-from-savers-and-track-mobile-phones.html)
9. Catharine Smith,"7,500 Online Shoppers Accidentally Sold Their Souls To Gamestation,"*Huffington Post*, June 17, 2010.(http://www.huffingtonpost.com/2010/04/17/gamestation-grabs-souls-o_n_541549.html)

第2章

1. Anu Passary,"Nothing cheesy: Hackers demand 30,000 euros for personal data of Domino's Pizza customers,"*Tech Times*, June 18, 2014. (http://www.techtimes.com/articles/8654/20140618/nothing-cheesy-hackers-demand-30-000-euros-for-personal-data-of-dominos-pizza-customers.htm)
2. Sébastien Gavois,"Domino's Pizza: des données personnelles des clients français et belges en ligne ?,"*Next Inpact*, November 21, 2014. (http://www.nextinpact.com/news/91034-dominos-pizza-donnees-personnelles-clients-francais-et-belge-en-ligne.htm)
3. FTC,"Data Brokers : A Call for Transparency and Accountability,"May 27, 2014. (http://www.ftc.gov/system/files/documents/reports/data-brokers-call-transparency-accountability-report-federal-trade-commission-may-2014/140527databrokerreport.pdf)
4. Nathaniel Mott,"The FTC condemns the data brokerage industry's collection practices ,"*PandoDaily*, May 27, 2014. (http://pando.com/2014/05/27/the-ftc-condemns-the-data-brokerage-industrys-collection-practices/)
5. Steve Kroft,"The Data Brokers: Selling Your Personal Information,"*CBSNews.com*, March 9, 2014. (http://www.cbsnews.com/news/the-data-brokers-selling-your-personal-information/)
6. Lois Beckett,"Everything We Know About What Data Brokers Know About You,"*ProPublica*, June 13, 2014. (http://www.propublica.org/article/everything-we-know-about-what-data-brokers-know-about-you)
7. Katy Bachman,"Confessions of a Data Broker: Acxiom's CEO Scott Howe explains how self-regulation can work ,"*Adweek*, March 25, 2014. (http://www.adweek.com/news/technology/confessions-data-broker-156437)
8. THE WHITE HOUSE,"BIG DATA: SEIZING OPPORTUNITIES, PRESERVING VALUES ,"May 1, 2014. (http://www.whitehouse.gov/sites/default/files/docs/big_data_privacy_report_may_1_2014.pdf)
9. Pam Dixon and Robert Gellman,"The Scoring of America: How Secret Consumer Scores Threaten Your Privacy and Your Future,"*World Privacy Forum*, April 2, 2014. (http://www.worldprivacyforum.org/wp-content/uploads/2014/04/WPF_Scoring_of_America_April2014_fs.pdf)
10. Jeff Ehling,"Some lenders considering social media influence in loan decisions,"ABC Local, May 13, 2013. (http://abclocal.go.com/story?section=news/consumer&id=9101160)
11. Jessica Merritt,"Online Financial Reputation: An Emerging Credit Tool,"*Online Reputation Management*, January 10, 2014. (https://

www.reputationmanagement.com/blog/online-financial-reputation)

12. Katie Lobosco,"Facebook friends could change your credit score,"*CNN Money*, August 27, 2013.(http://money.cnn.com/2013/08/26/technology/social/facebook-credit-score/)
13. Don Hoang,"American Airlines' Admirals Club Welcomes Klout Users in Nearly 40 Locations,"*The Official Klout Blog*, May 7, 2013.(http://blog.klout.com/2013/05/american-airlines-klout/)
14. Jeanne Meister,"2013: The Year Of Social HR,"*Forbes*, January 3, 2013.(http://www.forbes.com/sites/jeannemeister/2013/01/03/2013-the-year-of-social-hr/)
15. Drew Olanoff,"Klout Would Like Potential Employers To Consider Your Score Before Hiring You. And That's Stupid,"*TechCrunch*, September 29, 2012.(http://techcrunch.com/2012/09/29/klout-would-like-potential-employers-to-consider-your-score-before-hiring-you-and-thats-stupid/)
16. Dana Mattioli,"On Orbitz, Mac Users Steered to Pricier Hotels,"*Wall Street Journal*, August. 23, 2012.(http://www.wsj.com/articles/SB10001424052702304458604577488822667325882)
17. Thewlis,"How your banking habits and other personal data are affecting your insurance premiums…,"*Bitterwallet*, July 14, 2014.(http://www.bitterwallet.com/how-your-banking-habits-and-other-personal-data-are-affecting-your-insurance-premiums/76974)
18. Patrick Sawer,"Thrifty drivers could save on insurance premiums,"*Telegraph*, July 12, 2014.(http://www.telegraph.co.uk/finance/personalfinance/10963992/Thrifty-drivers-could-save-on-insurance-premiums.html)
19. Jennifer Valentino-Devries , Jeremy Singer-Vine and Ashkan Soltani,"Websites Vary Prices, Deals Based on Users' Information,"*Wall Street Journal*, December 24, 2012.(http://www.wsj.com/articles/SB10001424127887323777204578189391813881534)
20. Joe Cannon,"How online retailers price discriminate,"*Teach the 4Ps*, January 26, 2013.(http://teachthe4ps.com/price/how-online-retailers-price-discriminate/)
21. FTC,"Protecting Consumer Privacy in an Era of Rapid Change,"March, 2012.(http://www.ftc.gov/sites/default/files/documents/reports/federal-trade-commission-report-protecting-consumer-privacy-era-rapid-change-recommendations/120326privacyreport.pdf)
22. Julie Brill,"Reclaim Your Name,"*23rd Computers Freedom and Privacy Conference*, June 26, 2013.(http://www.ftc.gov/sites/default/files/documents/public_statements/reclaim-your-name/130626computersfreedom.pdf)
23. THE WHITE HOUSE,"Consumer Data Privacy in a Networked World: A Framework for Protecting Privacy and Promoting Innovation in the Global Digital Economy,"February 23, 2012.

(http://www.whitehouse.gov/sites/default/files/privacy-final.pdf)

第3章

1. Federico Zannier,"A bite of Me,"*Kickstarter*, May 6, 2013.(https://www.kickstarter.com/projects/1461902402/a-bit-e-of-me)
2. Ryan Gallagher,"New York Student Selling His Private Data on Kickstarter,"*Slate*, May 13, 2013(http://www.slate.com/blogs/future_tense/2013/05/13/federico_zannier_is_selling_his_own_personal_data_on_kickstarter.html)
3. Nicholas Tufnell,"Dutch student offers up all his personal data to highest bidder,"*WIRED.CO.UK*, March 26, 2014.(http://www.wired.co.uk/news/archive/2014-03/26/shawn-buckles-sells-his-data-soul)
4. Billy Ehrenberg,"How much is your personal data worth?,"*theguardian DATABLOG*, April 22, 2014.(http://www.theguardian.com/news/datablog/2014/apr/22/how-much-is-personal-data-worth)
5. Tom Brewster,"Meet Datacoup - the company that wants to help you sell your data,"*theguardian*, September 5, 2014.(http://www.theguardian.com/technology/2014/sep/05/datacoup-consumer-sell-data-control-privacy-advertising)
6. Tom Simonite,"Datacoup Wants to Buy Your Credit Card and Facebook Data,"*MIT Technology Review*, September 8, 2014.(http://www.technologyreview.com/news/530486/datacoup-wants-to-buy-your-credit-card-and-facebook-data/)
7. Laura Secorun Palet,"Privacy Or Profit? These Firms Want To Help You Sell Your Data,"*npr*, September 9, 2014.(http://www.npr.org/2014/09/09/346981606/privacy-or-profit-these-firms-want-to-help-you-sell-your-data)
8. Lily Hay Newman,"You Can Get Paid $8 Per Month for Your Personal Data,"*Slate*, February 13, 2014.(http://www.slate.com/blogs/future_tense/2014/02/13/personal_data_is_worth_8_a_month_to_startup_datacoup.html)
9. Natasha Lomas,"Handshake Is A Personal Data Marketplace Where Users Get Paid To Sell Their Own Data,"*TechCrunch*, September 2, 2013.
10. Emily Steel, Callum Locke, Emily Cadman and Ben Freese,"How much is your personal data worth?,"*Financial Times*, June 12, 2013.(http://www.ft.com/intl/cms/s/2/927ca86e-d29b-11e2-88ed-00144feab7de.html#axzz2z2agBB6R)
11. OECD,"Exploring the Economics of Personal Data,"*OECD Digital Economy Papers*, April 2, 2013.(http://www.oecd-ilibrary.org/science-and-technology/exploring-the-economics-of-personal-data_5k486qtxldmq-en)
12. Chris Wilson,"Interactive: This Is How Much Money Twitter

Owes You,"*Time*, November 7, 2013.(http://newsfeed.time.com/2013/11/07/interactive-this-is-how-much-money-twitter-owes-you/)

13. Lance Whitney,"Google: We'll pay you to track the Web sites you visit,"*CNET*, February 9, 2012.(http://www.cnet.com/news/google-well-pay-you-to-track-the-web-sites-you-visit/)
14. 菅原尚志、原田要之助「企業・組織における個人情報漏えい事故の補償について」『情報処理学会研究報告』(2013. 5. 16)(http://lab.iisec.ac.jp/~harada_lab/lab/2013/20130516.pdf)
15. 日本ネットワークセキュリティ協会「2012年情報セキュリティインシデントに関する調査報告書〜個人情報漏えい編〜」(2014. 7. 7)(http://www.jnsa.org/result/incident/2012.html)
16. Jacopo Staianoy et al.,"Money Walks: A Human-Centric Study on the Economics of Personal Mobile Data,"*UBICOMP '14*, September 13-17, 2014.(http://ubicomp.org/ubicomp2014/attending/best-papers.php)

第4章

1. インターネット広告推進協議会(JIAA)「行動ターゲティング広告ガイドライン」(2014. 2)(http://www.jiaa.org/download/JIAA_BTAguideline2014_02.pdf)
2. Mindi Chahal,"Taking back control: the personal data economy,"*Marketing Week*, March 12, 2014.(http://www.marketingweek.com/2014/03/12/taking-back-control-the-personal-data-economy/)
3. Zach Miners,"Internet 'Do Not Track' system is in shatters,"*Computerworld*, May 22, 2014.(http://www.computerworld.com/article/2489727/data-privacy/internet--do-not-track--system-is-in-shatters.html)
4. Robert L. Mitchell,"Ad tracking: Is anything being done?,"*Computerworld*, April 2, 2014.(http://www.computerworld.com/article/2489106/data-privacy/ad-tracking--is-anything-being-done-.html)
5. Anthony Ha,"Facebook's Ad Targeting Will Get Interest Data From Outside Websites And New Options For Opting Out,"*TechCrunch*, June 12, 2014.(http://techcrunch.com/2014/06/12/facebook-ad-targeting-interest-data/)
6. H. James Wilson,"Rethinking Big Data to Give Consumers More Control,"*HBR.org* , May 8, 2014.(https://hbr.org/2014/05/rethinking-big-data-to-give-consumers-more-control/)
7. Natasha Singer,"A Data Broker Offers a Peek Behind the Curtain,"*New York Times*, August 31, 2013.(http://www.nytimes.com/2013/09/01/business/a-data-broker-offers-a-peek-behind-the-curtain.html)
8. Kim Z Dale,"Get an unprecedented look at what marketers know about

you,"*ChicagoNow*, September 3, 2013.(http://www.chicagonow.com/listing-toward-forty/2013/09/what-marketers-know-about-you-acxiom)

9. Melanie Hicken,"Find out what Big Data knows about you (it may be very wrong),"*CNNMoney*, September 5, 2013.(http://money.cnn.com/2013/09/05/pf/acxiom-consumer-data)

10. ドク・サールズ『インテンション・エコノミー』(栗原潔翻訳、翔泳社、2013)

11. Equities Editors Desk,"Exclusive Interview: Meeco's Katryna Dow on Personal Data as a Form of Currency,"*Equities.com*, September 2, 2014.(http://www.equities.com/editors-desk/stocks/technology/exclusive-interview-meeco-katryna-dow-personal-data-as-a-form-of-currency)

12. 星新一『声の網』(角川文庫、2006年改版)

13. Jay Donovan,"Is OffersBy.Me Better Than Groupon? Probably (Especially If You Are A Business),"*TechCrunch*, November 5, 2012.(http://techcrunch.com/2012/11/05/is-offersby-me-better-than-groupon-probably-especially-if-you-are-a-business/)

第5章

1. UK Department for Business, Innovation & Skills,"Better Choices: Better Deals,"*GOV.UK*, April 13, 2011.

2. UK Department for Business, Innovation & Skills,"midata company briefing pack,"*GOV.UK*, July 26, 2012.

3. UK Department for Business, Innovation & Skills,"Better choices: better deals. Report on progress on the consumer empowerment strategy,"*GOV.UK*, December 20, 2012.

4. UK Department for Business, Innovation & Skills,"Midata innovation opportunity,"*GOV.UK*, November 29, 2013.

5. UK Department for Business, Innovation & Skills,"Midata voluntary programme: review,"*GOV.UK*, July 8, 2014.

6. Matthew Finnegan,"Banks to open up customer data for current account comparison,"*Computerworld UK*, June 25, 2014.(http://www.computerworlduk.com/news/applications/3527065/banks-to-open-up-customer-data-for-current-account-comparison/)

7. Executive Office of the President National Science and Technology Council,"Smart Disclosure and Consumer Decision Making: Report of the Task Force On Smart Disclosure,"May 30, 2013.(http://www.whitehouse.gov/sites/default/files/microsites/ostp/report_of_the_task_force_on_smart_disclosure.pdf)

8. Alex Howard,"What is smart disclosure?,"*O'Reilly Radar*, April 1, 2012.(http://radar.oreilly.com/2012/04/what-is-smart-disclosure.html)

9. Gregory Ferenstein,"The 21st Century Gold Rush Announced At Disrupt: Raw Data,"*TechCrunch*, May 23, 2012.(http://techcrunch.

com/2012/05/23/the-21st-century-gold-rush-announced-at-disrupt-raw-data/)

第6章

1. Jamie Heywood,"The big idea my brother inspired,"*TED*, February, 2010. (http://www.ted.com/talks/jamie_heywood_the_big_idea_my_brother_inspired/transcript?language=en)
2. Guillaume Champeau,"Ça y est, AXA conditionne un avantage santé à un objet connecté,"*NUMERAMA*, June 2, 2014. (http://www.numerama.com/magazine/29556-aa-y-est-axa-conditionne-un-avantage-sante-a-un-objet-connecte.html)
3. Assureurs Prévention,"Enquête sur le niveau d'activité physique ou sportive (APS) et de sédentarité de la population française adulte - 2013,"September 16, 2013. (http://www.assureurs-prevention.fr/sites/upload/docs/application/pdf/2014-06/syntheseresultats2ndeenqueteapsmaj.pdf)
4. Julie Bort,"This Company Saved A Lot Of Money By Tracking Their Employees With Fitbits,"*Business Insider*, July 7, 2014. (http://www.businessinsider.com/company-saved-money-with-fitbits-2014-7)
5. Joe Lazauskas,"How A Virtual Fitness Plan Pushed 300 Coworkers To Lose Weight,"*Forbes*, August 1, 2013. (http://www.forbes.com/sites/centurylink/2013/08/01/how-a-virtual-fitness-plan-pushed-300-coworkers-to-lose-weight/)
6. Brooks Barnes,"At Disney Parks, a Bracelet Meant to Build Loyalty (and Sales),"*New York Times*, January 7, 2013. (http://www.nytimes.com/2013/01/07/business/media/at-disney-parks-a-bracelet-meant-to-build-loyalty-and-sales.html)

終章

1. Liz Gannes,"Enliken Wants to Help You Sell Your Browsing Data to Your Favorite Content Provider,"*All Things Digital*, December 12, 2012. (http://allthingsd.com/20121212/enliken-wants-to-help-you-sell-your-browsing-data-to-your-favorite-content-provider/)
2. Susan Young Rojahn,"Marketing to the Big Data Inside Us,"*MIT Technology Review*, May 24, 2013. (http://www.technologyreview.com/news/514396/marketing-to-the-big-data-inside-us/)
3. Caroline Chen,"23andMe Turns Spit Into Dollars in Deal With Pfizer,"*Bloomberg*, January 13, 2015. (http://www.bloomberg.com/news/2015-01-12/23andme-gives-pfizer-dna-data-as-startup-seeks-growth.html)

［著者］

城田真琴（しろた・まこと）

野村総合研究所上級研究員。1971年北海道旭川市出身。1994年北海道大学工学部電子工学科卒業後、大手メーカーのシステムコンサルティング部門を経て、2001年に野村総合研究所入社。以来、一貫して先端技術の調査・発掘と新技術が企業や社会に与える影響について研究を行っている。総務省「スマートクラウド研究会」技術WG委員、経済産業省「IT融合フォーラム」パーソナルデータWG委員などを歴任。著書に、共にベストセラーとなった『クラウドの衝撃』『ビッグデータの衝撃』（いずれも東洋経済新報社）、共著に『ITロードマップ』（東洋経済新報社）などがある。NHK Eテレ『ITホワイトボックス』、テレビ東京『ワールドビジネスサテライト』、BSフジ『プライムニュース』などのテレビ出演、講演、寄稿多数。

Twitter ID：@Makoto_Shirota

パーソナルデータの衝撃
——一生を丸裸にされる「情報経済」が始まった

2015年2月19日　第1刷発行

著者 ————城田真琴
発行所————ダイヤモンド社
〒150-8409　東京都渋谷区神宮前 6-12-17
http://www.diamond.co.jp/
電話／03･5778･7234（編集）03･5778･7240（販売）
装丁 ————竹内雄二
DTP ————荒川典久
製作進行————ダイヤモンド・グラフィック社
印刷————八光印刷（本文）・慶昌堂印刷（カバー）
製本————本間製本
編集担当————田口昌輝

ISBN978-4-478-06483-2